语言训练

主　编　毛小波
副主编　马仁海　牛双红
　　　　高晓娟　翟海珍

北京理工大学出版社
BEIJING INSTITUTE OF TECHNOLOGY PRESS

内 容 提 要

本书主要介绍了构音障碍、语言发展迟缓、口吃、听觉障碍导致的声音障碍、语言障碍、孤独症语言障碍等各类语言言语障碍的概念、分类、原因、分类及评估、矫治训练等内容，既有理论依据，也有实践操作方法；既有学习者的操作视频，也有一线教师的真实案例。本书同时开发有配套的各类课程资源，在智慧职教慕课平台获得学习者及同行的广泛引用和好评。

本书可作为全国特殊教育专业的教材，也可作为语言障碍患者及其家属的参考书。

版权专有　侵权必究

图书在版编目（CIP）数据

语言训练 / 毛小波主编. -- 北京：北京理工大学出版社，2024.1
 ISBN 978-7-5763-3440-1

Ⅰ.①语… Ⅱ.①毛… Ⅲ.①语言教学－儿童教育－特殊教育 Ⅳ.①G764

中国国家版本馆CIP数据核字（2024）第034888号

责任编辑：吴　欣	文案编辑：吴　欣
责任校对：周瑞红	责任印制：施胜娟

出版发行 / 北京理工大学出版社有限责任公司
社　　址 / 北京市丰台区四合庄路6号
邮　　编 / 100070
电　　话 /（010）68914026（教材售后服务热线）
　　　　　（010）68944437（课件资源服务热线）
网　　址 / http：//www.bitpress.com.cn
版 印 次 / 2024年1月第1版第1次印刷
印　　刷 / 河北鑫彩博图印刷有限公司
开　　本 / 787 mm×1092 mm　1/16
印　　张 / 15.5
字　　数 / 328千字
定　　价 / 78.00元

图书出现印装质量问题，请拨打售后服务热线，负责调换

前 言

语言是人类最重要的交际工具,是人们进行沟通的主要方式;语言是人们交流思想的媒介,它必然会对政治、经济和社会、科技乃至文化本身产生影响;语言是一扇窗口,不同国家、不同民族的人,通过互相学习语言,掌握更多的知识,欣赏更多的美景,了解更为广阔的世界,有助于促进社会的发展和个人的成长。但是在儿童成长和发育的过程中会出现一种现象,他们有口不能说、不善言、不愿表达,有耳也听不懂别人的意思,造成了极大的交流障碍。这种障碍虽然没有给患者的身体造成直接的伤害,但它带来的精神折磨给患者的学习、工作、生活及前途所造成的影响,是难以估量的,患者为此而痛苦不堪,甚至悲观厌世。作为专业教育者,应当给予患者帮助,改善和解决患者的痛苦,让患者能够达到正常交流的水平,满足学习与生活的需要。

作为特殊教育专业的教师,笔者长期从事语言训练课程的教学与研究工作。因为没有合适的专业教材,参考书也非常有限,所以在教学过程中很是纠结,于是尝试着自编讲义,并长期依靠讲义来进行教学。后来,王左生教授出版了《言语治疗技术(第3版)》,李胜利教授出版了《语言治疗学(第3版)》等教材,成为语言训练专业教学的重要参考书。这些教材很优秀,但是更适用于康复治疗技术及康复治疗学专业使用。笔者一直希望能有一本专门适用于特殊教育专业的语言训练教材,因此萌发了编写该教材的想法。根据专业教学的需要,结合笔者长期的教学经验,以及特殊教育学校与康复机构语言训练教师岗位的需要,根据各类语言障碍儿童的特点与需求,结合职业教育的特点,融入课程思政元素,形成了本书的体系。《语言训练》曾立项为校本教材,并作为校本教材在学校使用。该教材包括认识语言言语障碍、认识儿童的言语发展、构音障碍及其矫治、儿童语言发展迟缓及其矫治、口吃及其矫治、听觉障碍导致的语言障碍及其矫治、声音障碍及其矫治、语言障碍的矫治、孤独症语言障碍及其矫治九个模块。根据此体系,于2015年建成语言训练网络课程,成为教育部职业教育特殊教育专业教学资源库的一门重要专业课程,该课程按照国家教学资源库网络课程的要求建设,资源类型丰富,满足多样化教学的需要。该课程从2019年开始在智慧职教慕课学院连续开出12期慕课,已有一万多人参与该课程的学习。

本书在编写过程中,得到了特殊教育专业同行的鼎力支持和辛勤付出。国家名师马仁海教授为此书进行指导；阳泉师范高等专科学校翟海珍教授，襄阳职业技术学院牛双红老师、高晓娟老师参与了部分模块的编写。此外，合肥幼儿师范高等专科学校朋文媛老师给予了指导，深圳元平特殊教育学校徐维海老师、襄阳市襄城区展颜之星特殊教育中心蒋芳校长给此书提供了部分案例，在此一并感谢。

由于时间仓促和编者水平有限，疏漏与不妥之处在所难免，敬请各位读者批评指正。

毛小波

目 录

模块一　认识语言言语障碍

学习单元一　认识语言及其功能 ………………………………………… 3
项目一　语言与言语 …………………………………………………… 3
项目二　语言的功能 …………………………………………………… 4

学习单元二　认识语言障碍 ……………………………………………… 6
项目一　语言障碍的定义和分类 ……………………………………… 6
项目二　语言障碍的原因和预防 ……………………………………… 7

学习单元三　语言障碍的矫治 …………………………………………… 15
项目一　语言障碍矫治的必要性 ……………………………………… 15
项目二　语言障碍的检查评估 ………………………………………… 17
项目三　语言障碍矫治的基本原则 …………………………………… 19
项目四　语言障碍矫治的实施 ………………………………………… 23

模块二　认识儿童的言语发展

学习单元一　认识言语机制 ……………………………………………… 31
项目一　中枢神经机制 ………………………………………………… 31
项目二　构音器官 ……………………………………………………… 32
项目三　构音器官的运用 ……………………………………………… 36

学习单元二　儿童的言语发展 …………………………………………… 38
项目一　儿童言语发展的必备条件 …………………………………… 38
项目二　儿童的言语能力 ……………………………………………… 38
项目三　儿童言语发展的准备 ………………………………………… 39
项目四　儿童言语的正式发展 ………………………………………… 43
项目五　儿童言语发展的基本特点 …………………………………… 46

模块三　构音障碍及其矫治

学习单元一　认识构音障碍 ……………………………………………… 50
项目一　构音障碍的概念 ……………………………………………… 50
项目二　儿童掌握构音技能的时间 …………………………………… 51
项目三　构音障碍的表现形式 ………………………………………… 52
项目四　构音障碍的严重程度 ………………………………………… 56

学习单元二　了解构音障碍的原因 ……………………………………… 57
项目一　器质性构音障碍的原因 ……………………………………… 57
项目二　功能性构音障碍的原因 ……………………………………… 59

学习单元三　构音障碍的评估 …………………………………………… 60
项目一　评估检查的注意事项 ………………………………………… 60
项目二　构音障碍的评估过程 ………………………………………… 61

项目三　构音障碍的原因分析 ·· 63
学习单元四　构音障碍的矫治
　　项目一　构音障碍的矫治时间 ·· 64
　　项目二　构音障碍的矫治原则 ·· 64
　　项目三　构音障碍的矫治步骤和方法 ·· 66

模块四　儿童语言发展迟缓及其矫治

学习单元一　认识儿童语言发展迟缓 ·· 81
　　项目一　儿童语言发展迟缓的原因 ·· 81
　　项目二　认识儿童语言发展迟缓的原因 ·· 82
学习单元二　语言发展迟缓儿童的语言训练 ·· 88
　　项目一　儿童语言发展迟缓儿童的评估 ·· 88
　　项目二　语言发展迟缓儿童的训练 ·· 91
学习单元三　智力落后儿童的语言发展迟缓问题 ···································· 97
　　项目一　智力落后的定义和分级 ·· 97
　　项目二　智力落后对语言障碍的影响 ·· 98
　　项目三　智力落后儿童的语言障碍表现 ·· 99
　　项目四　智力落后儿童的语言训练 ·· 104

模块五　口吃及其矫治

学习单元一　口吃概述 ·· 112
　　项目一　口吃的定义和流行率 ·· 112
　　项目二　口吃的发展阶段 ·· 113
　　项目三　口吃的原因 ·· 114
　　项目四　口吃的发病机理说 ·· 117
学习单元二　口吃的特征 ·· 120
　　项目一　口吃的构音特征 ·· 120
　　项目二　口吃的生理特征 ·· 121
　　项目三　口吃的心理特征 ·· 124
学习单元三　口吃的矫治 ·· 127
　　项目一　口吃的评估检查 ·· 127
　　项目二　口吃的矫治策略和方法 ·· 130

模块六　听觉障碍导致的语言障碍及其矫治

学习单元一　听觉障碍儿童的语言障碍 ·· 144
　　项目一　用词特点 ·· 144
　　项目二　语法和造句特点 ·· 146
　　项目三　构音特点 ·· 148
　　项目四　嗓音和语调特点 ·· 149
学习单元二　听觉障碍儿童的语言训练 ·· 151
　　项目一　生理机制 ·· 151

项目二　基本原则 ………………………………………………………………… 153
  项目三　途径及内容 ……………………………………………………………… 155

模块七　声音障碍及其矫治

学习单元一　声音障碍概述 …………………………………………………… 164
  项目一　认识声音障碍 …………………………………………………………… 164
  项目二　语音障碍的原因 ………………………………………………………… 164
  项目三　语音障碍的分类 ………………………………………………………… 165

学习单元二　假延髓性语音障碍 ……………………………………………… 168
  项目一　假延髓性语音障碍的主要特征 ………………………………………… 168
  项目二　假延髓性语音障碍的评估 ……………………………………………… 169
  项目三　假延髓性语音障碍的矫治 ……………………………………………… 171

学习单元三　脑瘫儿童的语言障碍 …………………………………………… 178
  项目一　认识脑瘫 ………………………………………………………………… 178
  项目二　脑瘫儿童的语言障碍及评估 …………………………………………… 181
  项目三　脑瘫儿童的语言矫治训练 ……………………………………………… 184

模块八　语言障碍的矫治

学习单元一　单韵母的发音指导 ……………………………………………… 190
  项目一　单韵母的基本情况 ……………………………………………………… 190
  项目二　单韵母的发音指导 ……………………………………………………… 190

学习单元二　复韵母的发音指导 ……………………………………………… 193
  项目一　复韵母的基本情况 ……………………………………………………… 193
  项目二　复韵母的发音指导 ……………………………………………………… 194

学习单元三　鼻韵母的发音指导 ……………………………………………… 195
  项目一　鼻韵母的基本情况 ……………………………………………………… 195
  项目二　鼻韵母的发音指导 ……………………………………………………… 196

学习单元四　双唇音的发音指导 ……………………………………………… 197
  项目一　双唇音的基本情况 ……………………………………………………… 197
  项目二　双唇音的发音指导 ……………………………………………………… 197

学习单元五　舌尖音的发音指导 ……………………………………………… 199
  项目一　舌尖前音的发音指导 …………………………………………………… 199
  项目二　舌尖中音的发音指导 …………………………………………………… 200
  项目三　舌尖后音的发音指导 …………………………………………………… 201

学习单元六　舌根音的发音指导 ……………………………………………… 203
  项目一　舌根音的基本情况 ……………………………………………………… 203
  项目二　舌根音的发音指导 ……………………………………………………… 203

学习单元七　舌面音的发音指导 ……………………………………………… 205
  项目一　舌面音的基本情况 ……………………………………………………… 205
  项目二　舌面音的发音指导 ……………………………………………………… 205

学习单元八　拼音教学指导 ·· 207
- 项目一　音节及其结构 ·· 207
- 项目二　音节的拼读 ·· 210
- 项目三　音节的声调 ·· 211

学习单元九　词语训练 ·· 213
- 项目一　多认识事物，注意积累表示名称的词语 ·· 213
- 项目二　多角度观察事物，注意积累描绘事物的词语 ·· 214

学习单元十　语言理解能力训练 ·· 215
- 项目一　语言理解能力训练 ·· 215
- 项目二　实操训练 ·· 215

学习单元十一　语言表达能力训练 ·· 216
- 项目一　语言表达能力 ·· 216
- 项目二　确定训练主题 ·· 216
- 项目三　主题训练 ·· 217

学习单元十二　会话训练 ·· 220
- 项目一　会话困难 ·· 220
- 项目二　会话训练 ·· 220

模块九　孤独症语言障碍及其矫治

学习单元一　孤独症儿童语言障碍的特点 ·· 225
- 项目一　孤独症儿童语言障碍 ·· 225
- 项目二　孤独症儿童语言障碍的表现 ·· 225

学习单元二　无语言孤独症儿童的语言开发 ·· 226
- 项目一　模仿动作 ·· 226
- 项目二　听指令 ·· 226
- 项目三　发音的练习 ·· 227

学习单元三　有语言孤独症儿童语言能力的提高 ·· 228
- 项目一　接受性语言训练 ·· 228
- 项目二　表达性语言训练 ·· 228

学习单元四　孤独症儿童语言训练的步骤 ·· 230
- 项目　孤独症儿童语言训练的步骤 ·· 230

学习单元五　孤独症儿童语言训练的原则 ·· 232
- 项目　孤独症儿童语言训练的原则 ·· 232

学习单元六　孤独症儿童的语言训练方法 ·· 234
- 项目一　完全无语言的孤独症儿童训练 ·· 234
- 项目二　有一定仿说能力的孤独症儿童多进行仿说训练 ·· 235

参考文献 ··· 237

模块一

认识语言言语障碍

>> **学习目标**

知识目标：
1.理解语言言语障碍的基本概念。
2.了解语言言语障碍的基本类型与原因。
3.理解语言言语障碍矫治的原则。

能力目标：
1.能辨别不同类型的语言言语障碍。
2.能认清语言言语障碍矫治的注意事项。

素质目标：
1.热爱和关心语言言语障碍儿童。
2.积极研究特殊儿童的语言言语障碍表现，寻找科学有效的训练方法。

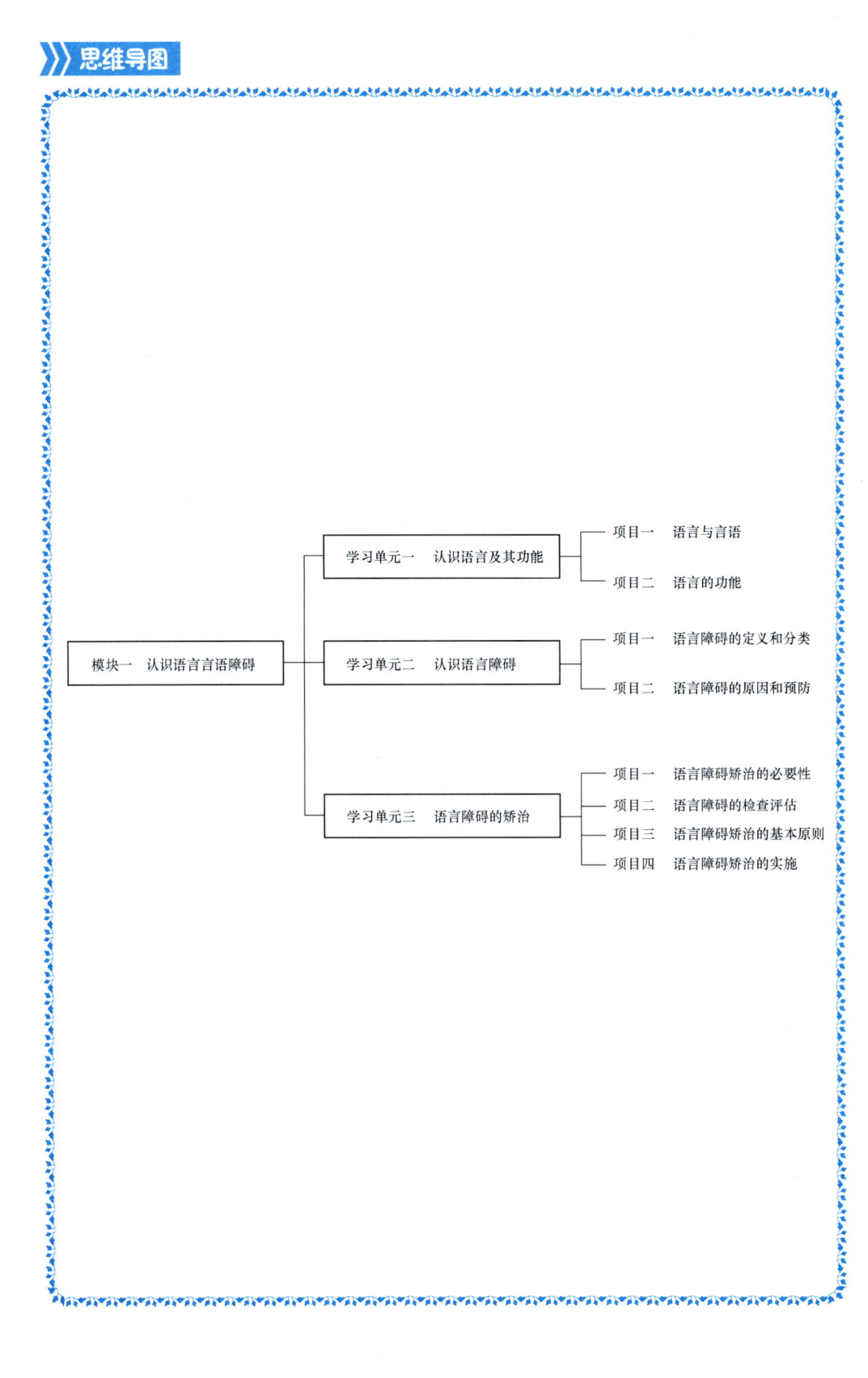

思维导图

- 模块一 认识语言言语障碍
  - 学习单元一 认识语言及其功能
    - 项目一 语言与言语
    - 项目二 语言的功能
  - 学习单元二 认识语言障碍
    - 项目一 语言障碍的定义和分类
    - 项目二 语言障碍的原因和预防
  - 学习单元三 语言障碍的矫治
    - 项目一 语言障碍矫治的必要性
    - 项目二 语言障碍的检查评估
    - 项目三 语言障碍矫治的基本原则
    - 项目四 语言障碍矫治的实施

学习单元一

认识语言及其功能

项目一　语言与言语

一、语言

语言是由一定的词汇、语法和语音构成的符号系统。词汇是语言的建筑材料,词汇量越大,语言越发达,表达也越丰富;语法是讲用词造句的规律的,能使语言获得条理性,具有含义;语音是语言的声音,只有通过语音把话说出来,才能让别人知道你在想什么。

交往是互相往来,主要是指借助语言进行信息交流的过程。这是一种狭义的交往,是人类所特有的交往形式。交往必须包括信息传递者和信息接收者。在交往过程中,需要利用语言对信息进行编码(以对方能接收和理解的方式传递)和解读(收到对方传达的信息并理解它)。交往也可以借助其他的工具或手段进行,它是人和动物所共有的基本生活活动。

二、言语

言语就是口语、说话。言语是个体的心理现象,具有个体主观反映和表达客观事物的特点,表现出个人对现实的态度。

语言只能客观地存在于言语中,必须通过言语交往活动才能起到交往工具的作用。语言只有从言语中吸取新的要素才能不断地发展,如果某种语言不再为人们用于交往活动,它就会失去存在的价值。而言语必须依靠语言来进行,人们只有利用语言中的词汇和语法规则,才能表达自己和理解别人的思想、情感及态度等,才会相互了解。

语言与言语

读书笔记

项目二　语言的功能

一、符号固着功能

语言词汇能够表达和称呼物体、行动及状态等的功能，就是符号固着功能。有了这个功能，词汇就能够向人们报告各种不同的事物。

符号固着功能把人的言语同动物的交往行为明显地区别开来。动物虽然能发出各种声音，但是这些声音只是表明其恐惧、饥饿或满足的状态，并没有表达事物的功能。只是因为这种表现在同类动物中具有共性，所以才能成为它们交流的信号。

对于人类而言，词汇与人们具有的事物表象联系着，也就是"信号的信号"，能向人们提示相同的物体、现象等，所以能使人们在交往时达到相互理解。对于儿童，一个词汇到底意味着什么，需要一个习得过程。在劳动、游戏和学习过程中，经过成人的指点帮助，儿童逐步地把一个个的词汇同相应的事物联系起来，渐渐地理解词汇的符号固着功能。

二、概括功能

语言词汇不仅能表达个别的现象，而且还能表达某一类别的现象，能够反映事物的本质特征，是各种概念的基本载体。

词汇的概括功能和思维紧密联系，使言语成为思维存在的重要形式，成为抽象逻辑思维的最佳形式，因此，思维过程中最基本的东西就是抽象和概括。为了进行抽象逻辑思维，必须能够抽出事物的一些特征和属性，有时也能抽出它们的另一些特征和属性。例如，对于铁，有时抽出其坚硬性，有时抽出其可锻性，有时又抽出其导电或氧化特征，在抽象基础上进行概括，根据铁的可锻性，能把它同金、银、铜等纳入金属范畴；根据铁能氧化的特征，能把它和不氧化的稀有金属区分开来。

三、交流功能

交流功能就是传达知识、态度和情感的功能；可以说，前两个功能大体上属于内部的心理活动，交流功能则表现为外部的、指向别人的行为：它本身包含着报告、表情和调节三个方面。

（1）报告功能是指传递知识。它和表达与概括功能密切相关，要传递好知识，必须善于挑选准确表达思想的词汇，以便引起对方同样的思想或表象。

（2）表情功能是指传达自己的情感及态度。这个功能的充分发挥有赖于正确使用肯定与否定、强调与委婉、活泼与迟疑等不同的口气；同时，人们往往辅以相应的表情，在把表现强烈情感的表情和说的内容融合在一起时，说的话就具有很强的感染力,即使话的内容本身不一定很有依据,也能使听者信服。

(3) 调节功能是使对方的行为服从于自己的意图。这个功能的发挥也与说话时情感和态度的表达密切相关,说话态度明确、情感丰富的人,就容易控制对方的行为。

言语的调节功能不仅仅是指向别人的,也可能是指向自己的。儿童发展到一定阶段,就渐渐地能用自己的语言调节自己的行为。儿童在完成一定任务时,会一边说、一边做,怎样说,就怎样做,再往后,其言语不再表露于外,便会一边想(默默地说),一边做。即使到了成年后,许多行为都是在内部言语调控下完成的。

正是由于言语具有这三种功能,它就成为人们保存和传授社会历史经验的手段、交流思想与情感的工具、进行思维活动的"武器"及调节行为的方式。

读书笔记

学习单元二

认识语言障碍

项目一 语言障碍的定义和分类

语言是人类交流的工具，是人们日常各种活动中须臾不可少的东西，是人类区别于动物的一个重要的本质特征。人们无时无刻不在用它进行思考，利用语言自由自在地与人交往。有些人在有压力时，或者遭遇挫折时，说话会捉摸不定，不知所措。

总有少数人（主要是儿童）因语言障碍而在交往活动中发生困难，对于儿童来说，不能表达自己的思想、情感及需要，或者不能通过听和读汲取广泛的信息，肯定会使其学习和交往活动发生严重困难。如果这种困难持续下去，儿童就无法正常地进行学业学习和形成与他人的良好关系。因此，要研究儿童的语言障碍，帮助他们克服语言障碍。

一、语言障碍的定义

1987年，全国残疾人抽样调查时，把语言障碍纳入听力残疾之中，统称为听力语言残疾。当时使用的定义是："由于各种原因导致不能说话或语言障碍，从而难能同一般人进行正常的语言交往活动。"美国学者偏向于把语言障碍称为言语、语言障碍，并分解为言语障碍和语言障碍进行研究。

1. 言语障碍

言语障碍是指儿童在发准声音、保持适当的言语流畅性及节律，或者有效使用嗓音等方面表现出的缺陷及困难。但是，并非这些方面的任何表现都称为言语障碍，需要有一定的先决条件。如果一个儿童说出的话对常规标准的偏离相当明显，以致招来别人对其令人不快的注意，妨碍儿童同别人的正常交往，造成儿童在社会联系方面的困难，才可以认为儿童存在言语障碍。因而，儿童就需要专业人员的帮助，以改善其交往活动。总的干预目标是使儿童的言语清晰而舒适，以便把别人的注意力从其说话方式转移到其言语内容上。

2. 语言障碍

语言障碍是指儿童在理解或运用语言符号及规则方面发生的问题，或者儿童语言能力的发展明显落后于同龄伙伴的水平。理解语言有困难的儿童不能够按指令做事情，或者不能按顺序说出一周的日子；语言表达有困难的儿童掌握的词汇很少，可能把词汇的音节结构或句子的词汇次序说颠倒，不会正确地遣词造句。一般来说，语言表达有困难的儿童可能也有理解方面的障碍，但也可能没有。

语言发展迟缓的儿童可能要比预期年龄晚得多的阶段才开始习得语言或具有语言理解能力。如果一个儿童到六岁时还不知道"钥匙"是什么，或者不会使用代词"我""你""他"，那么就可以说其语言发展严重滞后。

二、语言障碍的分类

语言障碍的类型相当复杂多样，要进行研究必须进行分类。语言障碍的分类可以采用不同的标准。我国研究者引用较多的是万·里珀（Van Ripper）的分类。他根据言语活动本身把语言障碍分为构音障碍、语流障碍、嗓音障碍、语言障碍四类。

构音障碍、语流障碍、嗓音障碍是语言表达过程中的问题，语言障碍既可能发生于语言表达过程中，也可能发生于语言理解过程中。从语言障碍的具体表现形式或造成的原因上看：构音障碍分为单纯的构音障碍、语音障碍及鼻音障碍；语流障碍分为口吃和速语症；语言障碍分为发育迟缓性语言、无语症、失语症、听力残疾造成的语言障碍、脑瘫儿童的语言障碍。

项目二 语言障碍的原因和预防

一、语言障碍的原因

个人的语言活动是大脑的基本功能，其发展有一个相当复杂的过程，受着先天生物遗传因素和后天环境及所受教育的制约。这些因素中的任何一个出问题，都会破坏言语的正常发展。

造成语言障碍的原因很多，一般可归为以下三类。

1. 器质性原因

器质性原因可能发生在出生之前及出生过程中，如大脑和外围言语器官的发育不良或损伤、颅内出血等；也可能发生在出生之后，个体患了这样或那样的疾患，使中枢或外围言语器官的正常活动受到破坏。这类原因有中枢性的（大脑损伤）和外围性的。

（1）中枢性原因。中枢性原因主要是指大脑系统的损伤。造成大脑损伤的原因多种多样。例如，儿童头颅在胎儿期和出生过程中受到创伤，往往伴有颅内出血，这可能由母体的伤害事故、出生过程中头颅受到挤压、窒息中毒所致；或者是父母所患疾病（梅毒、酒精中毒、结核病、严重虚脱等），以及婴儿于婴儿期所患疾病（白喉、脑膜炎、麻疹等）的结果。

在这些有害因素的影响下，儿童的大脑可能发育异常，或发生局部变形。中毒可能使某些脑细胞发生蜕变，或者把神经联系切断，中枢神经系统的这类损伤会使儿童

语言训练

的许多身心功能，首先是言语活动发生障碍。如果大脑损伤破坏了大脑皮质的高级言语区的活动，就会造成严重的言语和思维障碍、无语症、失语症、声音失知症等。如果进行简单分析综合的大脑皮质活动受到破坏，言语感觉区和言语运动区的分化性活动及言语运动的协调性就会发生障碍，从而造成各种不同程度的构音障碍。

虽然大脑结构与功能紧密地联系，但是，并不是所有的大脑损伤都会造成明显的语言障碍，受过损伤的大脑总要通过各种途径和方法克服、补偿自己的不足。

（2）外围性原因。外围性原因主要是指外围言语器官的缺陷，如先天性听觉器官、颅骨、颌、牙齿、软腭和硬腭、舌、唇等的构造异常。构音障碍大部分是由此造成的。

后天对婴儿照料护理不当也可能影响构音器官的正常发展。例如，允许婴儿长期啃大拇指会破坏颌的正常构造；允许婴儿长期吸吮橡皮奶头或别的硬性尖物，会使腭变窄；不注意儿童的耳朵和口腔卫生也有可能使它们受损伤。婴幼儿时期的各种疾病和伤害都可能损伤言语器官。

但是，器质性损伤不一定直接引起语言障碍，因为对于人类，高级形式的生物学因素，可以通过教育、学习等社会性行为加以克服，构造异常的器官也能够适应正常的活动。

言语障碍的程度不仅取决于解剖构造问题涉及的范围大小，而且也取决于受损器官在言语活动中的作用大小。例如，舌尖的微小缺陷就会造成发音错误，而颌和牙齿的较大问题往往对言语没有任何影响。

2. 功能性原因

在没有器质性损伤的条件下，发生语言障碍的原因很可能是功能性的。例如，造成口吃或构音障碍等的兴奋和抑制过程失调，或者派生性中枢及外围神经系统功能的不足，言语感觉或运动功能减退、言语器官的肌肉运动功能减弱或亢进及运动协调性障碍等。

器质性原因和功能性原因的划分是相对的。实质上它们处于相互作用、互为因果的统一之中，妨碍言语发展的器质性损伤本身，往往会限制大脑系统的正常发展，任何器质性损伤总会伴有相应的中枢功能性障碍。

器质性缺陷可能破坏相应器官的外围部分、传导部分或中枢部分的活动，由于各器官的中枢终端相互联系，任何部分的损坏都可能影响整个大脑皮质的功能活动。任何器官的任何部分的损伤都会祸及整个器官的活动。例如，听觉外围部分损伤后，个体获得的声刺激就不正常了，听觉的分析综合活动就会受到限制，因而皮质也不能传递正常的神经冲动，这反过来又加重了外围感受器的问题。在这里，器质性障碍是第一性的，由它派生的功能性障碍则是第二性的。

3. 心理性原因

心理性原因可以从两个方面进行分析。

（1）神经心理学因素。神经心理学因素主要是指智能、记忆、注意、听觉和视觉等方面的障碍。这类问题也是同器质性或功能性损伤相联系的。任何从一般疾患派生出的心理问题，都有其大脑损伤方面的基础，往往还有躯体健康、植物性和内分泌系统方面的障碍。语言的心理性缺陷有时候是病态解剖生理的结果。

儿童的个性与情感特点，如缺少自信、相形见绌感、病态胆怯、意志薄弱、自我评价过低或过高等，都可能使儿童说话偏离正常标准。结果，儿童说话可能显得笨拙、考虑不周、节律不自然、过分冗长、矫揉造作；或者相反，说话速度特别快、带着结巴、下气不接上气、构音不清、音量过大。

神经心理学因素的一个特例是矫治人员或医生的不当言行。有时候，由于他们给儿童或家长说话不注意或建议错误，儿童的语言障碍不但得不到矫正，反而会加剧。例如，一位没有经验的语言矫治师对患儿的母亲说："儿童的口吃不要紧，会随着发育成长而自然消失。"结果这位母亲就没有采取任何积极措施，致使儿童的口吃延续终生。如果语言矫治师随便地对家长说其儿童缺少小舌头（软腭）或儿童严重腭裂等不好的话，那么这个儿童很可能无法说话。

（2）社会心理学因素。在找不到言语障碍的解剖生理学原因及神经心理学原因时，就要从周围人们的言语特点或儿童习得言语的方式，或者同时从两者之中寻找原因。

社会性的原因包括：①儿童周围的人说话不标准，使儿童难以理解，难以进行语音分析，难以选择所需的词汇并模仿再现它们；②缺少社会激励因素，就是激发和鼓励儿童学习说话、完善和丰富自己的言语，把语言活动作为重要的活动形式，以及珍惜自己和别人的语言的社会条件缺乏或不足；③其他有害情况，如限制儿童参与成人之间的交谈，不给儿童自己表达的机会，只准儿童说正确的话，或重复儿童的错误发音等。

言语障碍原因有两种性质：①已经结束的、往往是不可逆转的病态解剖生理学过程，或以往的有害社会性影响；②慢性的、还在起作用的因素。在以上两种情况下，言语缺陷可能表现为非言语障碍的唯一症状或是其症状群中的一种情况。

相同的语言障碍外部表现可能起因于不同的原因或相反的原因，不同的言语障碍可能起因于同样的原因。第一种情况，如舌尖音发不好的原因可能是听觉障碍、构音器官上的缺陷、功能性问题及言语环境不良。第二种情况，如同样的伤害（如脑震荡）可能引起创伤性哑、聋哑、重听、嗓音缺陷及口吃。这就要求对语言障碍的诊断检查要十分精确，并在此基础上采取相应的矫治方法。

言语障碍往往以不同方式结合起来（构音障碍和口吃，口吃和语速过快，构音障碍和言语发展迟缓……）。有时候，在已有的缺陷上可能派生第二性、第三性的缺陷。在这种情况下，较为严重的障碍可能是由较轻缺陷发展所致。构音不清可能导致口吃，也可能相反，口吃诱发构音障碍。

重要的是不仅要确定言语障碍及其原因，还应该了解出现言语缺陷儿童的具体情况。

儿童时期发生创伤的特点在于会使尚未完全形成的大脑组织（作为未来的复杂结构的神经活动系统的萌芽）受到破坏。因此，大脑受损的时间越早，对于患者的继续发展越有害，对正常轨道的偏离也越大。在个性形成的初期（3～7岁），大脑伤害对儿童心理发展的影响非常大。同时，大脑损伤越严重，语言障碍也越严重；许多病因有时候完全重合，有时候又相互掩遮。

语言训练

语言障碍的致病因素有极大的可变性，它相互交织，联系在一起。这给作出准确的论断、预后和选择适当的矫治方法造成了困难。因此在言语矫治实践中，应该先认真研究语言缺陷的原因，观察病因变化发展情况及与其他语言要素、儿童个性和机体的联系，观察语言障碍的发展与矫治过程中儿童所处环境的变化。矫治过程中常常会遇到这样的情况：第一性的原因已经消除，第二性原因占据主导位置，它们对言语缺陷起着强化和改变的作用。

二、语言障碍的预防

研究语言障碍的原因既是为了进行有效的矫治工作，也是为了开展积极的预防工作。搞好预防工作对于儿童言语的正常发展具有极其重要的意义。如果把它做好，就能够把言语障碍限制在最低水平，从而也可以减轻矫治工作量。

儿童言语障碍预防工作的基础是成人（家庭中的、托幼机构中的、学校里的）对儿童言语发展过程的积极参与。

预防语言障碍的物质和心理方面的措施应该从胎儿时期就开始，一直延续到小学阶段。这类措施包括关心孕妇的健康、关心婴幼儿的健康、关心婴幼儿的言语发展和关心小学低年级学生的言语发展。

1. 关心孕妇的健康

孕妇的生理和心理健康是胎儿健康发展的基本保证。应该使孕妇心情愉快、精神饱满、营养调和、身体健康，避免感染严重疾病，尤其是神经系统疾病，避免接触汞、铅、铬及放射性物质、风疹病毒，不嗜烟酗酒，以保证儿童获得健全的生物遗传素质，避免出现异常或容易诱发伴有言语问题的疾病与损害。

2. 关心婴幼儿的健康

儿童出生后，就要十分注意保护，尤其要预防对头部的各种伤害。

（1）要设法保护好儿童的听觉器官。一是不要让各种异物进入儿童的耳朵；二是保持耳朵的清洁卫生，预防耳朵发生脓肿及炎症；三是特别注意不要让耳朵受冷，以免引起炎症；四是不要让儿童经受剧烈的声音（如汽笛声、枪炮声、炸雷声等，这类声音可能降低听力，甚至致聋）的刺激，即使婴儿入睡时，也应保持安静。任何的噪声都会刺激尚未坚固的幼嫩神经。

当儿童的耳朵出问题时，应及时请医生处理，家长不可自己动手，如耳内脓肿、扁桃体肿大等，它们都可能导致听力损失。严重的鼻涕流淌很有害，往往一下子累及两个鼻孔。尤其是儿童患感冒时，病菌会随着鼻涕从鼻腔进入耳内。

儿童的耳朵特别容易患病，许多聋哑病例都是在这个时期产生的。如果发现儿童说话不正常，应及时请耳科医生做检查，因为言语缺陷往往是听力障碍所致。

（2）尽量保护好儿童的发音器官。如不让儿童养成吸吮手指头、橡皮奶头等坚硬东西，或者咬下唇的坏习惯，以免破坏颌的正常构造；注意儿童的口腔卫生，及时使儿童养成漱口、刷牙的好习惯，发现龋齿及时修补；对于已发生的问题应及时处理——清除腺样增生，修补兔唇和腭裂，纠正颌的错位及牙齿的排列异常，等等；保护好鼻腔、咽腔和口腔，尽量预防儿童的慢性伤风。

3. 关心婴幼儿的言语发展

婴幼儿的哭叫声是言语语音的萌芽，关心言语发展应该由此开始，做父母的应正确对待婴幼儿的哭叫声。一方面不能压抑它，因为压抑不利于儿童嗓音的发展。实际上，对于哭叫声应给予适当的鼓励，如果婴儿很少哭叫或哭声很轻，可能预示着有患无语症或严重智力落后的危险性。另一方面，对于过分强烈的哭叫要加以适当调节，因为它可能破坏正常的呼吸，甚至引起声带抽搐及其他病理现象。调节方法就是消除引起强烈哭叫的原因。

在婴儿开始咿呀学语时，成人要注意鼓励这种活动，如对婴儿表现出愉快的表情，要注意地听，亲昵地抚摸婴儿。婴儿很早就开始主动模仿周围人们的言语，这对其言语发展起着至关重要的作用。这一点应该成为预防言语缺陷的出发点，模仿因素对儿童的言语发展不但起着巨大的推动作用，而且孕育着一定的危险，因为儿童的言语模仿并无选择性，他们听到什么样的声音，就重复什么样的声音。他们的话就是对周围人们言语的反映，这就对周围人的言语和行动提出了很高的要求。

（1）说话必须清楚、响亮、流畅、正确。虽然开始时，儿童的肌肉力量较弱，言语器官的技能相当差，发音说话含糊不清，和咿呀语差不多，但是成人与他们交谈时，无论如何也不能学着儿童的腔调说话。成人说话正确，最终能促进儿童学会正确的言语，有的儿童早一些，有的儿童晚一些。另外，成人还应系统地给儿童以提示和示范，使儿童产生必要的构音定向。纠正儿童的错误时，不能模仿儿童的言语模式，而是应该清晰明确地提示正确的词汇。但是，不能强求儿童一定要跟着自己把词汇讲正确。可以要求儿童说话时，嘴张得足够大，声音足够响，但不是喊叫，不能急促，说话前吸口气。

（2）鼓励儿童把话说清楚、讲完整。在家庭环境中，由于情境和习惯的作用，儿童往往只讲半句话，甚至半个词，就能为人理解，因此，大家就不再鼓励儿童说比较完整的话，这样就会妨碍儿童言语的健康发展。家长和其他人应该根据儿童的发展水平，鼓励儿童尽可能把话说完整、讲清楚。儿童常常不会说复杂的句子，缺少把话讲完整的词汇。成人应该随时给以帮助，提示必要的词汇，或干脆把儿童的话补充完整，这可以预防出现构音障碍和口吃现象。

（3）不过分强迫儿童重复同样的词语。在儿童习得言语的早期，成人经常要求他们重复没说对的词语，但应适可而止，否则会铸成严重错误。过分要求儿童进行重复，可能使儿童意识到自己发音能力不好，对说话失去兴趣及注意力，并且容易使其神经系统发生疲劳，儿童可能对成人的要求不再作出反应，越是要他们说，他们越是不肯说。有时候，一味地要求儿童说话，会使他们在相当长的一个时期里产生言语违拗症——拒绝说话，甘愿"做哑巴"。同时，发音说话一定要和儿童能够接受的有趣内容结合起来。若让儿童说些似懂非懂或对他们没有任何意义的词语，可能会把他们变成爱饶舌头、胡言乱语的人。促进儿童言语发展的氛围应该轻松愉快、自由舒畅、活泼有趣、较少拘束。

对于儿童暂时不会说和说不好的词语，成人可以示范给儿童说，让儿童听，目的是让儿童听清词语的声音结构，确定音和构音动作之间的联系（因为儿童在听的时候也会不由自主地、出声或不出声地跟着模仿）。然后，指着相应的物体或图片问儿童：

语言训练

"这是什么?"儿童答对时,成人应表现出惊奇、兴奋的心情。成人也可以有意把词语说错,儿童会立刻纠正。例如,成人指着画有猫的图片说:"多好的一只小狗!"儿童会马上反驳说:"不是小狗,是小猫!"这样做的效果很好。

(4)不能要求儿童说话速度快。儿童的条件联系形成还不够快,他们尚不能较快地学会正确的言语。如果儿童很早就开始急急促促地说话,说话准确得有些夸张,那么多数情况下表明中枢神经系统可能出了故障(抑制过程削弱,过分兴奋等)。儿童往往就是在这样说话的过程中开始口吃或构音不清,有时候还会中止说话,然后以自然的方式重新开始学习说话。

(5)要特别注意儿童的音节重复。对于幼儿,这是一种很自然的现象,但是当儿童具有病态心理时,音节重复很可能诱发口吃。只有长时间地经常重复刺激物才能对婴幼儿发生有效的影响。从儿童出生之时起,成人就应该对着他们慢慢地、清晰地发出声音,在使儿童感到舒服的情境中,结合他们的活动经常地重复同样的音、词、句,以使他们感知到正确的语言,并产生模仿再现的心理定式。

(6)注意经常纠正儿童的发音错误。从两岁开始,就可以经常地,但又不惹人厌烦地纠正儿童的发音错误。儿童一般都喜欢跟着父母、教师念经过纠正的词语,总是尽力改善自己的发音,还会把这作为游戏。纠正时,成人应缓慢地、清楚地把词语说出来,并对其中的某个音节加以强调。表情是言语的有机组成,应该引导儿童注意观察交谈时对方的脸部表情。这能帮助儿童较准确地掌握构音技能,同时也能使儿童大胆说话。

成人除了注意以上的要求,还应该寻找和采取预防儿童发生言语障碍的手段。唱歌、音乐和律动就有很好的预防作用。唱歌可以促使儿童言语、呼吸技能的发展及嗓子的发育,使儿童说话流畅、从容、有节奏,大大提高发音的质量。音乐和唱歌有助于儿童听力的发展。有了良好的听觉调节,儿童的语言发展才能正常进行。唱歌尤其是合唱,是矫正口吃的有效手段。儿童在合唱时,感觉到自己在言语活动方面是集体中的平等成员,这种健康的社会心理定式对于消除口吃十分有利。各种节奏性的动作——在音乐伴奏下做体操、唱游等,都是言语中枢、听觉、视觉、手、脚、躯体等协同活动的产物,都是言语健康发展的促进因素,能帮助预防口吃。听音乐、声乐和儿童诗歌朗诵同样很有用处。不过,唱歌和朗诵时,应注意到每个儿童的嗓音特点。不少音乐教师的问题就在于教唱歌时没有充分考虑到儿童在嗓音强度及音区、呼吸深度方面的差异。

当然,学龄前的这些预防措施不能脱离儿童的生活内容,成为强加于他们的东西。对儿童语言发展所做的指导、提示和纠正等,都应该在生活过程中进行,而且需十分小心。成人们应该牢记:对于儿童的言语发展,唯一有效的策略就是鼓励,而不是强制。

群体生活是又一个促进儿童言语健康发展的重要手段或途径。语言是在社会交往过程中发展起来的,因而需要有群体生活,特别是儿童的群体活动。群体活动一方面引发儿童与人交往的需要,包括和动物、玩具等的"交往",另一方面又使这种需要得到及时的满足。在群体中,儿童一般都力求用正确的词语进行交谈,而且也能较好地达到互相理解。所以，应该尽量把儿童放在群体中进行教育。

但是，如果儿童群体生活中的语言状况长期不完善，那么也会给儿童的言语发展造成消极的影响。在这时，成人的作用显得特别重要。成人应当对儿童的语言给予及时且合理的帮助。成人说话应保持正确的标准，以消除不完善的语言环境对儿童的不良作用。因此，不应该让儿童远离成人，没有参与成人间交谈的机会。在成人指导或参与下开展的言语游戏，是儿童学话的一种极为生动的组织形式。

另外，还应该注意发挥游戏对儿童言语发展的作用。游戏是儿童练习言语表达能力的好途径。儿童可以把刚刚学到的词语用于游戏中。结合游戏让儿童学说难说的词语，效果颇佳。各种玩具、图片、儿童读物等，都是儿童言语发展的源泉。

4. 关心小学低年级学生的言语发展

小学阶段尤其是低年级，是儿童言语继续发展完善的关键时期。学校在发展儿童言语方面的主要任务，在于培养学生正确地理解别人的话，能用口语和书面语清楚、准确地表达自己的思想和情感。

刺激学生言语发展的因素有很多：有的和教师有关，例如，教师积极同情的态度，适合儿童水平的语言风格，对儿童的语言表达作出恰当的评价并帮助儿童扩充；有的因素和教师提供的信息有关，例如，教学内容的适切性，要建立在儿童的经历之上；还有的因素和儿童自身有关，如儿童良好的自我观念、自信心；也有的因素涉及人们对儿童言语的适当且有效的反馈。

为了刺激儿童语言健康发展，学校和教师应注意以下几个方面。

（1）充分发挥阅读教学的作用。正确的阅读教学包含着帮助儿童掌握不同语言形式的各种手段。其中，朗读对儿童的言语发展特别有利。它除了能帮助儿童说话清楚、响亮、表情丰富，还可帮助儿童学习当众发言，掌握清晰、准确的发音技能。

（2）做好汉语拼音教学。儿童来自不同的家庭背景，各家庭中往往使用着不同的方言，这妨碍着儿童尽早掌握普通话的语音系统。许多儿童在学习汉语拼音时可能在发某些音素方面发生困难，讲不好普通话。儿童学习汉语拼音字母的过程应该成为矫正发音缺陷的过程。一般来说，汉语拼音教学能使绝大多数的学生熟练掌握拼读技能，讲出一口标准的普通话。即使是轻度智力落后的学生，只要有足够的教学时间，也能达到这样的水平。

（3）发挥好儿童集体对言语发展的积极影响。学生集体对儿童言语发展的作用特别大，而且是多方面的。儿童在集体中通过与同学们的交往，能不断地完善自己的语言。但是，如果对儿童集体引导不当，它也可能对其成员的语言发展产生有害影响，儿童不仅模仿正确的语言，而且也会模仿错误的语言。另外，在缺少教师或家长的监督下，有些儿童对同学的言语缺陷表现出消极的态度，如粗野、讥笑或戏弄。在多数情况下，这可能推动说话不好的学生去改进自己的言语，如构音不清的学生听到同学的正确发音，向同学学习，最后克服自己的缺陷。但是当言语障碍严重、儿童无力自行克服时，情况可能相反：儿童开始避开发不好的音，用别的音代替它或干脆不言语，与同学疏远。结果，儿童的言语障碍会日渐加剧。

（4）教师要发挥好自己的语言示范作用。在学校里，教师不仅是正确言语的典

语言训练

范,而且也应是促进言语发展的有利条件的积极组织者,应该教育启发言语缺陷患者及其同学正确地对待言语缺陷,应及时地发现和纠正学生说话时出现的任何错误。

教师讲课时的嗓音对保护儿童的嗓音有重要作用。有的教师会表现出高亢的急躁嗓子,有时候变成急叫,在纪律差的班级中常有这种现象。紧张的嗓音,尤其是急叫时,难以保持言语的清晰性,妨碍语言的表现力,而且也会引起儿童的盲目模仿,从而有害于他们的嗓子。教师要多考虑自己说话的表现力,富有表现力的嗓音能缓解嗓子的紧张度,预防嗓子受损。

学习单元三

语言障碍的矫治

项目一 语言障碍矫治的必要性

语言对个体的生长发育和生存至关重要，语言的任何缺陷都可能在一定程度上影响到患儿的活动和行为，造成一系列的不良后果，这种后果至少可归结为以下几点。

一、限制儿童的智力发展

试验研究和实践观察都表明，严重的语言障碍会限制儿童的智力发展。例如，卡洛尔（1936）通过对1 174名学生做的分析发现，语言障碍患者在整体上智力发展水平要低于同龄的一般儿童。克雷格（1951）通过对692名一到四年级学生的研究发现，四年级的严重语言障碍患者的智力远低于正常学生。

听觉障碍儿童和视觉障碍儿童的情况也是重要的例证。听觉障碍儿童的语言发展严重受阻，从而大大妨碍到他们的学习能力。即使他们受完九年义务教育，其文化知识及智力水平都明显地比一般儿童低。而视觉障碍儿童由于能够自幼习得言语，学习接受能力就比听觉障碍儿童高得多。他们在受完九年义务教育时，所掌握的文化知识和达到的智力水平基本上接近一般儿童。语言障碍严重的脑瘫儿童的平均智力也比较低，往往被误断为智力障碍儿童，安排进培智学校接受教育。

造成这种后果的原因在于语言和思维的密切关系，两者构成一种相互渗透的统一。一方面，语言障碍必然影响作为智力核心因素的思维活动的发展。另一方面，言语障碍会妨碍儿童与周围人们的正常交往，这会限制儿童的知识增加、情感及其他心理活动的正常发展。

当然，不同类型的语言障碍对儿童智力发展的影响是不相同的。影响最突出的是言语理解方面的障碍，而像口吃、一般的构音问题，通常对智力没有明显的影响。

二、导致不良的个性和情感特点

个性和情感的健康发展离不开正常的社会联系及交往。严重的语言障碍会造成个体的交往困难，很容易使其产生不良的个性和情感特点。观察和研究发现，语言障碍儿童可能表现出如下特点：害羞、孤僻、多疑、沉默寡言、优柔寡断、与人疏远、违

语言训练

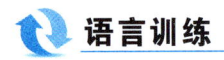

读书笔记

拗、易激动，以及挫折、失落、负罪感、焦虑不安、受侮辱、遭歧视、不健全等。语言障碍儿童的心情一般是较沉重的，而且很早就表现出来。

下面是一名语言障碍患者的诉说："关于我的口吃，我记得最清楚的不是我的怪声音，而是当我艰难地说出一个词儿时，我对别人脸上的急切打量。如果人们眼中反映出我所体验的一些痛苦和挫折，那么这只会使我更加不安。他们帮不了我的忙，我当然也不想得到他们的同情。那时候，我大概是九岁或十岁。就像大多数有口吃问题的人那样，我已经学会了靠小聪明，以一种说话流畅的人意识不到的方式过日子。我在要说一句话之前，先在心里想一想，看其中有没有使我发生口吃的词儿。"

这种明显的病态反应多发生在有严重功能性心理障碍患者中，因此，对于他们除矫治言语缺陷本身外，还须采取心理卫生措施，以消除他们对言语障碍作出的过高、近似神经官能症性的评价。

三、妨碍儿童参与学习和群体活动

语言缺陷的性质与程度及在其基础上产生的心理问题决定着儿童进行学习和积极参与学校社会生活的可能性。例如，一个十六岁的口吃患者说："我从没有像其他同学那样在课堂上向老师提过问题。难道我没有任何疑问吗？然而，我总是想：'算了，回家自己钻吧！'我一直是这样做的。我有过一种想法：'我是最差的学生。'我就与同学们疏远，害怕集体。我担心同大家说话时结结巴巴，让别人笑话。所以，我总是默默无闻，时刻怕别人问我什么。"

语言障碍使儿童不能及时且明白地提出不懂的问题、回答问题、进行讲述，必然影响到儿童的学习成绩。还以这个口吃学生为例：虽然他对课上学的知识都很了解，但是在教师的口头检查中总是不合格，因为他回答时总是"磨磨蹭蹭""含含糊糊"，教师没有时间，有时候也没有耐心听他说完。

多数研究都发现，儿童的阅读困难与语言障碍的关系密切。韦文等人（1960）通过对638名小学一年级学生做的研究发现，他们的构音障碍越严重，阅读的准备能力越差。希德斯（1946）发现，构音障碍、听辨能力差、口吃、情感问题等，都会影响儿童的阅读成绩。

课堂教学的进程可能因某些学生说话不好而遇到阻碍，课堂纪律受到破坏。对这些学生的讥笑、模仿，这些学生的告状等明显地干扰着课堂秩序。有的语言障碍学生由于学习困难跟不上班集体，失去了学习兴趣，可能变成破坏校纪班风的"捣乱分子"。并且，有的学生的言语问题会由于彼此间的相互模仿而感染别的学生。言语障碍也可能影响到儿童的听觉记忆，造成患者这方面的派生性缺陷。研究发现，构音障碍儿童往往缺少对字音顺序进行综合和分析的能力，这也会影响到儿童的学习。

四、限制日后的职业选择

有些言语问题会限制长大后的职业选择。许多职业对于语言技能的要求较高：口吃患者不能从事教师工作，以及充满口语交往活动的其他职业。但是，有些限制是没有根据的，主要是由于过高地估计了语言缺陷给从事某些活动造成的困难。

项目二　语言障碍的检查评估

一、检查评估的程序

语言障碍矫治工作的第一个重要阶段就是检查评估。语言矫治师应该对儿童的语言进行全面的检查评估，以便确定：儿童的语言发展状况如何？儿童是否存在语言障碍？是什么性质的障碍？能否矫治？造成其语言障碍的原因是什么？如何克服？依靠其他的资料很难准确地回答这几个问题，因为它们往往既不全面又不可靠，即使是幼儿园和小学的教师，也很难发现自己教育对象的言语缺陷。一是因为人们对言语素养的重要性认识不够，因而对它的问题也不够重视；二是因为一般教师缺少有关语言障碍的基本知识，不了解各种不同的语言问题，往往会把构音障碍看作口吃，或者把口吃视作构音障碍。

语言障碍的检查评估通常包括三个环节。

1. 筛选过程

语言矫治师在一般学校和幼儿园儿童中进行普遍性的筛查，把可能具有不同语言障碍的对象找出来，再做进一步的诊断检查。筛选时并不涉及语言障碍的详细情况和病因。

筛选不一定要在专用房舍中进行。可先请进两个儿童，对一个人做检查时，另一个人等在一边（可以让儿童看图书或玩玩具），当第一个儿童检查结束退出时，第二个儿童再接受检查。同时请进第三个儿童守候在一边，这样交替地进行下去，便于学生先熟悉环境，再接受检查，更真实地表现其语言情况。检查内容包括：说出图片所示物体、玩具或身体不同部分的名称，也可以让儿童数数、说出月份或季节的名称；看图叙述、回答问题；重复语言矫治师的词语、听写或抄写。当然，如果有专门的筛查工具操作会更方便。筛查的时间对于每个儿童就是几分钟。有些经过这种筛选检查不能发现的对象，也可能由家长、教师通过观察而发现，再转介去接受诊断检查。

2. 诊断过程

对筛选出的对象进行诊断，应包括以下几方面的内容。

（1）个人成长史。大多数专业诊断开始是从家长那儿收集儿童个人成长方面的材料，通常要填一张反映儿童发育概况的表格，它包含儿童的生长史及病史、受教育情况，如何时开始爬、走路、说话、社会技能表现（是否爱和其他儿童一起玩耍）、生过的疾患、用过的药物、家庭环境、成绩和智力测验分数、对学业学习的适应情况等。

（2）智力评定。智力发展水平和语言障碍有着密切的关系。在进行语言障碍诊断时，往往要进行智力检查。对于言语表达有困难的儿童，有时要使用非语言性智力测验方法以确定语言障碍是否起因于智力缺陷。

语言训练

(3) 听力测试。听力障碍是造成语言问题的重要原因，因此需要检查儿童的听力状况，以决定儿童的语言问题是否与听力损失有关。检查过程中不仅要检查儿童的一般听力，而且要了解儿童的语音听觉——正确感知和分辨语言声音的能力。有的儿童的听力虽然正常，但是难以精确分辨近似的言语声音，从而导致了言语问题，因为儿童听不清别人说话的声音，就得不到良好的模仿对象。

(4) 障碍评定。一般可以采用下列方法来查看儿童的言语障碍情况。

①通过看图回答问题，了解儿童的自然口头反应。

②请儿童重复几个带有他们发不对的音素的词。

③让儿童重复几个随意发出的声音。

④取得儿童的言语样本，即反映儿童语言表达水平的标准例子，如自然的口语、模仿再现无意义的音节、习惯的言语方式等。

通过对正式和非正式测查结果的分析，可以查明儿童有无言语缺陷、只有一种还是几种缺陷、什么性质的缺陷、可否矫治等。

(5) 找出语言障碍的原因及有关因素。在确定儿童的语言障碍类型后，应该进一步寻找造成问题的原因及有关因素。这需要在医生的协助下检查儿童的发音器官，看看舌、唇、齿、腭、鼻、咽及其他影响言语活动的组织是否存在异常，确定这种异常对语言障碍所起的作用。如果儿童的问题属于功能性的，那么就要调查儿童周围的环境，确定环境中的哪些因素与儿童的语言障碍有关联。这时查到的一些症状或问题，可能需要寻求耳鼻喉科医生、矫形外科医生或心理学者的支援。

3. 确定矫治对象

通过诊断，语言矫治师就可以对儿童的病史、发育史、测查结果、言语样本和行为观察记录进行综合评定，最后提出处理儿童语言问题的最佳方案。

通常，诊断就意味着提出初步的处理意见。但是，评定应该是一个发展过程，因为儿童语言障碍的许多方面只有在治疗过程中才渐渐趋向明显。诊断的重要任务是把儿童的具体缺陷搞清楚，以便制订补救计划。以后的具体治疗将完全取决于诊断结果。

二、检查评估的注意事项

语言障碍的检查评估是一项既严肃又细致的工作，要求语言矫治师认真负责、周密组织。为了达到预期的评估目的，检查过程应该注意以下几点要求。

1. 选择好用于检查的词汇

用于检查的词汇应恰到好处，既能包含要检查的所有言语要素，又在数量上适中，不使儿童感到疲劳。因此，应选择儿童熟悉的能满足检查任务需要的词语（包含着必要的声母和韵母）。最好让有关的声母和韵母能出现在单音节词及多音节词中。每个词只能有一个儿童难发或发错的声音。为了准确地统计发音错误，应使有关的声音至少有两次出现的机会。词语可做成词语卡片（对于识字的儿童），也可做成图片（对于不识字的儿童）。对于每个儿童，用的词语数以 30 个左右为宜。

2. 尽量使用游戏的检查方法

游戏的方法是为了让儿童感到有趣、轻松、自在，免除紧张拘束的心情。例如，将图片分成组，每组3～4张，背面向上放于桌上。让儿童随意拿起一组图片，说说上面画的是什么，或者语言矫治师和儿童一起就这组图所示的内容进行交谈。完成后再换一组。游戏过程中，一个词语可以使用2～3次，仅每个要检查的声音能出现在不同长短的词语中。因此，图片可以增加到50～60张。

为预防儿童劳累、分心，游戏方法必须多变。例如，可以让儿童站着做游戏，坐着做游戏，变化拿图片或发图片的方式，像打扑克牌那样从一堆图片中抽，或者从语言矫治师手中抽图片。从"魔袋"里摸图片或玩具，或用钓竿"钓"玩具，对儿童更有吸引力。

3. 设法激发儿童的兴趣和注意

儿童对检查活动的兴趣和注意对于检查结果的可靠性十分重要。游戏方法当然也有激发儿童的兴趣、吸引其注意的目的。另外，还应该以检查的内容去吸引儿童，也就是说检查所涉及的人和物应该是儿童熟悉的、亲近的。应该就儿童周围的人、喜爱的活动及玩具提问题、做交谈，语言矫治师说话要生动、有表情，态度和蔼可亲，使用的语句适合儿童的发展水平，能让儿童理解。在这样的交谈活动中暗暗地进行观察，容易发现儿童的语言特点和个性特征。谈话的组织要周密，应该使儿童在不知不觉中按照需要的速度和节奏、把需要检查的声音和词语都用于交谈中，这样才能取得理想的结果。

4. 注意全面了解儿童

言语是把人的机体、心理、经验和环境有机结合起来的统一活动。对于儿童的言语障碍不能仅作为声音的异常而孤立地做检查，应该同当时的情境及儿童的发展进程相联系进行研究。因此，语言矫治师需要了解儿童的生长发育水平，儿童对自己言语问题和周围人们的态度，其家庭成员的言语特点和对子女言语的态度。对于这类材料，语言矫治师除亲自检查和观察外，还需要向儿童的家庭成员和教师了解，医务人员能提供许多有关儿童的一般健康、神经系统和言语机制等方面的信息，这几方面提供的材料对于准确诊断具有重要作用。

项目三 语言障碍矫治的基本原则

一、综合矫治原则

人的大脑活动具有很强的整体性。机体和环境之间时刻保持着一定的平衡。儿童的语言活动受这两个重要因素的制约。矫治语言障碍不能就事论事，而应该结合整个机体的活动和变化着的个性特点对障碍做分析，制订和实施能够发挥综合作用的方法。综合矫治可以从以下三个方面考虑。

（1）矫治不仅要作用于语言障碍的某个症状，而且要作用于包含着它的症状群。

语言训练

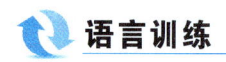

例如，对于严重脑瘫儿童，言语矫治不能局限于词语训练，而且还要对他们的言语肌肉群、其他大小肌肉群、语言呼吸等进行训练。

（2）矫治不仅要作用于言语问题本身，而且应作用于儿童的个性，使儿童对矫治训练发生兴趣，认识到矫治的目标和任务，体验到克服语言障碍的必要性和可能性。

对于表现出心理障碍的儿童，在培养正确的语言技能的同时，还要进行心理治疗，克服其难堪、妄自菲薄、犹豫不决、无能为力的心情，以及对当众说话的恐惧。

（3）矫治不仅要作用于儿童本身，而且要作用于其周围的人。儿童的语言从内容到形式都是在周围人们的影响下发展的。这种影响具有双重性质：一方面，它能激励儿童去矫正自己的缺陷（儿童都有不能比别人差、避免被别人讥笑的愿望）；另一方面，它可能强化儿童的障碍（如果儿童因怕招人注意而尽量少说话，那么障碍就难以克服）。因此，矫治训练一定要同开展家长及学校工作结合起来，动员家长和教师采取措施激发儿童改善自己言语的需要，帮助他们纠正语言错误，并给儿童提供良好的语言典范，对儿童语言发展的要求也要适当，这样才能使言语矫治工作富有成效。

二、联系交往原则

社会交往是语言的主导功能。任何矫治训练都要考虑到这个因素。否则，许多矫治方法就会失效。例如矫治口吃，离开语言交往进行的各种个别化训练（如练习发困难的声音，发词语或句子的开头声母，拖长音发韵母等）效果都不佳。许多让语言失去其功能的机械练习，很容易使儿童丧失使用语言的兴趣。

许多矫治性技术又是发展健康语言，也就是恢复语言社会功能的必要环节，如舌操及各种口头与书面的练习。为贯彻联系交往的原则，这类机械性的技能训练要尽可能与儿童的交往活动相结合。要借助实际言语交往形式来矫治语言障碍，如对话、演戏、游戏、猜谜语等。当然，这样做的时候，要充分估计到儿童的特点、兴趣和需要。

同时，应该注意每次训练活动结束时，让每个儿童都体验到成功的喜悦（得到语言矫治师的奖励、鼓励、表扬，同伴们的赞许和关注等）。语言交往活动中的成功体验能增强儿童的信心，激励他们继续参与各种交往活动。相反，交往中的失败体验会抑制儿童说话的动机和积极性。

因此，应优先选择在群体中进行矫治的方法，因为只有群体中才可能有生动的语言交往，儿童对语言感知也较好，大家对说话者表现出的兴趣，仔细听别人说话的心理定势，会诱导儿童情不自禁地去注意别人的讲述，也能使他们十分认真地表达自己的思想情感。

三、音义统一原则

词语的声音和它所表达的意思是有机统一的。声音把词语的内容表现出来，而词的含义对声音具有支配作用。在言语矫治工作过程中，不应该破坏这个统一。

为此，在制订矫治方法时必须把词语的声音要素作为其组成部分来思考。在教儿童说话的同时，还要让他们理解词义，以影响其意识，丰富其知识，提高其智力发展水平。在具体的训练活动中，可以先把有关的声音从词语中分离出来，经过相应的矫治练习后，立刻把它们放到有关词语中进行练习。音义统一应是贯穿于矫治工作中的一条主线。

其次，矫治练习不能机械地进行重复。应让儿童能对言语运动和言语感知进行思考、理解及概括。如果不理解，无论如何去训练儿童感知不同的声音组合、练习发音动作，都只能是劳而无功。在使儿童纠正错误认识，对构音、发声、呼吸或完整发音动作有正确理解时，也会提高他们的感知能力。理解了的技能形成得快。在大脑的自觉调控下，言语技能会很快达到运用自如的熟练程度，即可以离开意识的调控而自动完成。一旦遇到困难，言语活动又很容易转变为有意识的行为，这样就保证了习得的言语技能的稳固性。而言语技能的完全自动化，则有赖于在交谈和陈述活动中对它们的应用。

四、以长补短原则

大脑活动有很强的整体性。保留完好的大脑系统总要去补偿受到破坏的系统。在言语系统受损时，矫治工作应广泛地利用保留着的系统，迂回前进。例如前中央回后部受损时，儿童的构音能力会遭破坏，这时就需要借助镜子教儿童学习发音技能，这就是用保留着的视觉取代丧失的动觉。在语音听觉受到破坏时，迂回道路就是依靠构音活动和视觉形象——看着书写符号练习说话。听力障碍儿童学习言语走的就是这样的迂回道路，教育学原则告诉我们任何事情都不能从有缺陷的东西出发，而应该以长补短，依靠保留着的健康因素，更何况语言活动的生理机制相当复杂，任何时候都不会完全地丧失说话能力。

五、由易到难原则

在矫治言语缺陷时，应该从机制比较简单的、比较容易训练的言语形式开始。例如，矫治口吃时，从训练有节奏地说话开始；对于无语症、构音障碍，则从元音开始。还应该注意从较为粗略的分化性练习逐步过渡到比较精确的分化性练习。例如，做舌操时，先练习把整个舌头伸出口外再收缩进去的动作，之后练习把舌尖抵于上齿龈再收回的动作，或者先练习单独发元音，再练习放在词语中发音。

六、综合感知原则

在矫治言语缺陷遇到较大的困难时，需要多种感觉渠道（听觉、视觉、触觉、振动感觉等）综合利用。在感知声音和学习发音时，参与活动的感官越多，儿童做得就越迅速、越准确。正如俄罗斯教育家乌申斯基所说："蜘蛛所以能在极细的线上准确无误地跑动，是因为它不是用一个脚，而是用许多脚抓住网。一个脚脱离后，别的脚即刻抓住网。"但是，在多次重要取得进展的过程中，参与感知和调控的感官应逐步减少。例如，在教儿童一个新的音时，可以同时利用听、视和触等几种感官功能，但要慢慢地减少到只留一种动觉感受性。而当问题重现，或发生困难时，又需要重新动用视觉。这就是说在矫治过程中应逐步排除辅助性的言语感官。

语言训练

虽然在掌握言语时，听觉感受处于主导地位。但是，它也和动觉及视觉感官联系着。对一般儿童进行矫治工作时，首先要依靠听觉和听觉调控。当听觉不足以保证应有的效果时，就需要吸取其他感官。在这时，视觉有助于使用动觉，例如，给儿童指点言语器官的位置，能使儿童获得较明确的动觉构音形象。应该指出，视、触和振动等感觉只是辅助手段，仅用于矫治活动的初期。

七、及时迁移原则

语言矫治工作的最终目的是把新的发音说话模式用到活的言语中。当旧的错误技能被克服，新的正确言语技能已为儿童掌握时，就需及时地将它们迁移到日常的交往语言中。仅有新的技能，还不能保证这样的迁移。需要根据人们的要求进行长时间的重复练习，使新的言语技能转化为儿童的习惯。

鉴于声母和韵母在词语中的相互影响及内部言语的特性（不完整、压缩），把新掌握的声音放到词语中说时，儿童会发生一定的困难。因此，在训练儿童使用新的声音时需要注意以下三点。

（1）选择那些便于新声发出来且不丧失自己典型特点的词语进行练习。

（2）儿童开始说这类词语时速度要慢，节奏要明显。

（3）含新音的音节要读得重些。

这样可以缓解近邻声音和内部语言对新音的影响，有利于儿童把新掌握的言语技能（声母或韵母）迁移到生活情境中。

八、善用游戏原则

游戏是幼儿的主导活动，儿童也最容易通过游戏认识和反映周围世界，而认知活动又是和言语发展相统一的，使用游戏法就是一条公认的言语矫治工作原则。

（1）借助游戏，言语作为精确的运动活动的实质被掩盖，直接表现为儿童的游戏，成为他们自主的现实活动。这样进行的言语训练容易满足儿童的愿望，使其表达自己在言语方面的各种才能，发挥言语的基本功能。在此情况下，容易激发和长久维持儿童对言语训练的浓厚兴趣与稳定注意。

（2）做游戏时，使用的语言形式很简单，儿童的言语也和情感紧密联系在一起。他们最容易进行表达，表情最丰富，语调也最自然。因而，游戏既有利于儿童形成新的正确言语技能，又有利于这些技能的及时迁移。

（3）游戏方式有助于语言矫治师和儿童间的合作。这种合作是语言矫治工作取得成功的基本条件。儿童进行言语游戏时就感到轻松自在、无拘无束，就能不知不觉地参与进去，接受语言矫治师的意图，愿意配合，积极练习；不大可能表现出违抗情绪和行为，如拒绝、发怒、反感、退缩、委屈等。任何的不合作表现都会动摇成功的根基，使矫治工作遭受挫折甚至失败。

（4）把需要反复练习的言语技能结合进游戏中，能帮助儿童理解它们的要求及含义，从而变机械的重复为自觉的练习。这不但能促进训练目的的实现，而且能使儿童的言语感知和言语运动能力得到最佳发展。

因此，在学校的语言矫治工作中应善于使用游戏方式。每个动作、每种要素都可以借助于游戏活动进行练习。能否充分发挥游戏的作用，在很大程度上取决于语言矫治师的首创精神和儿童自身的机智灵敏。

项目四　语言障碍矫治的实施

一、专业的语言矫治人员——语言矫治师

对教育机构中语言障碍儿童开展矫治训练，首先要有专职人员，即语言矫治师。

1. 语言矫治师的岗位职责

语言矫治师的工作范围很广泛，主要的职责如下。

（1）对儿童中的语言障碍进行筛选、检查评估，为每个矫治对象制订矫治计划，并直接予以实施。

（2）在教师中传播有关语言障碍的知识，参与群众性的语言障碍预防工作，协助教师促进儿童语言能力的全面发展。

（3）帮助语言障碍儿童的家长了解自己子女的问题和困难，为其提供克服的方法和途径。

语言矫治师既要完成自己的专职工作，又要积极参与学校刺激儿童语言技能发展的工作，语言矫治师的岗位可以设在学校一级，也可以设在学区或乡（镇）一级。前者适合规模较大的学校，由一位语言矫治师为全校的语言障碍学生提供矫治训练；后者适合规模较小、地域分散的学校，可根据几个学校的学生数量设置2~3名语言矫治师，分头轮流到区内所辖学校开展矫治工作，也可由教育行政部门委托某一学校设置语言矫治师岗位。语言矫治师除承担本校的语言矫治工作外，还要兼管邻近其他学校的矫治工作。

2. 语言矫治师的岗位知识和技能

语言矫治工作的特殊性和重要性要求语言矫治师具有广泛的知识和技能。

（1）关于儿童发育成长的基本知识，如儿童的言语发展及它与儿童整体健康成长的关系。

（2）关于人的语言活动的基本知识，如作为语言机制的解剖与生理方面的知识，以及言语有关的声学与心理学知识。

（3）关于各种语言障碍和听力障碍的基本知识，如病因、表现特征、检查评估、矫治和预防等。

（4）关于教育学、心理学、哲学等的基本知识，以及学校（主要是小学）的课程计划、各学科的教学任务等。

在以上基本知识的基础上，语言矫治师应该做到以下内容。

（1）会借助各种不同的方法和手段，鉴别具有不同语言障碍和听力问题的儿童，做到准确且有效。

语言训练

(2) 会针对每个患者的具体情况制订切实可行的矫治计划,并贯彻实施,真正解决儿童的语言障碍问题。

(3) 会系统地对矫治计划的效果和所用策略与方法的有效性进行评估。

(4) 善于同其他有关人员合作,协调各方力量促进儿童语言能力的发展。

(5) 善于利用各种信息源和进修机会,不断获取语言矫治领域的新经验和技术,不断提高自己的理论水平和实践技能。

(6) 能够设计和组建语言矫治室,这是语言矫治师的基本工作内容。

语言矫治师的岗位要求语言矫治师具有良好的工作态度,认真负责、耐心细致、积极主动、锲而不舍、勇于探索、善于总结;还要求在对待儿童方面保持适当的职业觉悟,即按照职业需要处理好与儿童的相互关系,对他们既要和蔼可亲,又要保持一定的职业距离,不能显得过分亲密。处理儿童发生的问题必须客观公正,不能感情用事。虽然儿童们都希望在一种宽容的氛围中进行矫治练习,但是矫治训练总应有一套必须遵守的常规,宽容不等于放任。

3. 和其他相关人员的合作

促进儿童的语言发展是所有和儿童相关人员的共同职责。语言矫治师应把自己视为他们中的一分子,既要看到自己的重要性,又要看到自己的局限性。在保持自己的职业觉悟和态度的前提下,应该同儿童的家长、教师、医务人员及心理工作者友好相处、互相支持和帮助。否则,语言矫治工作就很难取得又快又好的结果,而在有的情况下(如矫治口吃)则不可能获得成功。

(1) 与家长的合作。家长的紧密配合对矫治儿童的言语障碍作用十分明显。

首先,语言矫治师通过家庭访问或在其他环境中,与儿童的父母及其他家庭成员交谈,了解影响儿童语言正常发展的生活条件,提出克服的措施,以及在家庭里改进儿童语言的建议,也可以熟悉儿童在家庭交往中的语言状况。

其次,定期同家长们开会,进行咨询活动。儿童的语言障碍往往给家长造成精神压力,引起一定的个性和情感危机。通过同家长们的坦诚交谈,家长有机会表达自己的内疚、苦闷与烦恼,便于他们帮助子女形成坚强的自我形象。与会家长可以畅谈自己和障碍子女间的关系,以及自己的情感、态度等,这些情感与态度常常反映在儿童的举止上。家长们彼此间和他们与语言矫治师间的交谈,能帮助他们更好地理解自己的情感,以及儿童对父母的情感。

例如,一位家长急切地想矫正儿子的口吃,因为其儿子因口吃而产生的愤懑情绪往往表现为对小弟弟及布娃娃的虐待。语言矫治师的咨询使他开始理解儿子发脾气的原因。他变得能够容忍儿子的病态举止,即使儿子无缘无故地发脾气;同时,他也改变了对儿子的做法。虽然儿子感受到父亲对自己的理解及态度的变化,但是其行为还是常常让人难以接受。不过,随着儿子对父亲态度的转变领悟得日渐深刻,他开始和家中成员交谈。过去,父亲多用非语言方式和儿子沟通,经常谴责他的行为;现在,父亲开始对他说话,尤其是当他为自己的作文叙述成就而得意扬扬时,父亲抓住时机用语言赞扬他、鼓励他(父亲曾把这种做法视为对牛弹琴、白费力气)。之后,儿子的口吃虽然没有明显减缓,但是他变得较为活泼,喜欢与人接近和交谈了,这就为矫治口吃创造了有利条件。

家长会交流的意义如下。

①获得有关语言障碍特点的重要信息。

②使家长有机会尝试和子女有效交往的方法。例如：力求理解子女的情感，并用语言表达出来；力求接受子女的情感，即使其行为表现有时难以让人忍受；当家长与其他家中成员交谈时，允许子女参与；当子女体验到成功和满足时，让他们能够及时同别人交流；力求按照子女的发展水平与他们交往。

③让家长有机会把自己的重要问题和激发他们行动的力量反映出来。

家长认识的提高、情绪的转变、态度的端正，对于儿童语言障碍克服有着直接的推动作用。

（2）与教师的合作。教师特别是班主任，与学生的接触频繁，能够在巩固语言矫治师的疗效方面发挥重要作用。他们也希望了解学生的语言矫治情况和如何强化矫治效果。所以，语言矫治师应该加强和教师的联系与合作，可以通过不同的途径向教师通报矫治工作，就教师的参与形式、方法提出建议。语言矫治师应经常到有关班级听课，一方面可以了解儿童在课堂条件下的语言状况，另一方面可以提醒教师注意在教学活动中改进障碍儿童的语言技能。语言矫治师也可邀请教师观看儿童的语言矫治训练，使教师有机会了解儿童的进步，并学习能够帮助儿童克服语言困难的方法。

语言矫治师的另一个重要活动领域，是在校内组织群众性的语言保健和语言障碍预防工作，这项工作通常是在语言矫治师的协助下，由教师们完成的。另外，在教师当中，普及语言矫治的常识是语言矫治师的职责，是密切与教师的联系及合作的重要途径。

（3）与学校保健人员的合作。语言矫治师经常需要学校保健人员的合作帮助，如了解儿童的健康状况，以便更有效地组织矫治训练工作，请保健人员为障碍儿童提供医学服务，如治疗神经系统和内分泌系统的失调，排除发音器官方面的缺陷等，有时候要在他们的参与下检查矫治儿童的言语器官的构造和功能状况，或联系校外相关领域的专家来协助工作。当儿童的听力损失时，请耳科医生帮忙检查；当儿童发生严重社会适应问题时，请儿科精神病医生帮忙处理。语言矫治师会经常遇到许多需要医务人员协助的医学问题。

（4）与心理工作者的合作。目前，我国许多地方的教育系统内开始重视学生的心理辅导工作，中小学开始配备心理工作者，这给语言矫治师的工作提供了便利条件。心理工作者能够有效地帮助处理语言障碍儿童中表现出的心理障碍。对于有些儿童，只有先克服其情绪和行为障碍，才能着手矫治其语言缺陷；对于有些儿童，这两者需同时进行；有些儿童的语言障碍直接起因于心理问题，心理问题克服后，语言障碍会随之消失。

心理工作者往往也需要语言矫治师的帮助，因为不少儿童的心理障碍起因于他们的语言缺陷或困难，语言矫治师帮助克服其语言障碍后，其心理障碍也会不攻自破。所以，语言矫治师和心理工作者的联系与合作对双方都有好处。

二、班主任

虽然班主任不属于专职的语言矫治人员，但是他们在预防和矫治儿童语言障碍方面起着相当重要的作用。

语言训练

班主任是最先熟悉学生的人。他们整天和儿童们生活在一起，有更多的机会观察和了解儿童，熟悉儿童在课内外、校内外的表现，以及儿童的能力和愿望。班主任关心学生的全面成长，必然会把学生的语言素质看作其整体发展的组成部分，因而十分关注儿童的语言缺陷和困难。不少语言障碍儿童就是由班主任首先发现而转介给语言矫治师做检查评估的。班主任能够相当充分地理解他们的问题，关心其矫治进程，愿意从不同的角度帮助、支持他们。所以，班主任、语言障碍儿童和语言矫治师之间具有共同的利益及共同的语言。

如果班主任善于理解语言障碍学生，那么也必然是其他学生的好老师。首先，最为重要的是他们能够接纳障碍儿童，无论是什么障碍，并引导班内儿童也接纳障碍儿童。当班主任实事求是地接纳并善待有特殊困难的学生时，障碍学生和其他儿童之间也会相互采取这种态度。其次，班主任能够尽量促进学生间的口头交流。例如，组织儿童一起讨论班级活动计划时，做游戏或外出参观游览时，就会让他们有机会进行交谈，并养成听别人说的习惯。再次，班主任能够促进学生间的良好人际关系。通过培养在班内形成团结向上、和睦团结的氛围，发展儿童的良好自我信念；或引导学生适度地互相嬉戏，有时候班主任也参与嬉戏。在这种条件下，不但能够发展良好的人际关系，而且也能激发学生的说话需要，使他们说话时感到轻松自在。最后，班主任让学生参与班级甚至校内的决策活动，能够让他们认识到自己是学校里的平等成员，从而便于培养学生对学校的归属感和主人翁态度。善于合作的班主任应注意巩固其他工作人员（包括语言矫治师）的工作成果，并向同事们通报有关班级儿童的准确情况，所有这些都直接或间接地推动着学校预防语言障碍和矫治语言障碍的工作。

当然，能有效地参与预防障碍和帮助儿童矫治语言缺陷的班主任，还必须具备一系列与语言有关的其他素质。

（1）说话的声音规范，各方面都符合现代汉语的要求和教师职业的要求，值得儿童模仿。

（2）语音听觉敏锐，善于捕捉儿童言语中的任何微小毛病。

（3）汉语语音根底扎实，懂得元音和辅音的形成特点及每个音的发音要求。

（4）能够及时发现班内需要语言矫治的儿童。

（5）了解语言障碍矫治训练的基本知识，以便有效地巩固语言矫治师的训练结果。

（6）制订和落实刺激全体学生语言发展的计划。虽然只有少数学生需要言语矫治训练，但是几乎所有的学生都需要语言刺激。

班主任还可以从另外的角度给予帮助，例如，把每个语言矫治对象接受训练的时间表布置在教室内，并及时提醒每个儿童按时去接受训练。

三、语言矫治工作的组织形式

学校里的语言矫治训练形式有小组训练和个别训练两种。一般情况下是把确定的矫治对象分成小组，以组为单位进行训练。对于缺席小组训练的儿童，或者除小组训练外需要一定补充练习的儿童，则要开展个别训练。从教育学的观点看，小组训练与个别训练相比有一定的优越性。

(1) 小组训练体现着联系交往的原则。儿童语言的发展离不开社会环境——成人和伙伴群体。语言作为交往工具，与儿童的各种活动（游戏、学习等）联系密切。在各种群体活动中开展语言训练显得特别顺畅，训练效果比个别训练来得更快、更可靠。

(2) 群体是儿童相互影响和自我教育的重要因素。小组成员的语言障碍不同，年龄和发展水平也有一定差异，这便于他们相互学习和帮助。发展水平较高的儿童在小组中可能表现出较大的社会积极性，水平较低的儿童通过交往可以向他们学习一些自己尚陌生的东西，每个成员都能够从小组群体中得到新的激励和素质。在遇到困难时，水平较高的儿童会十分热心地帮助水平较低的儿童，给他们示范和讲解。对于有些儿童，尤其是智力障碍儿童，伙伴之间的这种帮助可能比教师的作用还要大。

(3) 工作效能大为提高，儿童的疲劳程度大为缓解。小组训练可以同时对几名儿童开展工作，而且一部分儿童的成功能激励其他人尽快掌握同样的语言技能，因而可以使儿童在练习时精神饱满、信心十足。在这种情况下，儿童较耐劳，不大容易感到疲倦。

(4) 小组训练中能够开展竞赛活动。这种竞赛是儿童获得成功的重要杠杆。同时，对每个儿童练习成绩的评估反馈也能进一步诱发儿童参加训练、认真练习的动机及积极性。

(5) 在类似平时的课堂条件下开展矫治训练，直接有利于儿童的学习活动。他们容易把习得的新言语技能迁移到课堂学习中。

小组训练虽有这么多优越性，但是仅靠小组训练不可能完成语言矫治的任务、达到矫治的目标。虽然大部分儿童可以经过小组训练克服自己的语言缺陷，但是总有一些儿童还需要额外的帮助——个别训练。个别训练的最大好处是针对性强，容易集中目标和精力。所以，语言矫治师应加强对儿童的观察分析，随时确定需要个别训练的对象。在小组训练时，应该切实做到因人而异、区别对待，时刻注意了解每个儿童的具体情况，及时给予帮助。

但是，也有人发现对于特定的语言问题，小组训练和个别训练同样有效。例如，萨默斯（1966）做过一项试验：把54名构音障碍儿童分成12个试验组。最大的组6人，最小的组3人。每组有一半接受小组训练，一半接受个别训练；半数有轻度构音障碍，半数有中度构音障碍。从学习水平上看，有4组学生来自二年级，4组学生来自四年级，还有4组学生来自六年级。对试验结果的评估发现，两种训练组织方式的效果基本相同。

关于分组的依据，有的研究者建议首先要看语言障碍问题的性质，同时还要估计到儿童的年龄及学习水平。按障碍类型分成训练小组后，还可以按照每个儿童的具体特点进行再分组。例如，构音障碍小组可以分成舌尖音障碍组、舌根音障碍组、鼻音障碍组等。

在刚开始进行矫治时，不可能把所有对象都包括进去。这就有个谁先谁后的问题。首先，高年级的矫治对象应优先考虑，以便在毕业离校之前克服他们的语言障碍；而对于低年级的对象可以稍等一下，因为他们在校的时间比较多。其次，需要估计到的因素是语言障碍的流行率，流行较广的语言障碍应优先矫治。最后，还应该估计到障碍的严重程度。

语言训练

小组的人数不宜过多，以 6~8 人为宜。若再多会影响到矫治效果，因为语言矫治师难以对每个对象的操作动作和构音情况进行有效的调控。

每周的训练次数是 3~5 次，视语言障碍的特点而定。每次训练的延续时间，小组训练为 40 分钟，个别训练为 10~15 分钟。

训练成绩好、相应问题已经解决的儿童，应即时退出训练。各组中留下的同类障碍患者可并入一组内，同时要吸收一批新的对象编组训练。

语言矫治训练的地点是语言矫治室。每个独立开展矫治工作的学校应配备一间语言矫治室。它既是语言矫治师的办公室，又是工作室，是进行小组及个别训练的地方。在学区或乡（镇）一级开展矫治工作的地方，语言矫治室可安排在一所地点适中、交通便利的学校内。对于周边的学校，一般应该由语言矫治师轮流上门开展训练工作，不过也应该有固定的地点，许多训练材料及设备需要语言矫治师随身携带。

学习小结

本模块主要介绍语言言语障碍相关概念问题及语言言语矫治的相关问题，学习后要能够分清不同语言言语障碍类型的特点及其产生的可能原因，搞清楚语言言语障碍矫治的原则及注意问题，对今后的语言矫治工作提供全面的支持。

模块练习

一、选择题

1. 每周的训练次数是 3~5 次，视语言障碍的特点而定。每次训练的延续时间，小组训练为 40 分钟，个别训练为（　　）分钟。

   A. 10~15　　　　B. 1~5　　　　C. 20~45　　　　D. 40~45

2. 语言的功能有（　　）。

   A. 概括功能　　B. 符号固着　　C. 交流　　D. 陈述功能

二、简答题

语言矫治工作的组织形式有哪些？

模块二

认识儿童的言语发展

▶ 学习目标

知识目标：

1.理解言语发生机制。

2.了解儿童言语发展的基本顺序。

3.了解儿童言语发展各阶段的特点。

能力目标：

1.认识言语发生的机制。

2.掌握儿童言语发展的基本顺序。

3.掌握儿童言语发展各阶段的特点。

素质目标：

1.积极了解儿童言语发展的一般特点。

2.研究不同阶段儿童的言语发展特点，树立严谨的工作作风。

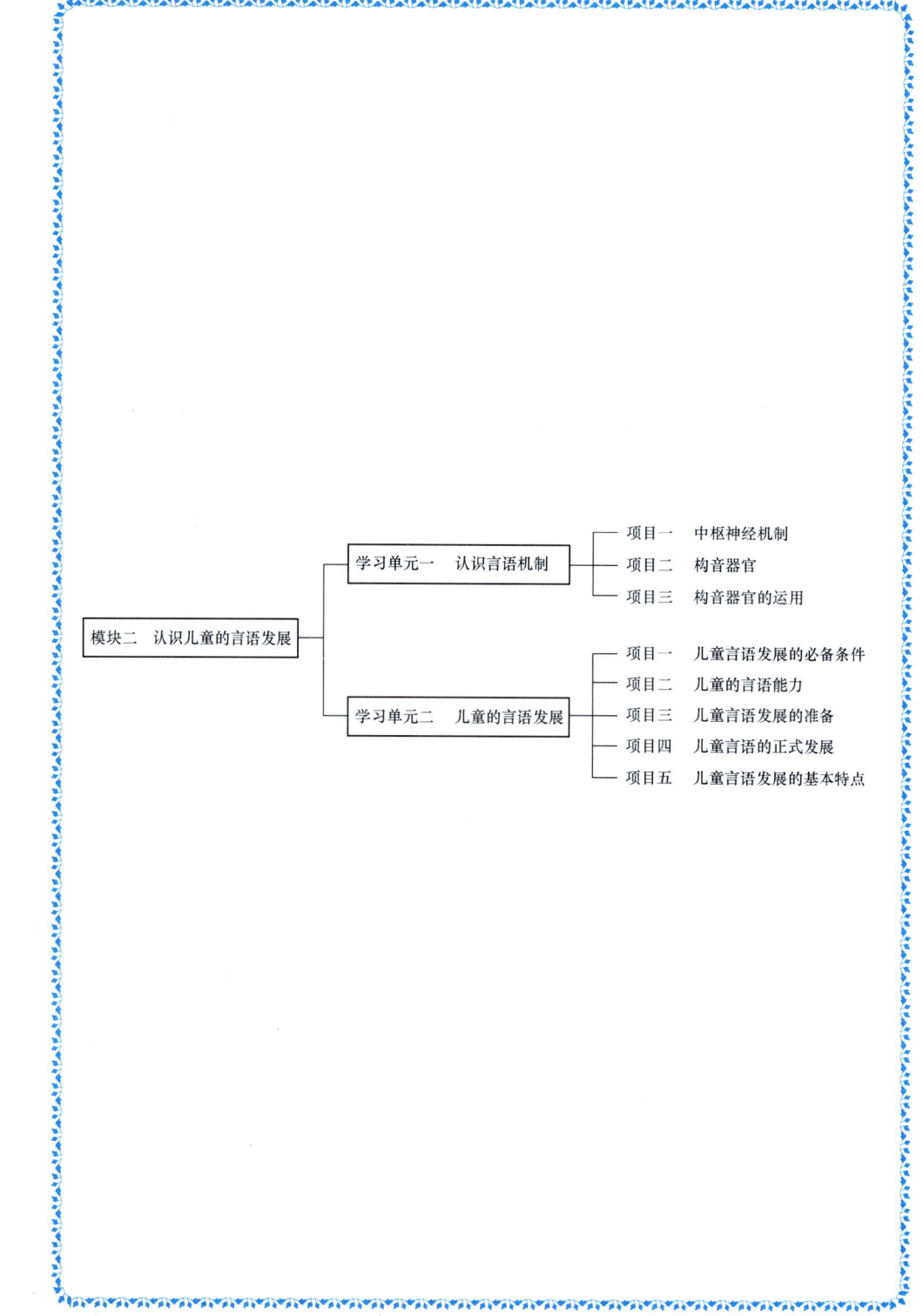

思维导图

```
模块二  认识儿童的言语发展
├── 学习单元一  认识言语机制
│   ├── 项目一  中枢神经机制
│   ├── 项目二  构音器官
│   └── 项目三  构音器官的运用
└── 学习单元二  儿童的言语发展
    ├── 项目一  儿童言语发展的必备条件
    ├── 项目二  儿童的言语能力
    ├── 项目三  儿童言语发展的准备
    ├── 项目四  儿童言语的正式发展
    └── 项目五  儿童言语发展的基本特点
```

学习单元一

认识言语机制

为了理解正常的言语活动发生机制和儿童的言语发展特点,需要了解人类发音说话的机制,即言语器官的构造和活动方式。言语器官由中枢和外围两部分构成,中枢部分指的是皮质言语感知中枢和言语运动中枢。外围部分指的是言语执行器官——构音器官,主要包括肺、喉及声带和共鸣器(咽、鼻和口腔)。

项目一　中枢神经机制

言语中枢神经机制对于人类至关重要,灵长类动物(如黑猩猩)在言语的解剖生理的构造上虽然和人类最接近,但是不可能习得言语。言语能力只和人类联系在一起,是人类有别于动物的一种重要行为方式。人脑皮质使儿童能够准确感知和再现语言声音,这是习得语言的基本保证。大脑皮质有一百多亿个细胞,它们帮助儿童对由不同感觉渠道获得的刺激进行分析和综合,并根据收到的信息确定适当的输出信号。皮质的特定区域与不同的信号输入及输出联系着。与儿童的言语发展联系最密的皮质区域有二:左脑半球颞上回后部——言语感觉中枢;左脑半球额下回后部——言语运动中枢(图 2-1)。

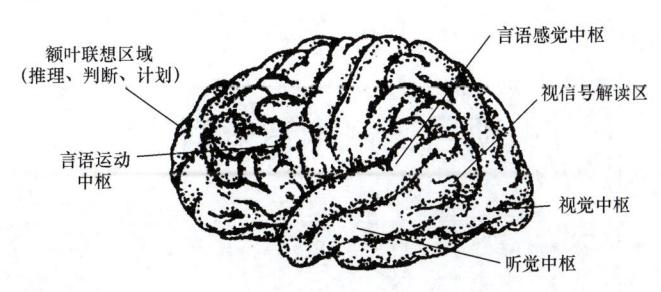

图 2-1　与言语有关的脑功能定位

语言训练

一、言语运动中枢

额下回言语运动中枢区域又称为布洛卡区。这个区具有编制发音说话程序的功能。编出的程序通过皮质运动区支配构音器官各部分来实现言语运动，因为它能对言语运动刺激进行精确的分析和综合。布洛卡区受到破坏后，就不能继续刺激构音器官各部分的协调运动，从而导致言语障碍。

言语运动是随意的运动，同前额叶皮质的功能联系很紧。前额叶是支配人类高级思维的关键部位，以产生说话的动机和愿望。这个地方受损后，患者会丧失说话的愿望，出现主动性言语障碍，但是仍保留着执行性操作的能力，患者不主动说话、插话，或者只能被动模仿、重复别人的语句。因此，如果发生包括布洛卡区在内的额叶大面积皮质损坏，患者不但丧失说话动机，而且也丧失言语表达能力，会发生严重的运动性失语症。

二、言语感觉中枢

颞上回言语感觉中枢区域又称为威尔尼克区。它的主要功能和语音分辨、形成语义，与感受言语密切相连，因为在这里会完成对言语声音的精确分析和综合，这个区域的皮质受到伤害后，患者就无法辨别语言声音和语义，听觉记忆也会丧失。

言语的理解和言语的表达相互联系着。发生言语感知困难的患者在言语表达方面也会受到一定的影响。因此，威尔尼克区的损伤也会反映到言语输出上，当联系威尔尼克区和布洛卡区的神经通路中断时，患者虽然发音清楚、言语流畅，但是可能发生语义表达缺陷，因为缺少了来自威尔尼克区的信息。与此同时，布洛卡区皮质功能的破坏也在一定程度上影响威尔尼克区皮质功能的发挥，给言语理解造成困难。口语能力的发展主要与以上两个大脑中枢有关联。当涉及书面语言时，就要有视觉中枢的参与了。

人的大脑两半球皮质的功能有明显差异；不同的大脑区域在言语活动的各种形式中有一定的专业化分工。研究表明，对于右利手的人来说，大脑左半球为言语优势半球，言语运动中枢和言语感觉中枢都位于大脑左半球，其大脑右半球则为空间关系优势半球。但是，也有一些研究表明，大脑右半球也有部分的言语功能。当大脑左半球言语机制受到破坏后，大脑右半球可能起到一定的补偿作用。

项目二 构音器官

一、肺

肺位于胸腔内，横膈膜构成胸腔的底和腹腔的顶，胸腔下面是消化器官。肺作为呼吸器官，主要的功能是进行空气交换，以维持机体的生命。机体通过呼吸获得氧气，排出二氧化碳。呼吸就是由于肺的交替收缩和扩张而实现肺内空气的更新。肺的收缩和扩张是由于胸腔的收缩与扩张所致。当肋骨、腹部肌肉及横膈膜向下活动时，就使胸腔扩张，肺也跟着扩张，空气就进到肺里（吸气）；当肋骨、横膈膜和腹肌向上活动时，就使胸腔收缩，肺也跟着收缩，空气就由肺内压出来（呼气）。横膈膜的活动在吸气阶段是主动的，在呼气阶段则是被动的。由于腹部器官的向上运动，横膈膜放松，恢复到先前的位置（图2-2）。

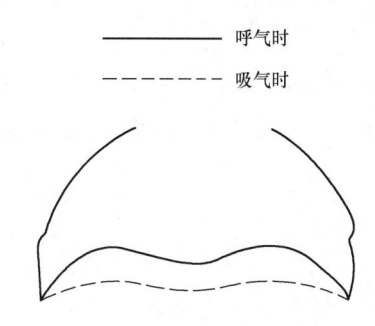

图 2-2 呼吸过程中横膈膜的位置变化

肺内的空气容量变化很大。一般情况下，平静呼吸时进入肺内的空气叫作呼吸性空气。但是其后，还可能再补充吸进一些空气，同样也可能呼出一些后备空气。因此，在做最深吸气时，肺内的空气应该是残留空气、呼吸性空气、补充空气和后备空气的总和。所谓肺活量，就是最深吸气后能够呼出的最大空气量。

人们说话必须借助于肺内呼出的空气，因此总是边说话边吸气，这时的呼吸就叫作言语呼吸。在这里，横膈膜起着很大作用。横膈膜总是保持一定程度的肌肉紧张，受到压力后会逐步放松。逐步松弛有助于形成稳定的连续呼气，并使声带发生振动。腹肌对横膈膜的压力又提供引起声带振动的额外能量。没有这种压力，呼气只能是被动的，只能用于正常情况下的平静呼吸。

言语呼吸有一系列不同于平静呼吸的特点。

（1）呼气期长，吸气期短。两者的比例为 5∶1 到 8∶1；而平静呼吸时，两者的比例仅为 2∶1。

说话时呼气长是为了一口气能连贯地说出几个词语或完整的句子，以便别人能完整地感知话的意思，吸气短与句中的停顿有关，适当的停顿也是为了让别人能听懂话的意思。说话时需要把语言分解为语段或句子，这种需要支配着人的呼吸活动。例如"我身边的步话机员小李正用沙哑的声音向上级报告情况"这句话，读的时候要在"小李"和"声音"之后停顿吸气，如果在"员"和"向"之后停顿，就不便别人理解了。

（2）气深。为延长呼气时间，需要肺内有足够的空气，所以说话过程中吸气就深。研究表明，说话时一次吸进的空气可达 1 000～1 500 cm³；平静呼吸时，一次吸进的空气约为 500 cm³，意味着说话时要补充吸进一些空气。说话时不仅吸气深，呼气也深，因而要消耗掉呼吸性空气、补充空气和部分后备空气。

呼吸时间长也影响到单位时间内的呼吸次数。平静呼吸每分钟为 16～18 次，而言语呼吸每分钟为8～10次。

（3）用口呼吸。平静呼吸主要通过鼻腔。说话时需要很快吸气，而鼻腔通道较窄，不便于快速地深吸气。

（4）呼吸肌肉的积极参与。平静呼吸时胸腔的收缩和扩张主要是由于重力的作用。要使说话声音响亮，必须使呼出的气流有一定压力，所以才需要呼吸肌肉本身的参与。

（5）呼气特别零碎，有明显的间歇性。呼吸肌肉紧张度的变化大，是因为呼出气流要克服喉和共鸣器内的阻碍，以保证随时能够改变说话声音的响度。

二、喉及声带

在呼吸和说话时，肺内空气进入气管，再进入喉。喉的骨骼由几种软骨构成（图2-3），底部是环状软骨，它像个戒指。上面是甲状软骨，分作两片，向前几乎连成直角，向后同环状软骨的"戒面"相会，从而形成软骨管，作为气管的延续。环状软骨"戒面"的上方是杓状软骨，对称地位于两边。和甲状软骨相连的是会厌，其状如舌头，自由的一端朝上。吞咽食物时，会厌起着阀门作用，把喉道关闭，不使食物侵入。

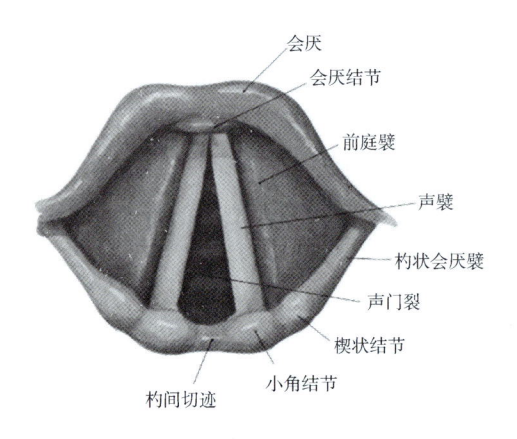

图2-3 喉腔的喉镜所见

甲状软骨的角在颈前方形成一个明显的凸起部分，叫作喉结。

这些软骨由一系列肌肉和韧带连接在一起。对于发嗓音最为重要的喉内肌叫作声带。声带好似从甲状软骨内侧两边伸出的两片嘴唇，前端固定于甲状软骨的前角，由此向后延伸，后端固定于杓状软骨上。由于两块杓状软骨能够互相接近，并围绕垂直轴转动，声带自身也会收缩，它就能够时而闭合，把来自气管的空气通路堵住；时而留出一条缝隙——声门。在平静呼吸时，声门敞开，状如一个顶角向前的等边三角形。在发声（嗓音）时，声带接近，交替地收拢、张开。在耳语时，声带靠近，但不完全关闭，在喉的后部留下一个小孔，空气从小孔透出，引起特殊的耳语声。正常说话时，声带横向移动，即在垂直于气流方向的位置上运动。

声带振动的幅度、频率及声音的力量与高低，取决于呼出空气的压力、声带的构造（长度及厚度）特点及声带紧张程度等因素。在喉内产生的声音很弱，其力量和音色主要是在共鸣器内形成。由于共鸣器的形状不同，发出的声音有的响亮、有的低沉、有的带鼻音，这就造成各个语音要素之间的差异。

三、共鸣器

共鸣器处于喉上部，主要包括咽腔、口腔和鼻腔。它称为喉上系统（图2-4）。

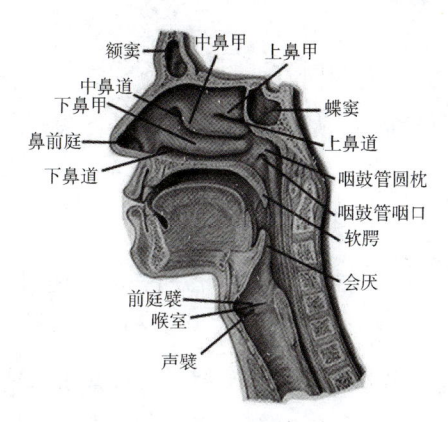

图 2-4 鼻腔、口腔、咽和喉的正中矢状断

咽腔在喉的上方。咽腔上部分（鼻咽）借助于内鼻孔和鼻腔相通，咽腔中部借助于咽头和口腔相通。口腔位于不会活动的上颌和会活动的下颌之间。口腔内比较重要的部分有下齿及下齿龈、下唇、上齿及上齿龈、上唇、硬腭、软腭（连着小舌）及舌头。舌头是最为活跃的发音器官，可分为舌尖、舌面和舌根。

口腔的上面是鼻腔。鼻腔被鼻中隔分为对称的左右两部分，向前是两个外鼻孔，后面是内鼻孔，通向鼻咽。呼气或说话时，来自喉部的空气进入咽腔后继续前进，进入口腔或鼻腔。

鼻腔是共鸣器的不活动部分。而口腔的舌、唇、软腭和下颌能够活动，所以称为会活动的发音器官。下颌的下放和抬起制约着口的开与合。舌和唇能完成不同的动作，采取不同的位置，从而改变口腔的形状，在其中形成接触或缝隙。软腭上升贴在后咽壁上，能堵住空气通往鼻腔的通道；软腭下放，道路又会开通。

会活动的发音器官的构音活动能产生各种不同的语言声音，每个音的声学特点就取决于这种构音活动的特点。构音活动方法可分为三种。

（1）在喉部形成的声音进入喉上系统。呼出的气流在其中遇不到阻碍，自由地通向外部，这时就能听到清晰、纯正的嗓音，不带任何杂音。这种音有不同的音色，如果软腭下放，空气进入鼻腔，嗓音就带上鼻音色彩；如果软腭上升，贴于后咽壁，鼻音色彩即刻消失。在后一种情况下，嗓音的色彩又有很大变化，主要取决于舌和唇的位置变化。a、o、e、i、u、ü 等元音就具有这种音色差异，这是元音的典型构音方法。

语言训练

(2) 声门敞开，空气自由地通过喉部，进入共鸣器；软腭上升，鼻腔通道被堵，而口腔中舌和唇的位置又组成孔隙，阻碍空气自由通过。空气由孔隙内挤出来，产生一定的杂音，其性质以相关器官在相应处构成缝隙为转移，辅音 f、s、sh 等就是这样发出的，这就是擦音。如果口腔中的阻碍表现为不同器官间的完全接触，堵住空气通道，那么空气就要冲破这种堵塞，所谓的塞音（也称爆破音）就是这样构成的，如 b、d、p、t 等。它们的音质依相关器官在相应处形成阻塞为转移。不带嗓子的音就叫清音，带嗓子的音就叫浊音。阻碍也可能表现为在同一地方堵塞和孔隙的连贯结合，发出的音就称为塞擦音。

(3) 在共鸣器某处产生阻碍的同时，在其他地方留有一定的空气通路，这时发出的声音无杂音，但具有明显低沉的特色。如"l"的空气通路在舌的两边，m、n 和 ng 的空气通路在鼻腔。

项目三　构音器官的运用

构音器官有很多，功能各不相同。运用构音器官是指运用几个会活动的发音器官清晰地发音说话，主要包括舌、唇、软腭和声带，要学会自如地运用构音器官清晰地发音说话。在发每一个音时，需要正确地掌握一个或几个会活动构音器官的位置和动作，因为每个构音器官位置及动作的细小变化，都能改变声音的性质。

一般来说，儿童从幼儿期开始开口说话，其构音器官受到锻炼，具有很大的灵活性。但是要学习一种外语时，原来讲母语时构音器官的灵活性就不"灵"了。为适应所学语种的构音要求，就要做各种练习动作，使自己构音器官的活动形成适合新语种需要的灵活性。许多语言障碍就是由于运用构音器官不当所致。矫治的重要环节就是对构音器官进行训练，使它们能严格按照每个构音的要求运动。

根据普通话元音和辅音的构音特点，设计出一套训练构音器官的动作，叫作口部操（或唇舌操），对语言障碍矫治训练很有效。口部操步骤如下。

(1) 唇紧闭，再张开。

(2) 上齿接近下唇，再离开。

(3) 舌尖伸出口外，轮流舔上唇和下唇（或两个嘴角）。

(4) 舌尖顶住上门齿背后，再离开。

(5) 舌尖顶住上齿龈，再离开。

(6) 舌尖顶住上齿龈和硬腭交界处，再离开。

(7) 舌尖向硬腭贴上去，再离开。

(8) 舌尖先接触上门齿背后，渐渐后移，移到上齿龈，再到上齿龈与硬腭交界处。

(9) 舌头在口腔里前后移动几次。

（10）上下唇收拢成圆形，再放开（圆唇练习）。

（11）展开嘴角，上下唇放平，然后恢复原状（敛唇练习）。

（12）嘴大张，再逐渐合拢。开与合的速度要慢。

以上每个操练动作都需连续做若干次，持之以恒才有效。

在儿童训练的过程中，开始时可选择较容易的几种动作，并与游戏相结合。如做第三个练习，可在儿童上唇和下唇上涂点糖水，让他们伸出舌头去舔。请儿童舔棒棒糖或模仿舔棒棒糖，对于训练舌头的灵活性也很有效。圆唇练习可以和吹东西（蜡烛、棉花球、羽毛等）相结合。敛唇练习可以借助于笑的动作，或听笑话，或模仿狮子、老虎等动物龇牙咧嘴的样子等。为使儿童获得及时反馈，应让儿童对着镜子进行练习。

这类操练动作越熟练，越准确，越有利于儿童掌握正确的构音方法。语言矫治师和家长自己应该能熟练地掌握这些动作。让儿童学习每个音素的发音时，或纠正某一个错误发音技能时，要选择一两个相关的动作进行操练。

读书笔记

学习单元二

儿童的言语发展

项目一　儿童言语发展的必备条件

儿童的言语发展是一个极为复杂的过程，受着许多因素的制约。

首先，儿童要顺利地习得发音说话的能力，掌握周围人们使用的语言，就必须能够听得见、听得清别人的言语，能够进行模仿学习，并控制好自己的构音活动；要能够准确地感知别人言语中语音要素及其结合，并能在自己的发音器官中准确地把它们再现出来，还能在这时获得自我反馈。因此，首要的必备条件应该是言语中枢神经机制与外围构音器官在构造和功能上没有问题，听力也完全正常。

其次，应该有一个正常的社会环境，特别是社会语言环境，因为儿童基本上是通过日常生活中的言语交往和对周围事物的探索与认识，而逐步学会说话的。

最后，儿童在认知过程和个性特征上应该是健康的。否则，就不可能与周围的人们保持正常的相互作用，也不可能进行正常的学习和游戏活动，再好的社会环境对其言语发展也意义不大，再好的内外言语机制也发挥不了作用。

项目二　儿童的言语能力

所谓言语能力，就是指利用语言符号进行交往的能力。它包括言语表达（输出或运动）能力和言语理解（输入或感知）能力。在言语表达过程中，先在大脑中产生准备输出的思想，并把它转换为相应的语言符号形式（音响形象），继而大脑发出指令，由构音器官完成相关的构音动作，发出一系列有声言语信号。

在言语理解过程中，接收的听觉器官感知声音信号，在大脑中把它们转化为相应的音响形象（语言符号形式），音响形象再转化为思想。

为了能够自由地进行这种言语输出和言语输入，个体应该具备相应的技能：能够借助听觉获得对方发出的声音信号；能够对接收到的声音信号进行加工处理，解读其含义；能够把解读出的思想储存在记忆中，并和已有的信息建立联系；能够有效地提取大脑中储存的信息，形成自己的思想；能够用适合自己年龄段的适当方式传递自己的思想。从这五项技能来看，前两项是用来完成言语感知过程的，后两项是用来完成言语表达过程的，而第三项技能则是两个过程之间的连接环节。

大多数儿童从 12~18 个月时起，就开始学习说话。儿童言语能力的获得是一个相当长的过程。怎样确定儿童已经学会说话，具有足够的言语输出和输入能力呢？有的研究者提出以下三条标准。

第一，已经理解一种言语的常规声音信号（解读它，理解其意思）。

第二，不需要再经过专门的训练，就能够理解初次接触到的言语表达方式。到这时，儿童已能创造性地听别人的言语，按照对熟悉言语模式的理解，就能够懂得初次听到的语句。

第三，不需要专门的学习，就能够构筑出为别人理解的言语表达方式。到这时，儿童对别人说话也有了创造性。

第二、三条标准说明，儿童已经能够把自己对分散学到的特定词语的理解，迁移到对无数新词语的理解和使用上。从真正的和重要的含义上说，儿童已经成为言语的"生产者和推广者"。他们表明自己已经掌握语言的一般规则，并能在听别人说话和自己对别人说话时使用它们。但是，儿童到了这时还会出这样或那样的错误，因为尚没有完全地理解语言的规则，仍在向着这个目标努力，这样的错误是很好的信号，它表明儿童的言语是正常的，具备了基本的言语能力，正在逐步发展为语言文化的享用者。

虽然，儿童生来就具有习得发音说话的能力，但是，要真正达到有言语能力的水平，各人却因内在和环境方面的差异而很是不同。开始学说话的时间和儿童要说的哪种语言没有关系，只是大体上与其智力、家庭成员及周围的其他主要成员健谈的程度有关系。儿童习得一定的言语能力的年龄有所不同，但是大多数研究者认为，在言语的发展方面多数儿童都遵循着一种大致的顺序。

项目三　儿童言语发展的准备

在说出首批词语（有固定含义的言语信号）之前，儿童在言语感知和言语运动方面要经过一系列的阶段。开始时，他们的言语感觉器官和言语运动器官的分辨能力非常粗略，只是由于生活实践中受到锻炼的结果，才渐渐精确化。儿童来到世上的第一年犹如言语发展的准备时期。在这个时期，儿童要走过从对外界声音的简单反映到理解一系列简单词语的一大段路程。

一、言语感知能力的发展

婴儿尚在母腹时，对外界的声音刺激已有反应。出生后第一天，婴儿就能听到周围环境中的声音，对声音的反应有抽动身体、眨眼睛、改变呼吸及脉搏等。稍晚，到第二周，声音刺激会使婴儿全身动作发生抑制，哭声停止。所有这些反应都属于先天性无条件反射。

语言训练

婴儿粗略分辨别人的语音和环境噪声的能力发展很快。对着只有三四周大小的婴孩说"别哭，别哭"，他们会真的停止哭泣。催眠曲对于四周大小的儿童已有安慰作用；但当听到刺耳的噪声时，婴儿会哇哇大哭起来。婴儿对悦耳的声音会作出愉快的反应；对刺耳的声音会作出不愉快的反应。四周的婴儿听到别的婴儿哭时，也会跟着哭。

研究证明，在第一个月月末至第二个月月初，婴儿对声音已有条件性反射。如果喂食与一定的声音信号（小喇叭等）相结合，那么婴儿再听到这种声音信号时就会做吸吮动作。

到第三、四个月，婴儿开始分辨不同类型的声音（如小号、铃铛声）及同种声音的不同音高，他们已能对人的声音和发出声音的人作出固定反应，如转向说话的人，或用目光搜索说话的人。在以后的几个月内，随着听觉功能的发展，婴儿能够越来越准确地辨认周围环境中的声音（包括言语），对不同的声音作出不同的反应。

不过，婴儿这时的听觉器官活动暂时还处于第一信号系统的水平上。儿童开始理解的一些词语和作为客观事物的信号的声音（狗的汪汪声、猫的喵喵声、雨的哗哗声等）没有什么本质区别。两者都能引起婴儿的相同反应。例如，七八个月的婴儿在听到"猫"这个词，或听到"喵喵"时，都能指出同一个动物。这时，词引起婴儿反应的不是它们的含义，而是它们的节奏及声音外貌。婴儿对词的声音的感知还只是大致的，因而也很容易把它们同近似的声音相混淆。只是到第十、十一个月时，他们才渐渐在词的声音与物体或动作的联系基础上过渡到对词义作出反应，也就是开始理解词义。

与此同时，婴儿的听觉功能在不断改善，语音听觉能力加速发展。促进它很快发展的决定性因素是婴儿在日常生活交往活动中对整个言语系统的学习。

需要指出，言语感知功能的发展和言语运动能力的发展构成言语能力发展的两个相互渗透、相互作用的侧面。在言语运动能力发展受制于言语感知能力的同时，存在着逆向联系；掌握发音技能有助于儿童凭听觉辨别言语声音，即言语感觉器官的发展有赖于言语运动器官的发展。

二、言语运动能力的发展

婴儿言语运动器官的功能发展可大致分为以下几个阶段。

1. 无区别的哭叫阶段

婴儿出生落地后就有哭叫声。如果不会哭叫，医生就在其娇嫩的屁股上拍一下，使婴儿哭出声来。婴儿的这种哭叫属于生理过程的产物，是婴儿开始独立呼吸时发出的声音。从第一天起，婴儿就用哭声来反映不良的外界刺激（如饥饿、疼痛、潮湿等）所引起的不舒服体验。婴儿感到舒适时就显得安静，一旦感到不适就会哭叫。这样的哭叫声无差异，成人不可能辨认，不可能把婴儿不舒适的实质和哭叫声的任何特点联系在一起。无论是感到饥、渴，还是感到冷、痛或潮湿，婴儿的哭声都是一样的。

哭叫声的出现表明呼吸和嗓子机制活动正常，婴儿能够正常反映自己内部的变化。当吸入和呼出的空气推动声带时，声带能够发生振动。哭叫是对嗓子机制的一种锻炼。在婴儿最初的哭叫声中包含着某些元音和辅音的苗头。

婴儿出生后，除哭叫声外，还会有叹气声、咕哝声或用嘴唇发出的声音。许多婴儿到第一周周末就开始发出咯咯声，这是他们在吃饱、睡足后处于舒适状态时发出的声音。到第二、三个月时，舒适的声音相当明显，这时也是哭叫声渐渐分化的阶段和渐渐发出不同声音的阶段。

2. 发声开始分化阶段

从第二个月开始，大多数儿童开始发出有区别的哭叫声及其他声音。细心的妈妈很快就能根据宝宝的哭叫与其他声音确定其需要，如喂奶、换尿布、加被褥等。婴儿饥饿时的哭声有渐渐加强的趋势，在其他不适情况下就没有这种变化。不过对于婴儿本身来说，这种声音的变化没有任何的主观意识。

这类声音仍然是反射性的。但是，由于婴儿神经肌肉系统的逐渐成熟，这种无意识的召唤声会日渐分化，照料他们的人能学会根据哭叫声的差异来判断其不同的状态。这意味着逐步趋于分化的哭声为感觉敏锐的听者，通常是母亲，提供一种交流方式。

这时候，婴儿还会发出咕咕、咯咯、哇哇及一些类似辅音的声音。他们正沿着自己的道路发展为熟练的声音制造者。在此阶段，儿童在发音方面是"国际主义者"。他们发出的声音绝不局限于言语及自己的母语。在他们的哇哇声中可以辨认出前元音 a，咕咕声中可以辨认出元音 u，还可能找到像 m、b、g、k 等辅音的声音。

到十六周前后，儿童在同说话的人接触时，开始能用微笑和咕咕声做反应。这时可以引导婴儿做发声游戏——成人刺激婴儿跟着自己发声音。有材料证明，成人的在场和刺激能够强化婴儿的发声活动，但是这种游戏须适可而止。如果儿童以更多的嗓音对成人的引诱作出反应，那么游戏可以继续下去；如果儿童停止发声，那么成人就要立刻停止游戏。过一段时间后，可以重新恢复游戏。这时儿童可能对一两周前或一两个小时前被他拒绝的刺激采取欢迎态度。

出生后的前三个月，婴儿从无差别的哭叫发展到有区别的发声。儿童的声音游戏、咕咕声和可以分辨的其他声音都很有意思。但是，也有少数儿童很寂静，很少哭叫，缺少情感和激情的表现。其中的多数人最终能习得正常的言语，只有极少数人会发展为没有言语的儿童。有些显得"很乖的儿童"，哭叫声像是抽噎的儿童，到后来可能被鉴别为孤独症儿童。他们不仅缺少对别人言语的反应，而且在其他行为方面，也显得沉默和冷淡，能够引起其他儿童们发笑的那些刺激很难让他们作出同样的反应。

3. 咿呀语阶段

三个月到六个月时期，婴儿的发声活动大为加强，能发出许多可用于言语中的声音。同时，婴儿对周围人们的非言语行为的反应也明显增加。他们可能在妈妈出现时，在得到玩具或由父母帮助爬起来时，发出愉快的笑声；也可能对强烈的声响和任何"不"的暗示，以及平时对他们温和友善的人发出的斥责声用哭叫来作出反应。到六个月时，所有儿童都发展到咿呀语的前期，这是言语发展中的一个非常重要的阶段。所谓咿呀语就是类似成人语言中使用的那些音节重复。例如：a……mama……baba……adaada……。咿呀语对儿童有很大作用，既让他们从中获得乐趣，又促进其语言的发生和发展。

不同民族儿童的咿呀语基本上相同，并不反映自己母语的语言特点。咿呀语所含的言语声音非常丰富，超过学习母语的需要。其中可以区分出不同的元音与辅音，最常见的是双唇音 p、b、k、g、h 及舌尖音 t、d、n 等。在一定时期内，咿呀语不依周围人们所说的

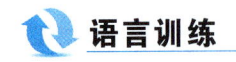

言语而转移。咿呀语的生理学基础是与吸吮、嚼、咽等相关的先天性协调动作。

约到六个月时，先天听觉障碍儿童和耳聪儿童的声音已有差异，能被老练的听者发现，这种差异表现在自发的发声尝试中和他们对别人声音的反应中。这时听觉障碍儿童能够发出的声音已经显得比耳聪儿童少得多。伦耐堡（1964）观察到："听觉障碍儿童发出的声音总量可能同耳聪儿童无甚区别。但是，这个时期的耳聪儿童能够稳定地练习大量的发声技能，而听觉障碍儿童可能一连几个星期发同样的声音，然后突然换成另一些声音，并专注地练习一个时期。听觉障碍儿童缺少对特定声音的一致爱好。"

在自发发声时，听觉障碍儿童的嗓子和其他儿童没有明显区别。在内部动力推动下，他们的嗓音也可能作为其情感的真正显示器。两类儿童咿呀语的生理机制是相同的，发出的声音也是多变的。当听觉障碍儿童有意地尝试发声时差异便明显了，他们发出的声音较高，缺少自我调控。

4. 自我模仿阶段

渐渐地，咿呀语的语言色彩越来越丰富，到八个月前后，儿童产生一种有节奏地重复同一音节的倾向——自我模仿。他们在重复某个音节时能获得舒服的动觉刺激。这促使他们持续地重复这一音节，从而形成由一连串音节构成的"自言自语"。在咿呀学语过程中，儿童的发音器官活动和相应听觉刺激之间逐步建立联系，从而进一步巩固他们自我模仿的倾向。

在儿童的自我模仿声音中能清楚地听到 ga—ga、da—da、ma—ma、na—na 等，而且还常带着一定的声调。儿童的这种声音可使别人知道他们想要什么东西，他们对当时发生的某种事情是感到愉快，还是不欢喜。这时，儿童已经不像咿呀语初期那样，只是偶然地发出某些声音，而是稳定地发一些声音，并能较好地加以控制。儿童能倾听和监听自己的声音，所以能进行调节。声音的重复就是这种调控的表现，像 da—da、ma—ma、ba—ba 之类的声音组合已经和词汇相似。这时会说"mama"或"baba"的儿童并不懂得它们的意思，但是父母们却以为子女已会称呼自己而感到分外喜悦。实际上，大多数儿童要再过几个月才能意识到自己某些声音的含义。

听觉障碍儿童不可能进入咿呀语后期的自我模仿阶段。最常见的情况是听不到和感觉不到自己构音游戏的，他们会成为寂静的儿童。当发怒或感到特别不舒服时，他们可能发出类似咿呀语初期的声音。如果让听觉障碍儿童对着镜子做发声游戏，使其看到自己的发音动作，那么也能使他们进入自我模仿阶段。如果设法激发听觉障碍儿童保持口部的运动形状，他们也会有倾听的动机，继续使用其剩余听力。实际上，没有一个听力损失儿童是完全丧失听力的。

5. 言语模仿阶段

很快，婴儿在自我模仿的同时又开始模仿别人的言语。他们像回声器一样，对听到的所有言语声音都予以反应。这种言语模仿活动从根本上改变咿呀语的进程，咿呀语中的某些声音在周围人的言语中得到强化，儿童对它们的掌握就日益牢固；而其他的声音得不到强化，会渐渐受到抑制，趋向消失。言语模仿的结果是儿童发出的声音越来越同周围人的言语相接近。例如，儿童可能跟着成人，一边摇着小手，一边说"再见"，但是实际上，他们并不理解两者的意思，他们的语调也是模仿的。许多家长往往不肯承认自己的子女这时只不过是鹦鹉学舌，而不是真的在说话。

但是从另一个意义上说，儿童的言语在发展。儿童对于听到的特定言语的反应行为日益趋向分化。当儿童听到"再见"时，可能做出适当的手势。当问儿童"你要娃娃吗？"他会表现出伸手的预期行为。少数儿童到十个月或晚一些时，看到布娃娃，可能会说 meimei 或 didi。这就是言语的开端。

从此，听觉在婴儿的言语发展中担负起主导作用。婴儿借听觉感知别人的话，模仿别人的话，并控制自己的构音活动。

有的儿童可能固着于言语模仿阶段。这类儿童包括严重的智力落后儿童（智商在50~60或更低）和孤独症儿童。但是有些孤独症儿童也能够模仿一长串词语，发音和语调都很准确。

儿童言语的正式发展

项目四　儿童言语的正式发展

从 12~15 个月开始，儿童逐步地习得本义上的言语。由说出首批词语到获得基本的言语能力，大致可分为以下几个阶段。

一、言语的先前阶段

到一周岁左右，儿童开始说出首批能让人理解的词语，这标志着他们的言语进入正式发展阶段。儿童开始在事物及现象同相应的词语和发音器官、构音活动三者之间建立联系。大多数儿童都有一些词语可用于识别环境中的物体、人物及主要活动。此时，儿童开始接受词语的"命令"，例如，按照成人的言语指点鼻、眼、耳、杯子、电视机等，但是尚不会利用词语引起一定的活动，如请人去取布娃娃、奶瓶，或者喊不在眼前的母亲。这时，言语模仿还在继续，儿童还会说些对自己缺少明显意义的词语。

一般来说，一岁到一岁半主要是言语理解能力的发展阶段。这种能力发展相当快，但是言语表达能力却发展较慢。也就是说，儿童能够理解的词语量增加很快，但能够说得出的词语却不多。

约从一岁半开始，儿童学说话的积极性大为提高。从生理发展上看，这时儿童开始直立行走，与周围人们接触的可能性多了，这刺激着他们的交往需要及说话动机。随着词语理解能力的提高，儿童会说的词语也逐渐增加，这就为儿童过渡到主要依靠言语交往创造了条件。

大多数儿童这时已能利用言语达到一定的目的，寻找不在面前的物和人，或者"指挥"眼前的人和物。他们说话时可能伴有动作上的变化。例如，儿童不仅会说"站起来"，而且同时也准备站起来；当说到"妈妈"时，就会对着妈妈可能要经过的门口看。词语对儿童产生魔术般的力量，成为要别人听从其"命令"，满足其生理和心理需要的重要手段。

儿童这时说出的单词实际上就是"句子"。词语的意义往往借助于语气再加相应的手势、表情来区分。例如"妈妈"，根据语气的不同，可能表示"妈妈，过来""妈

语言训练

妈在哪儿"，甚至是"妈妈真烦人"。同样，说"杯子"可能表示用它喝水或指杯中有水。研究者把这个时期称作"单词阶段"。儿童边说边做动作的情况屡见不鲜。例如，儿童在商店玩具柜旁对妈妈说"汽车"时，可能指点家的方向，意思是说家中也有这样的玩具汽车。

严重的智力障碍儿童可能不会超过这个阶段，有些人可能掌握为数不多的标记周围人和物的词语。少数智力障碍儿童可能掌握单词句或双词句，但其词语量增加很慢，包括对词语的理解和使用。智力障碍儿童的词语比一般同龄儿童少，对词义的理解也比较单调。轻度智力障碍儿童的言语发展总是落后于一般儿童，最为严重的智力障碍儿童可能完全不会说话。

在儿童的言语发展中会遇到一些特殊情况。例如，有些儿童在理解词语方面基本正常，但开始说话比较晚，可能到两周岁时才会说首批词语。极少数儿童拖延到30个月时才开始说话。他们可能按时通过咿呀语阶段，在同成人做游戏时显示出对成人言语的理解。他们甚至会执行口头指示，"听差遣"，但是自己不会用词语表达。其中有些儿童的家庭成员，往往是父亲，可能儿时说话就开始得晚。大多数儿童一旦开始说话，就能很快赶上去。不过，他们会使父母，尤其是祖辈们，经历一个困苦焦虑时期。到底是什么原因让这类儿童在言语理解方面发展正常，而开始说话的时间却晚？至今仍是不解之谜。

二、积极言语的发展阶段

从一岁半到三岁末，儿童进入积极言语的发展阶段。他们积极主动地和别人进行言语交往。在这个阶段，言语的结构也日益复杂，主要有以下特点。

1. 单词句向多词句过渡

一岁半前的儿童讲的主要是单词句。单词总要与一定的动作和表情相结合。它的意思不明确，成人必须根据语气线索和非言语性情境进行判断。

一岁半后的儿童可能拥有50～100个词汇量，有可能说出周围所有熟悉物体的名称。儿童最有特色的成就就是把两个、三个或四个以上的词组成短语或句子。句子形式是断续的、简略的、不完全的，这种句子也称"电报句"，如"阿婆去""爸爸抱抱""妈妈排排坐"等。儿童使用的词多是名词、动词和形容词。他们要在言语交往过程中逐步意识到言语中的一些规律和习惯。

到两周岁左右，约50%的儿童词语已能让家庭以外的人们听清、理解。最为重要的是大多数儿童能够创造性地用词语组成新颖的句子。这类句子开始服从周围人们言语中的语法规则，但不是机械重复。例如："我刚刚洗了"（对成人要求洗手的回答），"老虎妹妹拿去了"（布老虎被妹妹拿去了）。

2. 学习使用基本的句型

三岁末时，儿童在正确教育的影响下开始使用复合句，学着把两个或更多的简单陈述句合并为简单复合句。例如："我看见一只鸟在飞"。两岁到三岁时，儿童使用的简单句急剧减少，复合句则有较大的增加，使用的词类不再局限于名词、动词和形容词。例如，对"谁把小书撕破了？"的回答是："我也不知道（大概是弟弟撕坏了）"。

同时，不少儿童能够区分"我"和"你"，会把问话中的"你"转换成"我"。例如："今天托儿所里张老师表扬你没有？""表扬我了。"回答多准确！有趣的是孤独症儿童开始学话时，对"我"和"你"的区别及转换学得很慢。一个很典型的特点是用别人问话中的代词表达自己。例如："你要吃饼干吗？"孤独症儿童的回答是"你要吃"。

3. 交往意图的加强

两岁到三岁这个阶段，儿童的用词和言语结构逐步向成人接近，同时词汇量也迅猛增加，增加的比例比生命过程中任何时期都要大。这些就促进了儿童交往能力和交往积极性的进一步发展。这时儿童的交往意图，说话时对别人理解和反应的期待，变得十分明显。儿童若是没有被人理解，别人对其言语没有反应，就会显得很不满意。这时，成人已经能够借助语言向儿童传授知识和经验。

4. 言语感觉和运动能力进一步提高

随着言语的发展和交往活动的加强，儿童的听觉器官由对语音构成的粗略感知，逐步过渡到精确的分析。到第三年时，儿童已能凭听觉辨别语音要素，其语音听觉基本形成。

与此同时，儿童的发音状况也在不断地改善。起初，儿童说的词往往只是其语音结构的一些迹象。他们还难以发清词的声音，难以准确重复词的语音构成及其先后次序，许多音还不会发或发不好。而到这时，发音情况明显改观，发音动作日益精确和分化，音素的构音动作已经较为熟练，发出的大部分声音已经清晰可辨。

促进儿童言语运动技能不断完善的决定性因素，是和周围人们的言语交往。说得准确的词语有助于交往的成功，达到一定的目的，从而得到强化。词语说得不对，就难以达到交往的目的，有时还会引起误解，因而得不到强化。得到强化的言语运动技能日益趋向巩固，而得不到强化的则受到抑制。

5. 词语的概括和调控功能越来越明显

这个时期，儿童在词汇量增加很快的同时，对词义的理解也在发展，既能理解某些词汇的具体含义，又能懂得它们的概括含义。对于"妈妈"，儿童已经知道既是指自己的妈妈，又是指许多小朋友的妈妈，每个人都有自己的妈妈。从这时起，儿童已能借助词语把个别和一般、具体和抽象统一起来。

在一两岁时，词语对儿童行为的调控作用还不明显。到这个阶段，情况已大不相同。儿童不仅能按成人的口头要求做事情，更为重要的是儿童开始以自己的言语调节自己的行为。儿童往往独自一人边说边做，这是言语自我调节功能的萌芽，它表明儿童的行为日益自觉，这给儿童学习社会经验、形成道德品质提供了可能。

三、言语的个体化发展

三岁到四岁时，儿童利用常规句法的能力发展很快，他们大多数人所掌握的词语和句型结构已足以表现自己的思想，同时也能使自己的行动适应其言语。这个时期儿童说话还不够清楚，经常地重复，说话不够流畅。一方面，这可能说明儿童有些思想找不到适当的措辞来表达；另一方面，即使一些说话相当流利的儿童，也往往对自己使用的词语和句子结构不够理解。

语言训练

读书笔记

虽然到四岁时，儿童的言语发展尚未完成，但是在许多方面他们已经是成熟的说话者。大多数儿童开始表现出明显的个人用词风格，有自己偏爱的词语和说话方式。有的儿童能说会道，有的儿童则比较寡言。这时的儿童作为个体，为了实现自己的目的而说话，说关于他们自己的话。每个儿童在言语表达方面逐步形成自己个体化的风格。按照前面提到的判断儿童言语能力发展的标准来衡量，可以认为他们到这时已经有了基本的言语能力。成人们基本上可以根据儿童的一般发展水平说任何想对他们说的话，而不用担心他们听不懂；他们也能够按照自己的发展水平和活动内容说自己想说的话，而不用担心成人不理解。

总而言之，15个月前后开始说话的儿童到三四岁后已具备足够的言语交往能力，但是他们并不会就此而止，而是仍在持续稳步地向着成人的熟练言语水平迈进。他们要走的路还很长，但是不会再发生以往那样的戏剧性变化。儿童会获得更多的词语，掌握更精确的语法形式。到六岁左右，大部分儿童已能正确地使用成人的大多数言语形式。但是，有的声母和复韵母要到七八岁时才能发准确、掌握好，到上小学一年级时，儿童的言语已发展到足以适应学校系统的教育教学活动需要的水平。

项目五　儿童言语发展的基本特点

一、与言语交往活动紧密相连

儿童是在同周围人们的言语交往过程中逐步习得言语的，可以认为言语交往既是儿童言语发展的起始点，又是它的归宿。言语交往既激发着儿童学习言语的动机，又为他们提供学习的言语典范，学到的言语技能反过来促进着儿童的交往活动，有助于他们达到一定的目的，从而进一步强化学习言语的动机，提高学习积极性。与此同时，儿童的言语技能也通过交往而得到锻炼和提高。任何能力只有在最需要它的活动中才能顺利发展。很难想象，作为交往工具的言语离开日常的言语交往实践，人们怎能学得好。

二、有一个逐步发展的过程

无论是儿童对语言的辨别，对构音技能的掌握，还是对词义的理解和对句法规则的领会，都有一个由粗略到精细、由生疏到熟练、由具体到概括、由个别到一般、由含糊到清晰的发展过程，在这个过程中，起着推动作用的还是言语交往活动。

三、言语理解先于言语表达

一般来说，婴儿到七、八个月已显现初步的言语理解能力，能按照成人的话完成一定的动作，到一岁末或两岁初才能说出首批的词语。当儿童开始说出一定的词语时，能够理解的词语已经较多。

四、从对话言语形成开始

对话（或交谈）是最古老的口语形式，也是最简单的言语形式，多使用简单句、不完整句和并列句。因为，对话具有一定的情境性，总是在一定的生活情境里进行。而且，对话双方不仅能听到彼此的话，而且能看到彼此的构音动作和其他伴随现象——表情、手势及姿态，所以，对话最便于理解。在亲近的人们、老朋友之间，在家庭环境内，交谈尤其容易，往往只要讲半句话或开个头，就能相互理解。当然，对话言语也最容易掌握，而且在儿童的现实生活中充满着人们的交谈。儿童自然而然地要从对话言语开始学话，并主要利用对话言语交往。他们说的基本上都是不完整的句子，展开性的言语形式是以后在系统的教育干预下获得的。

五、与对世界的认识交织于一起

儿童在同周围人们的交往中不仅在学习说话，而且也在认识世界，因为语言中固着了人类的认识成果。学习说话和认识世界有机地交织在一起，在学习语言过程中认识世界，在认知世界过程中掌握语言。儿童看见人们的劳动、进食、穿戴、休息、娱乐，自己也参与这些活动，听到人们议论在做什么，为什么要这样做；看到人的死亡、婴儿的出生、成年人结婚及有关的庆贺活动，听到人们关于这些活动因果关系的议论；力求去理解它们，并学习相关的语言，理解事物和语言符号之间的联系，并逐步学会用语言来表达有关的事物及自己的思想与情感。

学习小结

本模块主要介绍儿童言语发生机制、儿童言语发展的阶段及各阶段的特点，学习后能够掌握0～18岁儿童言语发展的基本阶段及特点，以及儿童言语发生的机制，为儿童语言评估及矫治工作提供基本的依据与对照。

模块练习

一、选择题

1. 一般来说，婴儿到七八个月已显现初步的（　　），能按照成人的话完成一定的动作。

　　A. 言语理解能力　　B. 语言表达能力　　C. 唱歌能力　　D. 行走能力

2. 三岁到四岁时，儿童利用（　　）的能力发展很快，他们大多数人所掌握的词语和句型结构已足以表现自己的思想。

　　A. 语音　　B. 常规句法　　C. 词汇　　D. 标准语法

二、简答题

1. 儿童言语发展有哪些特点？
2. 儿童言语发生的机制是怎样的？

模块三

构音障碍及其矫治

学习目标

知识目标：

1.理解构音障碍的概念、发生原因及分类。

2.了解构音障碍的评估。

3.认识构音障碍的矫治。

能力目标：

1.掌握构音障碍的概念、发生原因及分类。

2.掌握构音障碍评估的基本步骤与方法。

3.掌握构音障碍的矫治内容与方法。

素质目标：

1.强化热爱构音障碍儿童的情感。

2.分析构音障碍的特点，树立自觉帮助构音障碍儿童的责任意识。

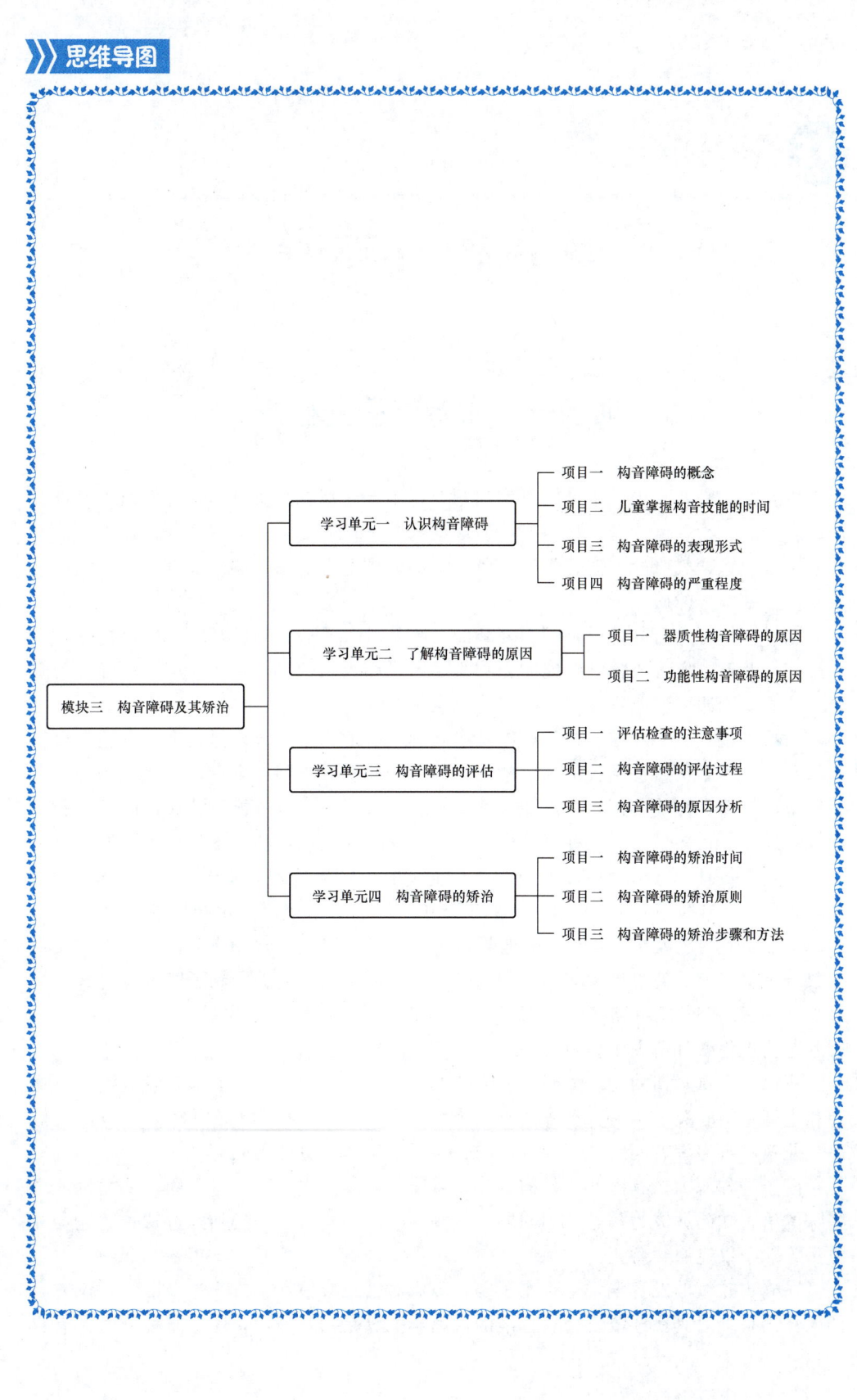

思维导图

- **模块三　构音障碍及其矫治**
  - 学习单元一　认识构音障碍
    - 项目一　构音障碍的概念
    - 项目二　儿童掌握构音技能的时间
    - 项目三　构音障碍的表现形式
    - 项目四　构音障碍的严重程度
  - 学习单元二　了解构音障碍的原因
    - 项目一　器质性构音障碍的原因
    - 项目二　功能性构音障碍的原因
  - 学习单元三　构音障碍的评估
    - 项目一　评估检查的注意事项
    - 项目二　构音障碍的评估过程
    - 项目三　构音障碍的原因分析
  - 学习单元四　构音障碍的矫治
    - 项目一　构音障碍的矫治时间
    - 项目二　构音障碍的矫治原则
    - 项目三　构音障碍的矫治步骤和方法

学习单元一

认识构音障碍

项目一 构音障碍的概念

构音障碍是儿童中最常见的语言问题。每个音素都有其特有的发音部位和发音方法，对于唇、舌、齿、腭、鼻、喉等的活动都有严格的要求。若在构音过程中，构音的方法、位置、气流的方向、强度、各器官的动作配合上稍有偏差，就会造成音色的改变，导致构音障碍。

但是，构音障碍的情况是相当复杂的，不是所有的构音问题都需要采取特殊的干预措施。儿童的发音或构音技能的完善需要一个相当长的过程，有些声音构音较为复杂，儿童要到四五岁或更晚的时间才能完全掌握。

一般来说，一岁左右的儿童已能发出几乎所有的言语声音。但大多数音还发得很不稳定，尤其是把声音结合进词汇中时，同一个儿童对于同一个音，在有的词汇中可能发得对，而在另外的词汇中可能又发得不对，或漏掉，也可能被替代。而且，受周围人们发音说话的影响，这种替代也不稳定，这是儿童词汇发展中的一个典型特点。

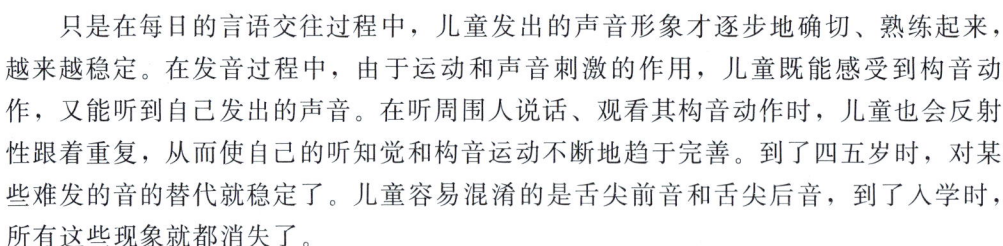

只是在每日的言语交往过程中，儿童发出的声音形象才逐步地确切、熟练起来，越来越稳定。在发音过程中，由于运动和声音刺激的作用，儿童既能感受到构音动作，又能听到自己发出的声音。在听周围人说话、观看其构音动作时，儿童也会反射性跟着重复，从而使自己的听知觉和构音运动不断地趋于完善。到了四五岁时，对某些难发的音的替代就稳定了。儿童容易混淆的是舌尖前音和舌尖后音，到了入学时，所有这些现象就都消失了。

所以，儿童时期的构音障碍具有临时的可逝性质，因为它们能够自发地消失。这种和生理年龄有关的构音障碍叫作生理性的构音障碍，只要周围的言语环境比较健康，儿童的听力没有问题，不经专门的言语矫治工作，也能得到克服。

由于种种原因，有些儿童的构音障碍可能会持续下去，进一步巩固，从而发展为特殊的语言缺陷，成为病态性的问题。这种病理性的构音障碍必须经过特殊的途径和方法才能予以克服、矫正。

在确定儿童的发音偏常是否属于构音障碍时，还应估计到方言这个因素。说方言的人在语言上对其民族语言公认标准的偏离不能算是构音障碍，因为每种方言都有自己的或多或少有别于民族共同语言的语音系统和发音标准。

项目二　儿童掌握构音技能的时间

关于生理性和病理性的构音障碍，在时间上的理解是相对的。如果认为学龄前的构音障碍都是生理性的，只有儿童进入学龄阶段的构音障碍才会是病理性的，才需要特殊的干预，那将会给儿童的语言发展造成重大损失。

儿童习得不同发音技能的时间有先有后，在有些声音发不好尚属生理性的障碍时段，另一些声音发不好可能就是病理性障碍了。为了正确认识这个问题，应该掌握儿童习得不同发音技能的时间表，也就是儿童构音技能发展常模。

美国在这方面有不少可供我们借鉴的内容，因为汉语普通话和英语的多数音素是相同的。坦普林（Templin，1957年）以抽查对象的75%都能发音正确为依据，列出了构音技能发展时间表，见表3-1。

表 3-1　儿童掌握构音技能的时间表

音素	习得年龄/岁	音素	习得年龄/岁
m	3	r	4
n	3	s	4.5
ng	3	sh	4.5
p	3	ch	4.5
f	3	t	6
h	3	th	6
w	3	v	6
y	3.5	l	6
k	4	z	7
b	4	zh	7
d	4	j	7
g	4		

坦普林在1966年的一项研究中指出："抽样的标准化研究相当一致地表明，七八岁的儿童能令人满意地发出所有的英语音素。"

另一位美国研究者认为75%的正确率太高，50%的正确率较为合理。按照他的较宽松、现实的标准，儿童掌握构音技能的时间表见表3-2。

语言训练

表 3-2　儿童掌握构音技能的时间表

年龄	能够发出的音素
2 岁	h、m、n、w、b、p、t、k、g、d
3 岁	f、y、s、r、l
4 岁	ch/tʃ、sh/ʃ/、j/d、z、v
5 岁	th
6 岁	zh

　　以上两表揭示的是学龄前儿童构音技能的习得情况，这些研究资料涉及的都是辅音，而现代汉语语音的一个重要特点是韵多声少，即韵母在言语中所占比重大；而且，大多数韵母是复韵母，由两个到三个元音或一两个元音加上一个鼻辅音构成，儿童习得它们具有一定的难度。在研究我国儿童的构音障碍时，不仅需要考虑他们在掌握声母发音技能方面的问题，而且还应该注意他们在掌握韵母时遇到的困难和错误。

　　因此，只有十分重视对儿童言语发展进程的观察和分析，针对每个人的具体情况进行竖向（个体的前后变化）和横向（群体的发展趋势）的对比，才能正确地回答哪些言语构音障碍属于生理性的、哪些言语构音障碍属于病理性的这个问题。

项目三　构音障碍的表现形式

构音障碍的表现

　　构音障碍的表现形式比较多，根据听者感受到的声音情况来分，一般归纳为四种：①替代——用一个声音替代另一个声音；②遗漏——把有的声音说漏；③扭曲——把一个声音发成母语中不存在的声音；④添加——在音节中增加多余的音素。从儿童角度来讲，他们也可能采用一些偏离常规的独特语音规则，这些构音障碍形式对于说不同语言的儿童基本上是相同的，但是在具体表现上会有不少差异。因为一种语言的语音特点必然会反映到儿童的构音障碍上。汉语语音和英语、俄语、德语等有明显的区别，我国儿童的构音障碍也必然有别于说这些语言的儿童，在这方面起着重要作用的主要是汉语音节声、韵相拼，声少韵多的构造特点，以及声母和韵母的严格配合关系。

一、替代

　　替代错误不仅发生于辅音，也发生于元音，只不过辅音替代比元音替代普遍些。例如：

帽（子）→bao　皮（包）→bi　爸→ma　（吃）饭→han　（师）傅→hu
大豆→ta tou　加（强）→zha　看→han　南（方）→lan　（不）能→leng
（里）弄→long　拉（到）→na　全（部）→chuan　人→len　热→ye
肉→you　上（班）→hang　世（上）→si　袜（子）→ma　（东）西→si

宣（传）→quan　（洗）澡→dao　作（业）→duo　祖（国）→zhu　葡萄→bu bao

上面括起来的字没有标音，没有括起来的字是读错的字，箭头所指的是其替代声音。

不少儿童往往用一个会发的音代替几个不会发的音，如 h 不仅可能替代 k、f、sh、t，而且还可能替代 x、q（把"小朋友"说成"hao 朋友"，把"巧克力"说成"hao 克力"，也会把"澡"说成"zhao"或"jiao"，还会把"自"说成"zhi"）。

由元音构成的韵母替代现象也常有发生，即在声母读对的情况下，把韵母读错，错读为另一个相似的韵母。例如：

满（意）→mai（以 ai 代 an）　　苹（果）→pin（以 in 代 ing）
（人）民→men（以 en 代 in）　　（阿）公→geng（以 eng 代 ong）
熊（猫）→xiou（以 iou 代 iong）　猴（子）→he（以 e 代 ou）
（游）泳→you（以 ou 代 ong）

二、遗漏

说英语的儿童多遗漏掉词尾的辅音，当然也会把位于词汇中间及开头的辅音漏掉。最为常见的是把双辅音丛中的一个辅音读漏，如 br、dr、pr、tr、st、sl 等，可能把 dress 说成 [des]，把 try 说成 [tai]，把 train 说成 [ten]，把 pride 说成 [paid]，把 sleep 说成 [si:p]，把 steal 说成 [si-l]，把 where 说成 [hir]，等等。

我国儿童遗漏问题与此明显有别，相对较为复杂。有把作为声母的辅音漏掉的，例如：

荷（叶）→e　（月）亮→iang　（阿）公→ong　鞋→ie　鸡→i　（电）视→i
晚（安）→an　太（阳）→ai　黄瓜→uang ua

有把韵尾漏掉的，例如：

（牛）奶→na　（外）公→go　（安）排→pa　伞→sa
（自）行（车）→xi　馄饨→hu tu

最为常见的是把做韵头的元音漏掉，例如：

电（灯）→dan　（手）表→bao　钓（鱼）→dao　（新）年→nan
（一）片→pan　（一）列→le　欢（乐）→han　床→chang　（力）量→lang
（打）断→dan　酸→san　快→kai　漂亮→pao lang　天亮→tan lang
花园→ha yan　（方）便面→ban man

三、添加

我国儿童构音添加现象主要发生在韵头上，且较为少见。例如：

（不）怕→pia　大（象）→dia　（哭）闹→niao　（拉）倒→diao
（黑）板→bian　（人）类→luei　保（护）→biao　（花）篮→luan

不难发现，每个音节都多出一个韵头，也有添加声母的，但是更为少见，如把"远"读成 ruan，而且 üan 也换成 uan。

四、扭曲

声音扭曲就是儿童发出的音素听起来有些"走样",听的人能意识到儿童发的是哪个音,但是总感到有点儿不对,这种"走样"的音素在自己母语里找不到。例如,把普通话中的 s 发成英语的齿间音 z,或者把 w 发成类似英语的 v(唇不圆,而且敛)。声音的扭曲轻重程度不一,而且具有一定的稳定性,导致儿童以同样的错误方式发同一个音。

五、复合型构音障碍

复合型构音障碍的表现相当多样,一般有以下三种情况。

1. 替代结合遗漏

(再)见→dan（d 代 j,漏去韵头 i）
(大)家→zha（zh 代 j,漏去韵头 i）
小（兔）→hao（h 代 x,漏去韵头 i）
下（雨）→ha（h 代 x,漏去韵头 i）
熊（猫）→wong（w 代 x,漏去韵头 i）
巧（克力）→kao（k 代 q,漏去韵头 i）
筐→pang（p 代 k,漏去韵头 u）
关（门）→wan（w 代 g,漏去韵头 u）
雪（碧）→he（h 代 x,漏去韵头 u）

2. 替代结合添加

(老)少→xiao（x 代 sh,添加韵头 i）
守（卫）→xiou（x 代 sh,添加韵头 i）
张（老师）→jiang（j 代 zh,添加韵头 i）
政（府）→jieng（j 代 zh,添加韵头 i）
(汽)车→qie（q 代 ch,添加韵头 i）
喝（水）→xue（x 代 h,添加韵头 u）
吃（饭）→huan（h 代 f,添加韵头 u）
(解)放→huang（h 代 f,添加韵头 u）
发（展）→hua（h 代 f,添加韵头 u）

3. 替代结合替代

(小)河→wu（w 代 h,u 代 e）
(大)人→yin（y 代 r,in 代 en）
让（坐）→yan（y 代 r,an 代 ang）
星→heng（h 代 x,eng 代 ing）
(高)兴→sheng（sh 代 x,eng 代 ing）
(不)信→shen（sh 代 x,en 代 in）
总（共）→zheng（zh 代 z,eng 代 ong）

学（习）→suo（s 代 x，uo 代 ue）

解（放）→gai（g 代 j，ai 代 ie）

如果对上述的各类构音障碍做进一步的分析，不难发现以下几个主要的特点或规律。

六、复合型构音障碍的特点或规律

1. 相互替代的声音之间有一定的共性

最为常见的辅音替代是以 z、c、s 代 zh、ch、sh，或者相反，以 zh、ch、sh 代 z、c、s。这两组音素都是口音、清音、擦音；区别仅在于 z、c、s 是舌尖前音（俗称平舌音），zh、ch、sh 则是舌尖后音（俗称卷舌音或翘舌音），即它们的发音方法相同，发音不相同，所以容易相互替代。一般来讲，儿童掌握平舌音较为容易，掌握翘舌音较为困难，所以经常是以平舌音替代翘舌音。例如，儿童往往以 p、t、k 分别代替 b、d、g，或者相反，以 b、d、g 分别取代 p、t、k。因为这两类辅音的共性大，发音部位相同，发音方法基本一样，只是 b、d、g 是不送气音，p、t、k 是送气音。如果儿童发送气音较容易，就可能以送气音替代不送气音；如果他们发不送气音容易，就可能以不送气音替代送气音，其他的辅音替代原因也是这样。

相互替代的韵母之间同样存在着一定的共性。例如，an 和 ang、in 和 ing，都是鼻韵母，区别在于 in 和 an 是前鼻韵母，阻碍由舌尖齿龈构成，ing 和 ang 是后鼻韵母，阻碍由舌根和软腭构成。又如：eng 和 ong，都是后鼻韵母，区别仅在于发韵腹 e 时不圆唇，发韵腹 o 时稍圆唇；in 和 en 都是前鼻韵母，区别仅在于韵腹 i 是高元音，韵腹 e 是半高元音。

总之，声音替代有一定的规律性，相互替代的声音之间有差异，但共性更大。通常，用于替代的声音儿童比较容易掌握，或者掌握得比较早，并包含着被替代声音的某些特点。

2. 音节结构中比较响亮的声音不会被遗漏

从音节结构来看，声母发音较为含糊，韵母发音较为清晰且响亮。所以，儿童只会把声母说漏掉，不会把韵母说漏掉；从复韵母来看，韵腹发音最为响亮，占的时间比较长，韵头和韵尾的发音则较弱，占的时间较短。所以，儿童可能把韵头或韵尾说漏掉，而不可能把韵腹说漏掉。

3. 声、韵配合关系对复合构音障碍的影响很大

由于有些声母和韵母之间不能相拼成音节，当一个音节的声母被与其韵母不能相拼的声母取代时，韵母结构就会跟着发生变化，丢掉或增加一个韵头，或者由另一个结构相似的韵母所替代。绝大部分的复合型构音障碍都是由此造成的，例如，把"小"说成"hao"时，漏掉韵头 i，因为 h 不能和 iao 相拼，却能和 ao 相拼，只能丢掉 i；而把"少"读成"xiao"时，增加韵头 i，因为 x 不能和 ao 相拼，却能和 iao 相拼，只好增加个 i；把"学"读作"suo"时，因为 s 不能和 üe 相拼，只能把 üe 换成 uo。

项目四 构音障碍的严重程度

构音障碍的程度很不一样，主要取决于在多大程度上降低言语的清晰性和惹人注意。言语清晰性的影响又取决于以下因素。

一、构音障碍涉及的声音数量

显然，构音障碍涉及的声音数量越多，对言语清晰性的影响越大，也越容易惹人注意。

二、构音障碍所涉及的声音在言语中的使用率

显然，构音障碍所涉及的声音在言语中的使用率越高，对言语清晰性的影响越大，也越容易惹人注意。假如儿童发不好 f 音，他的言语清晰性不会有严重问题；如果发不好 s 和 n 这两个音，其影响就大了。

当构音障碍涉及的声音不多时，或者涉及的声音在言语中的使用率不高时，可能仅造成轻度的或中度的构音障碍。在这种情况下，儿童说话基本上可以让人听懂，但也能引起别人的格外注意。随着儿童的成熟，其构音问题可能渐渐得到解决。如果问题在相当长的时间里没有变化，儿童就需要接受言语矫治。

三、构音障碍的形式对言语清晰度也有影响

声音的扭曲对清晰性的影响可能不大，因为听话的人一般能意识到儿童说的是哪个声音。而当儿童遗漏一些声音，同时又有声音替代时，或者有不少复合型构音问题时，其言语清晰度就要打折扣了，很可能让人听不懂。

因此，评估构音障碍的一个简易方法就是对儿童的替代声音及扭曲声音数量做仔细的统计。

学习单元二

了解构音障碍的原因

构音障碍的原因分为器质性和功能性两大类。由和言语活动有关的解剖、运动或感觉方面的损害而导致的构音障碍，就是器质性构音障碍；不是由这类因素所导致的构音障碍，就是功能性构音障碍。在后一种情况下，患者没有任何器官上的异常，从骨骼的构造、肌肉的组织和运用及其他器官的构造上看，都找不出任何缺陷，但是儿童的言语就是不清楚。功能性构音障碍相当普遍，且容易被忽略。家长往往以为子女说话不清楚是一种自然现象，随着时间的流逝会自然而然地好转。有些儿童的构音障碍就是这样自然矫正的，但也有些儿童甚至到了学龄初期，还不能把话说清楚，这就需要对他们进行专门的干预了。

项目一　器质性构音障碍的原因

一、构音器官构造上的异常

研究者早就把舌、唇、牙齿、腭等的异常与构音困难联系起来。但是，不是任何的器官异常都导致构音问题，例如，有的儿童虽然上下牙齿错位咬合或舌头大，但不会把相关的声音发错。相反，有的儿童虽然具有正常的构音机制，却会在发同样的声音时出错。有研究者认为构音器官结构上的问题对于构音障碍仅具有潜在性的作用。身心健康的儿童在多数情况下能够设法克服它们所造成的困难，只有在补充有其他言语性的或一般发展性的问题时，器质性缺陷才会在发音说话中表现出它的影响。构音器官构造问题是造成构音困难的重要因素。

1. 牙和齿龈

许多音素都需要牙和齿龈的参与。有的儿童上前齿异常凸出，超出下牙齿，这种情况叫作覆殆（或覆咬合）（第一种错位咬合的情况）。这时上下唇难以接触，发双唇音 b、p、m 就会受到影响。舌头可能在口腔中向前伸，有时超过下门齿；下牙齿向后拉得较远，不能造成必要的缝隙，舌尖前音 z、c、s 也发不好。

第二种错位咬合的情况叫作下超。下前齿明显地超过上前齿，同时下颌特别凸出。这同样会妨碍唇音的正常构音。

第三种错位咬合的情况叫作前开牙合。上下齿咬合时，正中间空隙较大。正常情况下，上门齿背和下颌交搭，下门齿可见的表面有三分之一被上门齿遮住。在前开牙

语言训练

合情况下，s 和 z 最容易出问题，如果上下唇不能合拢，p、b、m 也就发不好；如果下唇不能自由地接触上齿，f 就发不好。

第四种错位咬合的情况叫作侧开。左边或右边的牙齿合不拢，留下较大的空隙。这种问题会影响到舌尖中音 d、t、n、l 等的构音活动。

另外，有的儿童门齿之间可能合不严，或者犬齿的位置不当。这两种情况下，发 s 会遇到困难，因为当门齿间空隙较大时，过多的空气会从中逃掉。当犬齿位置不当时，会妨碍舌头的活动，空气由它的一边或两边逃掉，从而发 s 时缺少应有的音色。

2. 舌

舌是最活跃、最重要的活动性构音器官，它的构造异常很容易导致构音障碍。如舌系带短时，舌头尖就伸不到下齿背边，或不能适当地向上卷曲，从而严重地影响到构音活动，发 l、r 和 s 时会有困难。

有些疾病可能累及舌头，有的儿童可能舌头大或舌的动作不灵活（如舌头麻痹或软弱），不能完成一定音素所需要的细小、准确的快速动作。甲状腺缺陷可能会造成舌头动作缓慢、调控能力不足等，舌头不能正常活动，许多音素都会受到影响，如舌尖前、中、后音，舌根音，舌面音。

3. 腭

腭特别是软腭出了问题对构音的影响也颇为严重。

二、感觉异常

儿童要学会正确地发音，不仅需要清楚地听到别人的话和自己的模仿重复，并且还要感觉到自己的言语运动，即构音器官的位置、运动方向、肌肉紧张的力量或强度、运动的时间等，以便从听觉和运动感觉上获得及时的反馈，及时地调控自己的言语构音活动，如果这些感觉方面出现障碍，必然造成构音困难。

1. 本体运动感觉障碍

在这种情况下，儿童无法及时地感觉到构音器官的运动情况，从而丧失一种自我反馈和自我调控言语的手段。

2. 听力损失

适当的听力和言语技能的获得之间关系密切。儿童的言语差也可能说明他的听力差。传导性的听力障碍儿童几乎都有构音缺陷，因为他们不能模仿别人的发音，难以把自己发出的音素和别人发出的音素做比较。实际上，他们不能够感知到任何规范的音素，他们的视觉和其他感觉能力难以弥补听力差的缺陷。

即使儿童的听力损失较轻，能够理解交谈内容及周围发生的事情，对于把所有的音素都正确发出来也未必可能，因为不同的音素由不同的频率构成。高频率听力损失的儿童，在感知元音及浊辅音方面没有困难，但对于像 s 这样的擦音就难以听到或听真了。有的听力障碍儿童，虽然能听到某些声音，但是听到的是扭曲的声音，这些儿童要把高频辅音发准确就困难了。

3. 听觉记忆广度缺陷

言语的习得需要听觉记忆，少数儿童在声音，特别是语音记忆方面有困难。声音对他们来说是"一个耳朵进，另一个耳朵出"，刚刚听到过的语音就在记忆中消失了，也就是说，他们的听觉记忆广度有缺陷。

少数有构音障碍的儿童就有这样的记忆缺陷。他们可能记得住别人说的内容，但是记不住言语的声音。他们也往往记不起来自己是如何把声音发出来的。

人们对能够听得清 w 和 r，但说话时一直以 w 代 r 的儿童和能够准确地说 w 和 r 的儿童，在记忆广度方面做了试验比较，发现在回忆时，前一类儿童将 w 和 r 混淆的情况较后一类儿童多。据分析，这种差异的发生不在于能否正确地听辨 w 和 r，而在于是否具有可以直接或间接地提供无声记忆线索的运动经验。这也说明，不仅仅是说话需要记忆，记忆也有赖于说话，即言语器官的协调活动。为了检查儿童的听觉记忆广度，可以在固定时间（如两三秒钟）里给他们呈现一些数字（或音素、音节、词汇等），然后让他们口头重复或写出来。

4. 语音听觉障碍

正确地辨别各个音素对于正确的构音活动具有重要作用，不少有构音障碍的儿童都在语音听觉上出了问题。一种情况是儿童的一般听力无问题，却不能借助听觉把别人言语中的不同音素区分开来，要让这类儿童学会把每个音素都准确地发出来。另一种情况是有的儿童虽然能够正确辨别别人的发音，却难以听清自己的发音，不能把自己发错的音和标准发音做比较。把自己发错的音当作正确的标准音，他们必然会发生构音障碍。

关于正确构音取决于准确的辨音，还是准确的辨音取决于正确构音的问题，尚不完全清楚。似乎从运动和听觉上准确感知声音同声学刺激物相比，与正确构音的关系更密切。语音感觉可能是一种运动中介性功能。研究也发现，构音习得训练对于改进构音及声音分辨能力都有效，而单纯的辨音练习只对改进辨音能力有作用。

项目二 功能性构音障碍的原因

造成功能性构音障碍的原因较难确定。有的研究者认为，其主要原因是儿童的生理发展迟缓，或者是在周围人错误发音的长期影响下形成的不良语音辨别能力。

有的人认为最原始的原因在于协调运动发展的缺陷。运动协调能力是随儿童的成长而发展的。同样年龄的儿童在运动能力上差异很大，有的儿童跑、跳、上下台阶比别的儿童容易，有的比较差；有的儿童玩拼板游戏很轻快，有的比较差。有时候，运动协调能力差表现为口部、舌头、颌和腭的运动不灵活，这必然影响到构音运动的精确性，从而造成构音障碍。不少研究表明，构音有困难的儿童与言语正常的儿童相比，在运动能力测验得分上明显偏低。

更多的人认为构音障碍的主要原因应到儿童的言语习得环境中寻找。如果儿童家庭中的言语环境不良，发音偏离正常标准，或者儿童的主要抚养人员构音不清，那么儿童就很可能发生构音问题。

功能性构音障碍的原因之所以难以辨认，是因为器质性和功能性现象之间的根本界线不明显、不固定。有时，器质性变化可能很轻微，只能表现为功能性的，而且用已有的检查方法也往往发现不了。像言语这样的复杂系统，一个系统的器质性变化通常会引起其他部分的功能性变化。例如，由器质性原因造成的听力减退，会带来言语运动方面的发展不适。同时，长时间的功能性障碍会促进或加重器质性障碍。例如，当儿童的口腔受伤做过手术后，患者怕痛，尽量避免使受伤部分运动，结果伤疤消散不快，构音器官的灵活性障碍会更加严重。

读书笔记

学习单元三

构音障碍的评估

构音障碍的评估是矫治工作的第一环节。通过适当的评估检查可以找出儿童有无构音问题，有什么性质的问题，问题的程度和范围如何，起因是什么，以及儿童言语和一般发展的背景资料，从而为制订矫治计划奠定基础。

项目一 评估检查的注意事项

评估检查主要是评估儿童的构音说话能力。一般来说，普通话语音中的四百左右的音节都可以作为检查构音障碍的依据，让儿童跟着重复这些音节及它的四声变化。但是，这样做太费时间。实践中只要检查部分音节即可，重要的是不能把儿童发错的音素漏掉。在检查过程中应该注意以下事项。

一、估计到各种可能的异常发音

所谓异常发音，就是指儿童发错了的声音。例如，把边音 l 发成 n，送气音发成不送气音，以舌尖中音 d、t 替代舌根音 g、k，介音和鼻韵母韵尾失落，舌尖前音替代舌尖后音等。

二、估计到某些音素发音的不稳定性

有些音素在某些音节中发得对，而在另外的音节又发不对。如 d、t，有的儿童在和 a、o、e、ou、eng 等开口呼韵母拼读时，或者在和 u、uo、ua、uai、uang 等合口呼韵母拼读时，都能发对，但在和 i、in、iou、ing 等齐齿呼韵母拼读时可能发错（发成 i、q 或 g、k）。有的儿童能把 dong 读对，但读 gong 时，会把 ng 读漏。对于这类音素，只要设法矫正在某些音节中的错误即可。

三、估计到语音的系统性

语音有严格的系统性，构音有问题的儿童在发音说话时也会保持这种系统性。利用这种系统性，就可以通过少量音节的检查来掌握构音障碍者的全部错误发音。例如，普通话的塞音及塞擦音都有送气的和不送气的对应音素。一般来说，儿童如果不

能发送气音，那么所有送气塞音、塞擦音全都发不对。所以，如果检查发现一个儿童发 p、t、k 不会送气，那么可以断定，发 c、ch、q 时也不会送气。

四、估计到影响评估结果的其他因素

无论什么人实施评估检查，其结果都会受到许多因素的影响。无论是否受过训练，检查测试人员在评估儿童的发音能力时总有差异。即使他们使用同一种测试方法对同一个儿童做检查，结果也会不一样。在实施评估和分析评估结果时应考虑到这一点。影响测试结果的因素有以下几个。

（1）儿童所能感觉到的评估人员的友善态度可能造成很大差异。不必使用实物强化，仅仅发出赞赏性的声音，就足以使心理得分出现差异。

（2）不同评估人员对同一儿童发出的声音感知可能有差异。例如，评估者觉得儿童发 s 的音有点像 sh，而另一个人可能认为发得对。

（3）环境中引人分心的事情也有作用。在一间有人进进出出的房间里做测验，肯定会影响到儿童的成绩。

（4）使用的评估工具或内容可能不一样，有的能较有效地测出构音异常，有的则较差。

项目二　构音障碍的评估过程

一、筛选

最初的筛选工作可由教师进行，主要内容如下。

（1）请儿童说出自己的姓名、年龄、家庭住址等。

（2）请儿童说出图片上物体的名称（含有儿童难发的声音），例如：菠菜（bō cài）、蚕豆（cán dòu）、电灯（diàn dēng）、黑板（hēi bǎn）、长颈鹿（cháng jǐng lù）。

这些词语中包含着所有较为难发的声母、单韵母和结构不同的复韵母，有助于发现儿童可能具有的构音问题。当然，这个词汇表是相对的，完全可以根据实际情况加以删减或增添。

（3）请儿童由 1 数到 10，或者说出自己同学的姓名。

（4）借助儿童感兴趣的读物进行交谈。这种读物应该图文并茂，并包含儿童可能发不对的音。

检查评估可借助模仿言语（跟着评估人员说），也可借助儿童的独立言语（请儿童说说图上画的是什么），或者将两者结合起来。研究发现，儿童独立言语时容易出现构音错误。除此之外，也可使用专门的构音评估工具，如中国康复研究中心编制的"构音障碍检查方法"。

在评估过程中，要把儿童的言语情况详细记录下来。

二、鉴定

对于筛选出来的构音障碍怀疑对象，要由语言矫治师和其他相关人员做进一步的鉴定。鉴定内容如下。

1. 收集案例史

收集案例史主要是收集有关的背景材料，以寻找可能造成儿童构音障碍的原因线索，如儿童的出生史、发育史、疾病史、家族史、家庭文化背景等。这些材料可以通过对儿童的家长、亲属、教师等相关人员的访谈来获得。

2. 构音器官检查

请口腔科医生协助检查儿童的唇、齿、舌、腭等器官的构造和功能是否正常。

3. 听力检查

听力检查主要是检查儿童的一般听力及辨别语音的能力（语音听觉）。一般听力检查可借助听力计进行。听力计在我国的大中城市医院和听力康复机构里已相当普遍。语音听觉检查要由语言矫治师亲自进行，既要检查儿童对别人的语音听辨能力，又要检查其自我语音听辨能力。检查的材料如下。

（1）音节：ta→da、bo→po、zao→cao、liu→niu、zhan→chan、shen→ren、dan→duan、dao→diao、yan→wan……

（2）声母：b→p、d→t、j→q、z→zh、c→ch……

（3）韵母：o→e、i→d、ai→in、en→an、in→en……

对于学过拼音的儿童，可把这些检查材料制成卡片，检查者逐一向儿童出示，可由儿童指出卡片上的读音。如果儿童没有学过拼音，可由检查者范读，儿童跟着复读。在这种情况下，既检查了儿童的语音听觉，也检查了儿童的构音能力。如果用前一类方法检查，检查者应该鼓励儿童。

4. 构音评估

构音评估的方法有以下几种。

（1）自然谈话。选择儿童感兴趣的话题或借用儿童身边的事物，引发儿童和检查者进行交谈，同时注意其构音状况，也可请父母和子女随便交谈，检查者在一旁观察，以了解儿童的构音情况。

（2）利用词语做检查。为了判断、分析和整理儿童构音障碍的类型，可以事先准备一系列相关的词语或声母、韵母让儿童读。如给图片命名，就是让儿童说出图上所示物体的名称，还可以出示短句、短文，让儿童朗读或复述。另外，需要找一些语音要素或词字，让儿童跟着别人重复它们的发音，以了解其构音状况。

（3）利用正规的鉴定工具。

5. 记录和资料分析

最简单的记录就是注明音的正确和错误，还应该注明异常构音的类型（替代、遗漏、添加、扭曲）。应尽可能把儿童说的内容记下来，最好是两个人共同进行评估，一个主持鉴别检查，另一个人做记录，同时还需要进行录音，以便查询。

记录方法：声母和韵母单独发音，儿童错发成什么声音，就标出什么声音，扭曲的声音用"?"或相应的国际音标表示。如：g—k、s—sh、x—?、j—?、ang—an……

音节中的构音障碍：替代的音就写在相应声母的上方或韵母的下方；扭曲的声音就在相应声音上方打个"?"；添加的声音就在声母和韵母之间上方标出来，并用一斜线引导；遗漏的声音就用"□"圈起来。

三、写出评估报告

通过对以上所获资料的全面分析，写出评估报告。评估报告应包括以下内容。
（1）说明儿童是否存在构音障碍。
（2）详细描述儿童的构音障碍（数量、类型、涉及的声音范围、言语清晰度的影响等）。
（3）如果可能，对病因进行陈述。
（4）提出合理的矫治方案。

项目三　构音障碍的原因分析

在分析构音障碍的原因时，首先应注意到儿童的发展阶段。只有在此前提下才能确定特定的儿童是否需要言语治疗。例如，一个六岁的儿童以 n 代 l，很可能不需要立刻得到言语治疗，因为随着他们的成熟，这种替代问题可以自然而然地得到解决。但是，如果儿童把 b 和 p 混淆，就需要对其进行矫治工作，因为六岁的儿童应该能够准确地分辨 b 和 p。有的儿童可能因为构音器官解剖上的异常而出现构音障碍，如咬合错位；但是，对于这类器质性因素的作用不能估计过高，许多口腔构造异常的儿童照样能准确地发音说话，很多情况下，构造上的异常只是引起发音困难的一种因素，而不是唯一的因素。

语言矫治师还应该考查儿童的健康记录，看一看有无其他的医学问题，如腭裂、脑瘫、小儿麻痹、甲状腺缺陷等。如果儿童的肌肉协调能力差，或者有诸如经常伤风、怠倦之类的症状，就说明健康状况不佳，应该转介去看医生，健康状况的改善有助于构音障碍的克服。

有的儿童可能同时存在情感障碍和构音问题，可能仅对构音障碍的矫治做反应。他们需要改变的是构音障碍的症状，而不是障碍的原因。这类儿童的问题多来源于情感问题。在这种情况下，学校心理学工作者可以先于语言矫治，或者在语言治疗的同时，对儿童开展心理治疗。心理学工作者应帮助学校人员，提出正确对待这类儿童及解决其问题的建议；并且，还要对儿童及其父母做辅导工作，帮助他们理解自己及周围的人。通过这类帮助，父母和子女间的相互适应，以及他们对社会的适应情况，一般会有改善。

具有功能性构音障碍的儿童，在言语的功能上可能存在问题。但是研究也证明，在这类儿童中也有言语功能正常的人。如果评估结果表明儿童确有语言障碍，难以进行言语交往，那么语言矫治师应组织一些辅助性活动，以使儿童掌握必要的语言能力。例如，一个儿童不善于用词语表达思想，但会用手势、表情做表述。语言矫治师首先要为其提供用手势进行交往的机会。在其能这样做后，就可以引导儿童越来越多地利用词语表达思想情况。

学习单元四

构音障碍的矫治

项目一　构音障碍的矫治时间

人们多认为年龄越小，构音障碍的矫治越容易；年龄越大，构音障碍的矫治越难。但是，有的研究者认为事实并非完全如此。年龄大不会使语言矫治工作变得更为困难，有的四五十岁的构音障碍者，矫治工作也相当顺利；年龄过小却不易矫治，5岁以下的儿童除极个别的外，语言矫治工作都较难达到目的。6岁儿童中有一部分比较容易矫治，另一些则不容易矫治。年龄小的儿童构音障碍难矫治的原因在于配合较差，其智力发展水平较低，往往不能正确理解和贯彻矫治者的指令。大体上说，从七八岁开始直到成年，是构音障碍的最佳矫治年龄段。在这个年龄段进行矫治收效最快、最显著。

由此推想智力落后儿童的矫治问题、智力落后学校低年级的学生，由于认知和情感发展水平的局限，不能期望构音矫治工作迅速见效。

至于矫治工作所需的时间，显然与构音障碍的数量有关。有些儿童构音错误仅涉及1~2个音素，矫治所需的时间自然要少一些。有的儿童具有多语素性构音障碍，矫治所需的时间自然要多得多。当然，智力落后儿童和正常儿童相比，在具有相类似的构音障碍情况下，所需的矫治时间肯定也要多得多。

项目二　构音障碍的矫治原则

构音障碍矫治工作的基本目的在于帮助儿童在各种语言活动中把异常发音纠正过来。矫治工作的实质就在于形成正确的构音技能，抑制和克服错误的构音技能。要达到这个目的，必须制订特殊的干预体系，使用专门的矫治构音技能的方法，包括言语训练方面和构音动作训练方面的方法，有时候还要运用按摩方法。

在使用矫治方法和组织矫治工作时，治疗人员必须表现出极大的主观能动性和创造精神，因为儿童的构音障碍极为复杂，各个障碍患者的言语状况不同，构音障碍的原因和表现形式与程度不同，患者在年龄、智力、性格、对自己问题的态度上也不同，必须采取因人而异、区别对待的原则。最好从矫治和形成最容易掌握的音素开始，以便获得立竿见影的效果，使儿童及家长感到高兴，产生矫治信心。

构音障碍矫治训练还应注意以下原则。

1. 矫治训练的次数要多，每次花的时间要少

治疗人员应该清楚地认识到，在矫治训练时儿童的听觉容易发生疲劳。一旦发生疲劳，儿童准确辨别正确发音和异常发音的能力就会减退，继续训练成效甚微。一般来说，每天应该训练四五次，每次持续七八分钟，最多不超过十分钟。当然，还要根据每个儿童的具体情况而定。经过一个时期的反复训练，儿童就能在正确的音响和构音动作之间形成条件联系，并把它巩固下来，最终发展为语言矫治师所希望的正确构音动力定型。

2. 主要依靠听觉调控构音动作

一般来说，正确的发音技能和准确的辨音能力密切相关。在构音障碍矫治过程中应主要依靠儿童的听觉，要让儿童听清楚准确的发音，学习区分准确发音和其异常发音。只要没有达到这一点，儿童就不可能正确地发出标准声音，更难以把它应用于交往言语中。开展系统听觉练习的目的就是发展言语感知中枢的皮质功能，以便能捕捉各个声音的差异，准确地辨别它们。

对于许多儿童，尤其是智力落后儿童、言语发展迟缓儿童、构音障碍严重的儿童及感觉性语音障碍儿童，语音听觉的训练非常困难。在训练过程中，往往会发现儿童难以分辨同组的音素。例如，一个儿童不会分辨 k 和 t，以及 zh、ch、sh 等音，经常将其混淆。开始，他把 k 都读成 t，在他学会发 k 后，又把所有的 t 都读成 k，这种替代现象也会出现在其他组的音素中，类似的情况可能会持续 10 天，少数情况下会持续 10 周，这可能与儿童的听辨能力有关系。

对于这类儿童，如果听觉训练不足以解决问题，那么应该借助于视觉器官。语言矫治师让儿童看看自己，读 ta—ka、tu—ku、te—ke 给他听，这时让儿童边看口型边跟读音节。在综合利用视听感官的基础上，使儿童学会区分 t 和 k 后，就转为单靠听觉做练习。在训练对其他音素的辨别时，也是这样做。

3. 善于利用辅助音素

所谓辅助音素，就是可以用作学发某个音素的出发点的、儿童已经会发的音素。

在矫治过程中，不能总是给儿童交代口如何张、舌如何动等。当儿童需要先考虑如何摆放舌位及唇位时（如发卷舌音 sh、r 等），多半达不到目的。因为在在意地控制舌位及其他构音动作时，往往会造成不自然的构音活动，使舌肌过分紧张，导致瞬间的行为失常。有时候，儿童在构音时过分认真，会引起不自然的痉挛性运动，使矫治发音的工作无法进行。

在矫治过程中，善于从儿童已经会发的音出发，能使儿童产生兴趣，也容易见效。例如，儿童的 u 发不好，但是 i 已经会发，那么从 i 出发，让儿童发 i，在这时教师用两个手指捏儿童的两个嘴角，把敛唇变为圆唇，声音就成 u 了。经过几次训练，去掉手指的干预，儿童也能把 u 发对。这样做时，儿童意识不到要发什么音，旧的异常构音联系痕迹就不会启动起来。为了形成新的、正确的构音联系，需要破坏旧的构音联系，利用辅助音素有助于实现这个目的，这叫作先立后破。

4. 尽量节省构音动作的力量

节省构音动作力量是一个非常重要的发音规律。矫治训练过程中必须注意这个要求。节省构音动作力量可以从以下几个方面来考虑。

首先，选择由发音动作上较为适应的声音组成的音节进行训练，声母和韵母的构音动作是相互适应的。这就是前面所说的每个音素代表着一个语音类别的原因。特别是口腔中形成的声音在发音时往往相互适应、相互影响，构音位置要多少发生变化。例如，声母 k，在音节 ka、ke、ku 中，舌根和软腭的接触点会由里朝外移动，作出适应 a、e、u 的调整。同样，韵母往往也要适应声母的要求。

当然，声母和韵母的相互调整程度是不同的。声母的呼读音实际上就是声母、韵母最为协调，适应最好的音节。声母和韵母发音动作较为协调的音节同适应较差的音节相比，儿童发起来当然就较容易、较省力。因此，在由音素训练过渡到音节训练时，应优先选择由发音部位和动作较适应声音组成的音节进行训练。

其次，尽量注意使用"支架法"进行音节拼读。因为这种拼读方法只要支好声母的"架子"，跟着发出韵母，就能把音节拼出来，当然会节省力量。

最后，先让儿童轻轻地发音。就是说在训练儿童发一个新的声音时，先是轻轻地、小声地发，不能动作过分、用力过大。有些清辅音只要发得能让人刚刚听到即可。和韵母相拼读时，也要轻轻地读。这样做能使儿童较快地掌握准确的发音。

有些治疗人员喜欢用力进行构音训练，夸张地完成构音动作。这样做会使儿童的神经冲动扩散到通常不参与构音活动的肌肉群，使构音肌肉组织的动作过分，形成不自然的构音动作，以后要纠正过来很不容易。同时，这样做使治疗双方都容易发生疲劳，必须避免这种倾向。

项目三　构音障碍的矫治步骤和方法

一、构音障碍的矫治步骤

矫治步骤大致可分为辨音、正音和正常发音技能的迁移三个阶段。

所谓辨音，就是帮助儿童辨清自己的异常发音同正常发音的差异。这一点在前面介绍构音障碍矫治原则时已经提及。儿童的听音技能和发音技能的关系极为密切。在儿童未能掌握正确听音之前，就不可能顺利地矫治异常发音，掌握正确的发音技能。虽然，不是所有儿童都需要辨音训练，但是，对于许多儿童这个阶段是必不可少的。研究表明，在含有异常发音的语音环境中，儿童容易发生辨音错误。所以，错误的构音可能与特定的辨音问题有联系，或者说在制服异常发音之前可能需要进行辨音练习。对于这类构音障碍的儿童来说，辨别正常发音和异常发音的工作应是整个矫治工作的起始点。

所谓正音，就是利用各种方法矫治儿童的构音错误，使他们掌握符合公认标准的构音技能，克服异常发音。这是整个矫治训练工作的基本环节。

所谓正常发音技能的迁移，就是帮助儿童将已经形成的正确发音技能应用到日常的交往言语中，把话说清楚，以便将别人的注意由他们的说话方式转移到他们说的内容上。这是矫治训练的最终目标，也是对前两个阶段成效的最好检验。

这三个阶段的划分是相对的。各个阶段的工作不能截然分开。它们交织在一起，相互渗透。阶段的命名依据是每个阶段的主导任务。辨音阶段的主导任务是训练儿童正确地分辨正常发音和异常发音，但是正音工作也随之启动，因为儿童在听语言矫治师或教师发的声音时，一般会自觉或不自觉地、出声或不出声地跟着模仿重复，试图纠正自己的错误发音。到了正音阶段，矫正异常发音，形成儿童的新发音技能，成为主导任务及儿童的自觉活动。在此前提下，儿童的辨音训练继续进行，只不过是处于从属位置。同样，正常发音技能的迁移工作也是伴随着正音训练开始的，每项新构音技能的巩固练习都含有迁移的因素，只是到第三个阶段才成为主导的训练活动和目标。在这个阶段上，正音任务并没有结束，新技能的迁移使用对于儿童掌握正确的发音发挥着进一步的强化作用。

二、辨音训练的方法

既然有些儿童的构音障碍起因于所辨声音的困难，也就是说，他们分辨不清自己的异常发音和正确发音，把自己的发音当成正确的发音，那么首先应该克服他们的这类障碍。语言矫治师或教师可让儿童听听正常的声音，再听听自己发出的异常声音。例如，有三个儿童分别发错 s、l 和 r，教师自己或请别人帮助，分别模仿他们的异常发音，让他们听，谁听到自己发错的声音时，就把手举起来。然后，并认真听几个含有这三个音素的句子，并指出哪些词汇中含有自己发错的那个音素。

之后，语言矫治师再把刚刚用过的句子读给儿童听，并有意地读错几个地方，让儿童仔细分辨，在听到特定的异常发音时，儿童可以作出一定的表示，如轻轻地敲一下桌子。语言矫治师可以有意把同一个词一次说对、一次说错，请儿童指出对错。在辨音练习中，语言矫治师可以提供一些辨析线索，如发音方法、构音位置及声带成分。

辨音练习的安排应该包括儿童同类错误的所有声音。如辨别所有把送气辅音发成不送气辅音的错误、所有以塞音代替擦音的错误、所有因舌尖位置前移造成的错误（如把 zh、ch、sh 发成 z、c、s）、所有用前鼻韵母代替后鼻韵母的错误等。

应该把辨音训练同语文课堂教学联系起来，以强化训练效果。语言矫治师要了解语文教师如何教学生学习阅读和说话，使用什么教学方法；可以借助于阅读教材来开展辨音训练工作，力求适应语文课的教学要求和方法。也就是说，语言矫治师应该尽可能把自己的工作同学校的教学活动统一起来，为它服务，并借助于它巩固自己的工作成效。

在这个阶段上可采用一些听觉训练游戏。有的游戏主要是训练儿童认真听声音的。例如，低年级可开展"猜一猜，是谁说话"：一个儿童做主持人，其他儿童伏在

读书笔记

语言训练

读书笔记

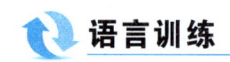

桌上，不能偷看。主持人在室内轻轻地走动，指定某个同伴，同伴说："是我"。然后请大家抬起头，看谁能猜出是哪个同伴说的，猜对的儿童做主持人，游戏继续下去。与此相似的游戏是：一个儿童坐在教室的中央，头伏在桌子上，旁边放一个小铃铛；主持人请另一个儿童走到他身边摇一下铃，并说："我摇铃。"请前一个儿童猜猜是谁摇了铃。可把儿童分成两组。哪一组猜对的次数多，就是赢家。或者由语言矫治师把闹钟藏在室内某个地方，请儿童轮流猜一猜闹钟藏在哪儿。

有的游戏是训练儿童分辨声音。有的儿童辨音能力差，语言矫治师应该先做示范解释。例如，分别敲两个相同的玻璃杯，它们发出的声音是一样的；如果一个杯里有水，另一个杯里没有水，再分别敲一敲，发出的声音就不一样了。两个杯子都装入水，但是不一样多，敲出声音，问儿童这时它们发出的声音是否一样。还可以利用其他的配对声音，如敲一块木板和一块铁，摇两个不同的小铃铛，把同一个铃铛连摇两次，等等。之后，过渡到辨别音节，如 lei—wei、le—re、lao—rao……

可以编排一些儿童熟悉的、含有相近音素的成对物体名称，开展抢答游戏，这对儿童很有吸引力。例如：

帽（mao）—豹（bao）、狮（shi）—四（si）、青菜（qing cai）—芹菜（qin cai）。把这些词汇绘制成图片，一对对地呈现给儿童，语言矫治师说出其中的一个（例如："这里有两张图片，哪一张是'山'？"），请儿童抢先指出来，第一个指出者，加一分，得分最多者，就得到奖品。如果每个儿童一套图片，在听到语言矫治师的指令后，立刻把相应的一张图片举起来，气氛更加活跃，效果也会更好。

做游戏时，应注意把特定的音素强调出来。一个发音有错误的儿童需要连番地"进攻"错误的音素，需要在尽可能多的词汇和情境中听到该音素。可以把名称中含有该音素的物体图片布置在矫治室周围。例如，一个儿童在发 k 和 g 时常混淆，就可以布置出"卡车""客车""坦克""孔雀""苹果""西瓜""蘑菇""体育馆"等的图片，引导儿童去辨认。有时候，可在黑板上挂出一张画有各种不同动植物的图片，请儿童把含有一定音素的东西从中找出来。

教师还可以组织儿童参加"走一走""听一听"的散步活动。儿童一边散步，一边注意倾听周围的声音。回到矫治室后，让儿童议一议听到的各种声音。例如：汽车快速转弯时轮胎的轧辙声、飞机的嗡嗡声、火车慢行时的咔嚓咔嚓声、渡轮靠岸时的呜呜声、拖拉机的轰隆声、蜜蜂的嘤嘤声、钟的滴嗒声、硬币落地时的叮当声，等等。儿童喜欢参加这样的讨论。

听故事是很好的一种辨音练习。语言矫治师应该把它好好利用起来。先选择好包含各种声音的故事，绘声绘色地讲给儿童听。之后，引导儿童讨论在故事中听到哪些声音。也可在教师重新朗读故事时，读到什么地方，儿童就把相应的声音模仿出来。这样做也能够激发儿童倾听环境中各种声音的兴趣，从而提高听知觉的灵敏性。许多儿童读物都可以用于此。例如下面这个故事。

玩具小汽车

每天晚上六点钟，布朗先生就把自己玩具店的门锁上（咔嗒、咔嗒）。店里所有的玩具就都活了。小狗叫起来（汪汪汪）、小猫闹起来（喵喵喵）、小鼓打起来（咚咚咚）、消防车号叫起来（呜呜呜）、布娃娃也哭着喊（妈妈、妈妈）。除了可怜的小汽车，大家都感到很愉快。小汽车不开心，嘀、嘀、嘀地哭泣。它通身披着红装，闪闪发光，配有发条，能够开动，确实很漂亮。可是，它太贵了，没有人肯买。可怜的小汽车（嘀嘀嘀）！

一天，店里来了一个小男孩，他四下一望，看到小狗（汪汪汪）、小猫（喵喵喵）。他非常喜欢这辆红色的汽车（嘀嘀嘀）。可是，他的妈妈说："不行，它太贵了！"当天晚上，小男孩的妈妈和爸爸决定办件令他惊喜的事情。第二天，妈妈又带他来到这家玩具店，并说："孩子，你的生日要到了，这里的玩具你想要哪个就买哪个。"小男孩径直走向小汽车（嘀嘀嘀），把它拿起来，抱在怀里。对于小狗（汪汪汪）、小猫（喵喵喵）、小鼓（咚咚咚）、消防车（呜呜呜）和布娃娃（妈妈、妈妈），他看都没有看一眼。小男孩把小汽车（嘀嘀嘀）紧紧偎依在胸前。玩具店该关门了，布朗先生又把店门锁上（咔嗒、咔嗒）。小男孩带着小汽车（嘀嘀嘀）高高兴兴地回家了。

三、正音训练的方法

有些构音障碍经过辨音阶段的训练很可能就消失了。因为构音障碍有一部分是由儿童的语音能力差所致，有些很相似的声音他们分辨不清，所以才发生混淆、替代错误。韵母的替代案例看得较为清楚，如 en 代 in、eng 代 ong 等。另外一些（可能是绝大部分）构音异常都是不同原因造成的构音能力差的结果。对于那些构音活动较为复杂的声音，儿童难以掌握，只好用"代用品"。例如：t 代 k、h 代 x 等。这些被替代的声音一般比替代它们的声音难发。另外，把韵母的鼻韵尾 n 或 ng 及 i 读漏的错误，也是由于构音技能存在问题。正音分阶段训练所要克服的主要就是这一大类的构音障碍。

因此，语言矫治必须具有深入分析构音障碍原因的能力，能够认真地分析每一种构音障碍的表现，找出其具体原因才能制订出针对性强的矫治方案。

矫治儿童的错误发音，使之掌握正确的发音技能的工作一般分为导出正确的发音、巩固正确的发音和分辨相似的发音三个步骤。

1. 构音器官运动操练

在矫治构音障碍时，尤其是在导出正确的发音技能时，构音器官的操练占有很重要的位置。有时到了巩固阶段还要进行必要的操练。语言声音的构音是一种复杂精密的运动技能。通过口部动作训练，可以形成适合构发不同声音的唇舌动作。把一些简单的正确动作组合起来，就能够形成各种声音的构音结构。

排除不同的构音障碍需要对唇舌动作练习进行不同的组合。动作操练可以是无声的，也可以通过嗓子发出声来。

构音动作练习通常从动作模仿开始，当儿童不会模仿时，就要借助外力（手指、压舌板等）完成。对着镜子借助视觉调控进行练习，使被动的动作渐渐变成主动的动作。不过，开始时要缓慢。在巩固练习过程中，儿童对每种动作产生明显的运动感觉后，视觉的调控（对着镜子做）就可以取消。因为这时儿童可以依靠运动感觉调控自

语言训练

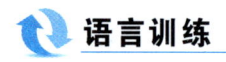

己，变被动动作为主动动作。

任何技能的巩固都需要进行系统的重复训练，所以，构音器官操练要系统地进行，每天两次（一早一晚），还可以作为家庭作业，在家长的帮助下进行。但要注意，不能让构音器官过分疲劳。疲劳的第一个表现就是动作质量下降，应该把这视为停止练习的一个重要信号。

同一种练习的训练量对于不同的儿童和不同的训练阶段应有所不同。开始时，往往只能对每个练习动作重复一次，以后可以增加重复次数。但是，中间应有休息。

构音器官操练可以分为一般的和特殊的。一般的操练动作对于所有的患者都很重要，它包括说话过程中各个构音器官（主要是唇、舌、颌）需要完成的最基本的典型动作。例如，唇—圆唇、敛唇，颌—张嘴、合嘴，舌头—前后、左右、上下地移动、变宽和伸长。

对于各个特定音素的矫治工作，除了一般的操练动作，还需要特殊的、有针对性的构音器官动作操练。这种特殊的动作往往仅涉及一个构音器官或它的某一种动作。例如，当唇部的伤好后，专门练习唇的动作。更常见的是进行较为复杂的综合动作训练。每次进行练习时选择操练动作的依据是异常发音的性质和对于导出的正确发音的适当性。

选好适当的操练动作还不够，还应该教给构音障碍儿童正确地使用相应的动作，也就是说，要对动作的质量有一定的要求。

（1）准确。动作的准确与否决定它的最终结果。准确性要根据构音器官的最终位置及形状来评定。

（2）平衡。操练时构音器官不能振动、颤抖或抽动。

（3）利落。没有其他器官的辅助动作或伴随动作。

（4）力量。完成动作时构音器官要紧张起来，以便儿童产生明显的运动感觉。

（5）速度。开始操练时，速度慢一些，以适合完成任何新学会的动作。当动作技能巩固熟练后，速度可以有意地加以调节，想快就快、想慢就慢（可以借助口令或拍打出节奏来调控）。

（6）稳定。最后的结果要稳定。构音器官动作到位后，可以随意地坚持一定时间而不变形。

（7）灵活。能够很快地由一个部位过渡到另一个部位，而且过渡得平衡且迅速。

（8）均匀。每个构音器官完成操练动作时左右两边用力要均匀。如果器官的一边动作较弱，那么应主要练习这一边的动作，以便使它加强起来。

2. 声母构音技能的导出

导出正确的发音，就意味着在声音感觉（听到正确的声音）、运动感觉（独立地再现正确的声音）、视感觉（看到相应的构音动作）之间建立新的神经联系，克服同错误发音相联的旧神经联系。

有些学龄前儿童可能完全不会发某些声音，或者声音发得不稳定。一般来说，儿童都有模仿的本能，只要让他们集中注意力跟着成人进行模仿，就能学会正确的构音技能。当然，这种方法只适合非器质性问题造成的轻度构音障碍。

在大多数情况下，导出正确的发音要比儿童习得言语的正常进程复杂些、特殊些。

首先，介绍如何导出一个新的辅音。在儿童完全不会发一些音素的情况下，可利用由几个连贯环节构成的方法教他们发音。

（1）把所需要的构音方式分解为几个简单的构音动作，借助于预备性唇舌操的练习。经过几次练习使儿童对这些动作形成运动感觉。有了运动感觉的调控，儿童就能熟练地完成它们。

（2）把分别训练过的简单构音动作综合起来，构成正确发音所要求的构音方式。

（3）在儿童再现正确的构音方式时，加上由声带送出的空气流，儿童就发出一个新的声音来。这时候，只要注意听到自己发出的声音（听！你把一个新的声音发出来了），儿童就会感受到一种意外的喜悦，语言矫治师因势利导，直接提出发这个新音的要求，儿童就会兴致勃勃地继续练习下去。

例如，f是一个较难发的音素。可以把发f的构音方式分解：①把下唇靠在上门齿尖，再离开；②在下唇靠近上门齿位置上向外吹气。先把第一个动作练习好，再练习第二个动作。实际上，练习第二个动作时，f已经发出来了。这时就向儿童报喜："你把老师要教的f发对了。"让儿童再练习几次，就可以放在音节中练习了，如：

f—a—fa,　fa　fa　fa　fa

f—u—fu,　fu　fu　fu　fu

当儿童多次准确无误地把一个新音素发出来时，就可以认为新的正确发音已经导出。接着就可以进入下一个巩固阶段。

在儿童发生声音替代的情况下（如以t代k），被替代音素的构音方式在替代它的音素中已有部分反映。也就是说，t的构音方式中包含着k的一些构音动作。这时只要利用两个音素的构音机制（或要点），帮助儿童找出两者的区别，儿童就容易把k发出来，不再以t代k了。以k和t为例，它们的发音要点如下。

k $\begin{cases} 口音 \\ 塞音 \\ 送气 \\ 舌根音 \end{cases}$　　t $\begin{cases} 口音 \\ 塞音 \\ 送气 \\ 舌尖中音 \end{cases}$

不难看出，k和t的构音结构主要区别在于发音部位不同，其他的情况都是一样的。语言矫治师的任务就在于将成阻部位由口腔前部移到口腔后部。对构音能力强的儿童，通过示范解释，同时让其用手背感触呼出气流的冲击性，再跟着模仿发k，是容易成功的。

但是，对于智力落后儿童、听觉障碍儿童和替代问题顽固的儿童，这个模仿方法未必见效，往往需要采取机械干预的方法。例如，让儿童连续地发"ta ta—"，并把舌尖靠在下门齿背后。这时，语言矫治师用两个手指（或压舌板、小调羹）轻轻压

语言训练

读书笔记

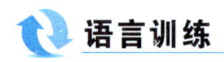

在儿童舌尖上向口腔内推舌头，声音就会发生变化，由 ta 变为 ka：ta—tia—kia—ka（图 3-1）。有的儿童经过一节训练就能学会独立发 ka，有的儿童需要的次数要多些，甚至要十几次，特别是对于智力落后儿童。排除外力干预后，儿童能够依靠已经形成的运动感觉来调控发音动作。

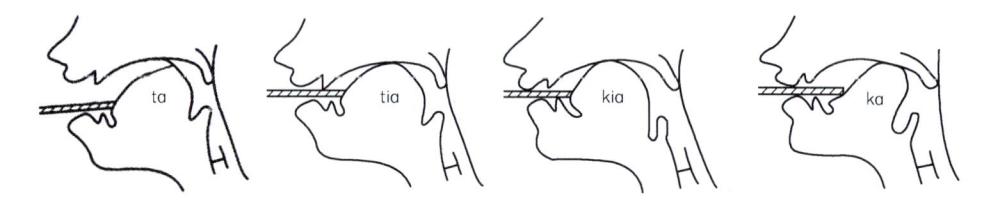

图 3-1　由 ta 过渡到 ka 的示意图

同样，可以让儿童连续地发 da，以导出 ga：da—dia—gia—ga。连续地发 sa，以导出 ha：sa—sia—hia—ha。对于 h，有时候通过模仿也可以使儿童学会。

遇到其他的替代障碍也可以进行构音要点的分析，找出发每个声音的关键机制，以便有针对性地开展矫治工作。

在许多情况下，导出正确发音的方法可以简化为利用儿童已经会发的构音要点上和新音相似的音素（辅助音素）。例如，如果儿童已经会发 sh，就可以从 sh 出发教儿童学发 r，两者的区别就在于声带的活动。发 sh 时声带不振动，若让儿童拖长音发 sh，再加上声带的振动，r 就发出了。需要时，调控发音方法，可以让儿童用手摸喉部来感受声带的振动。

这里介绍了使儿童正确地发声母的主要方法。矫正声母发音异常是构音障碍矫治训练的主要任务。因为构音障碍多数为声母，韵母发音的许多问题往往也是由声母错误所致。例如，在复合型构音障碍中，声母就起着主导作用。普通话音节的声、韵配合关系很严格。许多情况下，音节的声母一旦被替换，韵母也不得不跟着改变，换成一个能与改变了的声母相拼的韵母，从而造成复合型构音障碍。对于看似复杂的复合型障碍，只要让儿童把声母发准确，不发生替代，韵母也就不会跟着改换了。所以，只要使儿童把不会发的和发不好的声母发出来、发正确，就可能把很大一部分的构音错误矫正过来。不过，许多韵母发音障碍也是需要专门的正音训练的。

3. 韵母构音技能的导出

作为韵母构成要素的元音，数量少，声音响亮，构音机制比辅音简单，儿童容易掌握，通常不会有明显的构音问题。儿童发不好的主要是复韵母，尤其是鼻韵母。在韵母发音错误时，应该训练儿童着重把相应的韵母读准确、掌握熟练。当然，这样做时先要检查一下儿童能否正确地读出构成复韵母的各个要素——元音和鼻辅音。如果尚不能把相应的元音或鼻辅音发对，就要先帮助儿童发好它们。如果儿童在单独发音时能把它们读准确，余下的任务就是训练他们把复韵母整合起来读。

对于由两个或三个元音构成的复韵母，一定要让儿童重视它们的重心元音，把握住各个复韵母的重心元音。确定重心元音的方法就是看嘴的开张程度。在复韵母中，

学习单元四 构音障碍的矫治

发哪个元音时嘴张得最大，那个元音就是重心元音。发重心元音必须用力大些，读得响些，占的时间长些。例如，以 a 代 ai，把"排"读成 pa，应帮助儿童学发 ai。在儿童能单独发好 a 和 i 的前提下，让儿童一口气拖长音连着发 a 和 i，a 拖得久些，读得响些；i 拖得短些，读得轻些。拖的时间逐步缩短，最后合二为一，成为一个完整的 ai。ai 的重心元音是 a。ai 也称前响复韵母。在训练儿童学发后响复韵母时，例如 uo（重心元音是 o），程序也是这样，只不过前一个元音要拖得短些，读得轻些，后一个元音拖得久些，读得响些；下面是 ai 和 uo 的训练程序示意。

a—i—　　u—o—
a—i—　　u—o—
a—i—　　u—o—
ai　　　　uo

韵头、韵腹和韵尾齐全的复韵母，儿童掌握起来更为困难。为减小难度，可以先用上述的方法教儿童把韵腹和韵尾拼合起来，然后将韵头同拼合在一起的韵腹、韵尾连读，整合为一个完整的韵母，同样是前者读得轻些，拖得短些；后者读得响些，拖得久些。如 iao 和 uei。

i—ao—　　u—ei—
i—ao—　　u—ei—
i—ao—　　u—ei—
iao　　　　uei

在儿童能够按这样的程序把几个元音整合成复韵母后，要让儿童反复地练习整体连读，直到熟练为止。之后，再放在音节中进行训练。

发好鼻韵母也是儿童习得言语过程中的一个难点。学好鼻韵母的关键是会发鼻辅音 n 和 ng。在引导儿童发鼻韵母时，首先要检查他们对相关鼻辅音的掌握情况。如果儿童尚发不好鼻辅音，就优先指导儿童学发鼻辅音。在能把鼻韵母的基本构件元音和辅音都发正确的条件下，下一步的训练就容易了。

教儿童掌握鼻韵母的发音技能，通常可以分为两步。第一步训练发没有韵头的鼻韵母，第二步训练发带韵头的鼻韵母。训练程序与复韵母一样，特别要注意的是前后音素的长短和轻重。例如 an 和 ian。

a—n—　　i—an—
a—n—　　i—an—
a—n—　　i—an—
an　　　　ian

ong 和 iang、ang 和 uang、on 和 uan 等的训练也基本如此。

儿童以前鼻韵母替代后鼻韵母的情况较为常见，如以 in 代 ing、以 en 代 eng、以 an 代 ang 等。矫正这类错误，一方面要训练儿童听清楚 n 和 ng，体会前鼻韵母和后鼻韵母的不同；另一方面要让儿童体验发 n 和 ng 时舌头的前后变化情况。连续地念 n、ng，认真地体验，会感受到舌位的前后移动。有时候，还需要让他们观察舌位的移动（看着语言矫治师的嘴，或者对着镜子看自己的嘴）。发 n 时可以看到抵于上

读书笔记

语言训练

齿龈的舌头背面，发 ng 时可以看到舌尖内缩，舌根高高隆起。也可以利用 n 和 ng 的发音示意图，给儿童讲清舌位的差异。经过多方面工作，总能让儿童把两种鼻韵母区分开来，把它们发准确。

在前鼻韵母或后鼻韵母发生混淆时，如以 en 代 in、以 eng 代 ong，应该检查儿童发相关元音是否正确。en 代 in 是因为 i 比 e 难发。应该给儿童讲清楚 i 和 e 的异同：i 是前高不圆唇元音，e 是前半高不圆唇元音。把发 e 时的舌位升到高位，舌肌拉紧些，i 就发出了。再让儿童把 i 和 n 拼合在一起即可。eng 代 ong，是由于 o 和 e 的混淆。其实，这两个音都不难发，它们的舌位完全一样，只是 e 不圆唇，o 圆唇。把 ong 发成 eng，是因为没有圆唇。只要把这一点向儿童讲清楚，问题不难解决。若实在有困难，就借助外力：在儿童发 e 时用手指捏其嘴角，o 就发出了。

选择适当的拼读方法，可以在音节水平上克服儿童的构音障碍。使用支架法拼读，可以避免音节中添加韵头的错误。如 pia，只要让儿童做好发 p 的架势，完成成阻和持阻这两个环节，紧跟着发 a，纯正的 pa 就出来了。使用声、韵两拼法，能矫正擦音做声母的音节中添加韵头的错误。如 lei，只要让儿童拉长发 l，不中断气流跟着发 e，纯正的 lei 就出来了。

对于儿童发长音节时发生的韵头丢失现象，可借助于声、介合母同韵母连读法。例如，把"漂亮"发成 pao lang，可以先让儿童学会拼读 pi 和 li，然后用两拼法，分别和 ao、ang 一起拼读，就可防止 i 的漏失，即 pi—ao—piao，li—ang—liang。

这里的介绍再一次表明对具体障碍进行认真分析的重要性，没有中肯的分析，不可能找到正确的矫治方法。

4. 正确发音技能的巩固

在儿童能把一个声母或韵母发准后，就要转入对它的巩固练习阶段。

对于高级神经活动学说的观点，巩固一个正确的发音，使之自动化，就是把新建立起来的、较为简单的联系——言语的单个声音，纳入比较复杂的、连贯的言语结构——词汇和句子中（患者以往在说这些词汇和句子时容易把该声音念错或漏掉）。

在这个阶段，需要抑制和异常发音相应的旧动型，形成和正确发音相适应的新动型。这对于神经系统来说是一件相当困难的工作，因此要十分小心谨慎、循序渐进地进行。在为巩固练习选择言语材料时应该有系统性，考虑到儿童的接受能力，由单个音素到不同的音节，再到词汇、句子，直到各种不同形式的展开性言语。需要用不同的音节进行巩固练习，是因为在不同音节中声母和韵母的适应性变化有所不同，这样做可以方便儿童在各种各样的音节结构中把相关的声音发对。

在进行巩固练习时，让儿童有节奏地发出一连串的声音。例如：ta—ṫa，ta—ṫa，ta—ṫa 等（带点的音节要重读，不带点的轻读）。这便于儿童把音节纳入词汇和句子中进行练习，因为各个音节在词汇及句子中都有轻读和重读的情况。当然，还要进行四声练习，例如：

tē	té	tě	tè
tī	tí	tǐ	tì
tā	tá	tǎ	tà
tān	tán	tǎn	tàn

构音音位异常的矫治

在指导儿童练习时可以横向地读，也可以竖向地读。

与此同时，可选择一些儿童熟悉的词汇及短句进行练习，继而利用儿歌、小故事、生活交谈进行练习。例如，对于一位需要巩固 x 的儿童，可以请儿童说说自己"喜欢"（xi huan）什么（会做什么），这是儿童很喜欢说的一个话题。师生一起回忆使儿童感到高兴的事物，特别是小动物，还可吸引其他的儿童参与交谈。让儿童在有意思的谈话中练习使用新学到的正确发音，非常有助于巩固工作。重要的是语言矫治师及其他人员要加强引导，尽量把相关的发音用于词汇和交谈中。

选择巩固练习使用的词汇时，应优先选择使用频率高的词汇，因为这类词汇能使儿童经常地听到所掌握的新音素，儿童也有机会经常地使用这些词汇。另外，如果在选择的词汇中，新的正确发音出现在重读音节上，那么效果更好。例如，对于 x 的巩固练习，可多选择"西瓜""学习""夏天""下雨"之类的词汇，同时还应注意，除让儿童对正确的发音和错误的发音做对比外，在选择的音节和词汇中要尽量避免出现儿童发错的声音，甚至那些和发错的声音相近的音素。

5. 相似声音的分辨

在这个阶段，分化性抑制在起作用。对于相似声音进行分辨练习的一个前提是：对于容易混淆的两个音素，儿童基本上在任何音节中都能准确地读出来，但还不能全都读对，间或还有相互替代的情况，往往在同一句话里时而读对、时而读错，如把"小明喜欢吃西瓜"读成"hao ming xi huan chi xi gua"；甚至在同一个词中时而读对、时而读错，如把"我爱谈老师和蔡老师"读成"wo ai tan nao shi he cai lao shi"，前一个"老"错读为"nao"。

为使儿童说话不出现发音错误，不仅要使他们掌握正确的言语运动技能，而且还应使他们学会控制自己的构音活动，会在对比别人言语和自己言语的基础上发现自己的错误，纠正自己的错误。这意味着要通过各种不同场合下的言语活动形成儿童的分化性内抑制——发现和抑制不合要求的言语反应。

相似声音的分辨训练顺序和巩固正确发音时的基本一样。先用音节进行练习，再过渡到利用词汇、句子及展开性言语进行练习。

一般来说，分辨训练的第一步相当困难。利用音节进行第一步训练的方式有两种。例如，训练儿童分辨 t 和 d。

方式① ta—da　　da—ta
　　　 te—de　　de—te
　　　 ti—di　　di—ti 方式②
　　　 tu—du　　du—tu

在这里，每个需要分辨的声母都和四个单韵母拼成音节。练习时从方式①开始，先竖向地读，把以 t、d 为声母的音节逐一读出来，这是最简单的要求。再是横向地读，交替地把它们读出来：ta—da, te—de, ti—di, tu—du。然后用方式②中的音节练习，也是先竖向地读，后横向地读，一直练习到准确无误地读出每个音节以后，用一些和复韵母相拼的音节进行练习，再进行适当的四声训练。

语言训练

到这时，就可以认为儿童已经有了对两个相似音素的分辨能力，儿童能把发音活动同视觉字母联系起来，但是，还不能说明能够凭听觉区分这两个声音。所以，接下来要做听音辨别练习。"听好，我说个音节，请你指出来是哪个"。语言矫治师利用两种练习排列方式，随意地说出一个音节，让儿童听，再指出来。

词汇练习时使用近音词汇，包括声调不同的同音词汇。它们中间应只有一个声音儿童尚不能分辨，其他的声音都能分辨。如"丝瓜"和"西瓜"（分辨 s 和 x）、"稻子"和"桃子"（分辨 d 和 t）、"黄瓜"和"黄花"（分辨 g 和 h）、"教师"和"教室"（分辨第一声和第四声）等。在辨别这些词的发音时要让儿童注意，声音一变，词义就不一样了。然后，语言矫治师说出一个词，儿童应指出相应的图片或词卡。再进一步，可以出示一些名称中含有要区分的两个音素的事物图片，让儿童把它们分为两组。还有一个很好的练习，就是让儿童想一想，说出含有相关音素的词汇。

利用词汇进行分辨练习取得一定成果后，就转为利用句子及展开性的言语进行练习。

对既不会读、又不会写的学前儿童开展辨音工作的方式很重要。把这项工作拖到上学时进行也不适当。不会分辨相似的声音会影响儿童阅读识字的成绩。解决这个矛盾的方法有二：第一，利用图片，图片上物体的名称中含有需要分辨的两个音素；第二，在矫治工作中加入识字教学的音素，让儿童认识韵母及容易混淆的成对声母。

学习正确发音的三个阶段的重要性对于每个构音障碍儿童是不同的，它依患者的发音状况及整个语言情况为转移。

如果有的音素儿童完全不会发，就需要从第一个阶段开始，把不会发的声音导出来。如果某个音在孤立的情况下，或者在某些词汇中儿童能发对，那么第一个阶段的工作就不需要了。在对学前儿童开展矫治工作时往往把第二阶段放掉，因为儿童说话时发音错误持续的时间尚不久，还没有巩固下来。引出的新音往往能自己巩固下来，就像在正常的言语发展中那样。

如果儿童的构音障碍属于声音歪曲，分辨练习阶段也就没有必要了。对于听力残疾儿童及智力落后儿童，辨别近似声音的阶段特别困难和持久。对于因构音器官肌肉轻瘫而造成的构音问题，导出正确的发音和巩固练习阶段都比较持久。

巩固练习和分辨练习阶段上所使用的具体方法基本上是相同的，但是利用的言语材料应该不同。在导出正确的发音时，不同的音素要求不同的方法，它取决于错发音素的类型及错发的性质。

6. 正常发音的迁移方法

促进儿童新习得的正常发音技能的迁移，是"及时迁移"这一语言矫治基本原则的要求。经过前两个阶段的矫治训练，儿童形成的符合规范的构音技能必须及时地应用于各种不同的言语情境中，经过进一步的反复锻炼，以便转化为良好的言语习惯。实际上，在对正常发音进行巩固和辨析时，不少练习已经和生活相结合，具有明显的迁移练习作用。但是，安排一定的时间集中训练儿童把正常发音应用于日常生活言语中，还是相当重要的。开始迁移练习的前提，是儿童能够轻易地把新声音结合进词语中。

在这个时期，语言矫治师一方面应该编排一些含有新声音的常用生活词语，让儿童练习；另一方面应该使矫治训练方式尽量和生活交往相接近，或者直接借助生活活动，尽量多给儿童提供说话的机会，用语言矫治师选择的词语进行言语交流。角色游戏、故事表演等就是很好的训练方式，它们能激励儿童认真对待自己的言语。

语言矫治师单枪匹马绝对做不好这一阶段的工作，必须设法调动儿童家长、学校教师和所有其他的相关人员参与这项工作。为此，关于构音障碍矫治工作的信息通报会是少不了的。会上应向与会者介绍具体儿童的障碍矫治的进展情况和进一步的迁移训练要求及方法。对于与会者的要求包括：给儿童提供说话的机会；帮助儿童说话；提醒儿童注意使用新习得的良好发音技能；给儿童及时反馈，多肯定、多赞扬，适当指出尚待改进之处。

教师尤其是班主任同儿童的关系最密切，他们最有可能为儿童创设适当的情境，让儿童有机会把正常发音应用到交往言语中，他们也最便于在各种场合下提醒儿童说话之前思考一下，以便把相关的声音发准确。如果构音障碍儿童的某个音没有发好，教师可要求其他学生稍等一等，待该儿童把音发准。在一些教育、教学活动结束时，教师可以当众表扬该儿童发得令人满意的声音。之后，将儿童发得还不够准确、熟练的词语排列出来，请儿童抽空继续做练习，同时反馈给语言矫治师，由后者再给予帮助。

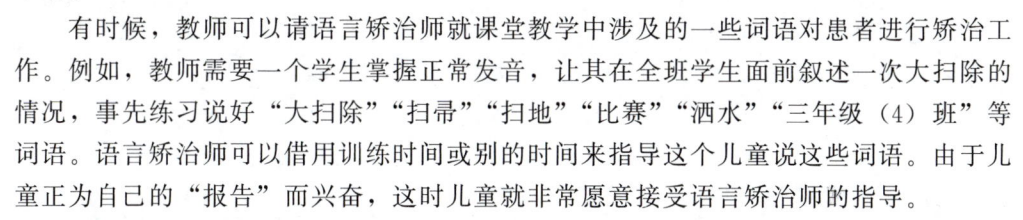

有时候，教师可以请语言矫治师就课堂教学中涉及的一些词语对患者进行矫治工作。例如，教师需要一个学生掌握正常发音，让其在全班学生面前叙述一次大扫除的情况，事先练习说好"大扫除""扫帚""扫地""比赛""洒水""三年级（4）班"等词语。语言矫治师可以借用训练时间或别的时间来指导这个儿童说这些词语。由于儿童正为自己的"报告"而兴奋，这时儿童就非常愿意接受语言矫治师的指导。

家长也能为提高和巩固矫治训练效果做很多工作。为发挥家长的作用，不仅需要请家长参加信息通报会，还应该通过各种途径和方式对他们进行个别的指导。必须让家长明确子女的具体情况，以及对子女进行矫治训练的任务和目标，配合矫治训练的要求，并向他们示范具体的工作方法。只有如此，家长才能够正确地引导子女的正确发音迁移活动，使儿童在家庭和社区环境中正确利用习得的发音技能，这是矫治工作的一个重要目标。应该要求儿童的家长，一方面尽力给子女创造使用正确发音的言语情境，启发他们把话说清楚，把音咬准确，及时地给予强化；另一方面，要调动子女改正发音错误、把话讲好的动机和积极性。重要的是帮助儿童在使用正确发音时获得成功，满足自己的交往需要。否则，儿童很可能丧失说话的积极性。另外，家长对于子女在实践应用中遇到的困难及问题，应及时地向语言矫治师反映，共同研究解决的对策。

构音障碍的评估

读书笔记

▶学习小结

本模块主要介绍了构音障碍的概念、原因、表现及评估与矫治，学习后能够掌握构音障碍评估的基本步骤与方法，善于制订矫治方案并实施方案，帮助构音障碍患者改善其语言状况。

语言训练

模块练习

一、选择题

1. 经过一段时间的矫治训练，儿童形成的符合规范的构音技能必须及时地应用于各种不同的言语情境中，经过进一步的反复锻炼，以便转化为良好的（　　）。

   A. 语言行为　　　　B. 理解能力　　　　C. 动作习惯　　　　D. 言语习惯

2. 构音动作练习通常从（　　）开始，当儿童不会模仿时，就要借助外力（手指、压舌板等）完成，对着镜子借助视觉调控进行练习，使被动的动作渐渐变成主动的动作。

   A. 外在行为　　　　B. 动作模仿　　　　C. 张嘴动作　　　　D. 手势动作

二、简答题

1. 构音障碍的主要表现有哪些？
2. 构音障碍的矫治步骤有哪些？

模块四

儿童语言发展迟缓及其矫治

> **学习目标**

知识目标：

1. 了解儿童语言发展迟缓的概念、原因、分类。

2. 认识儿童语言发展迟缓的评估。

3. 了解儿童语言发展迟缓的矫治。

能力目标：

1. 掌握儿童语言发展迟缓的概念、原因、分类。

2. 掌握儿童语言发展迟缓的评估步骤与方法。

3. 掌握儿童语言发展迟缓的矫治。

素质目标：

1. 具有自觉运用最新理论和技术，解决语言发展迟缓的创新能力。

2. 具备积极主动结合案例，钻研语言障碍矫治技术的素质。

思维导图

- 模块四 儿童语言发展迟缓及其矫治
  - 学习单元一 认识儿童语言发展迟缓
    - 项目一 儿童语言发展迟缓的原因
    - 项目二 认识儿童语言发展迟缓的原因
  - 学习单元二 语言发展迟缓儿童的语言训练
    - 项目一 儿童语言发展迟缓的评估
    - 项目二 语言发展迟缓儿童的训练
  - 学习单元三 智力落后儿童的语言发展迟缓问题
    - 项目一 智力落后的定义和分级
    - 项目二 智力落后对语言障碍的影响
    - 项目三 智力落后儿童的语言障碍表现
    - 项目四 智力落后儿童的语言训练

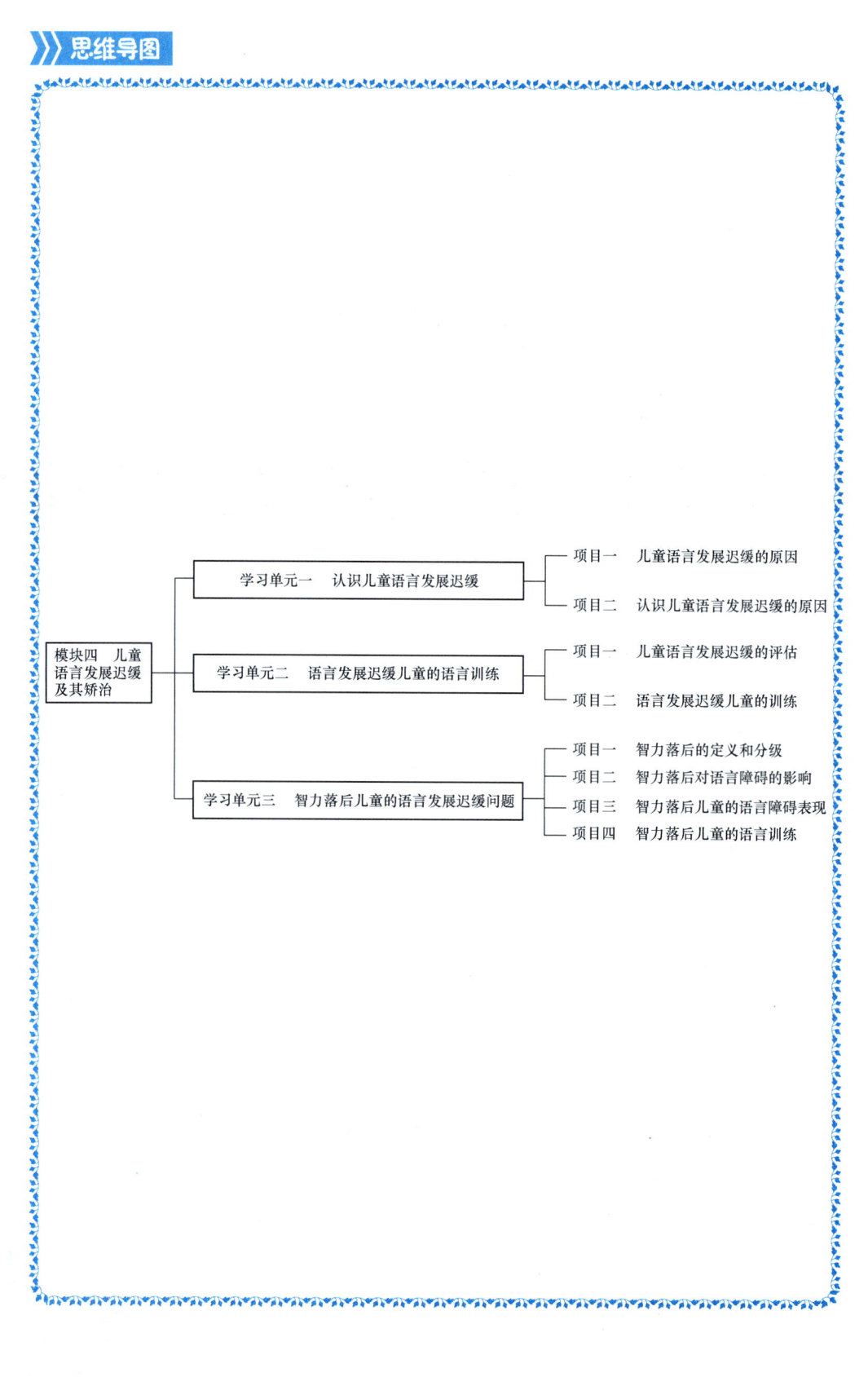

学习单元一

认识儿童语言发展迟缓

项目一　儿童语言发展迟缓的原因

语言发展迟缓是指儿童因各种原因所致的语言发展水平明显低于一般的水平，这里的语言发展主要是指儿童的言语理解能力和利用词汇与语法知识进行言语表达的能力的发展。儿童语言发展迟缓具体表现为开始说话的年龄晚，言语的发展速度慢，在语言的基本构成（词汇、语法和语音）上达到的水平低。一般来说，患者的构音技能不完善，掌握的词汇少，对词义的理解狭窄、不确切、呆板，难以用词汇恰当地表达自己的思想和情感，语句简单，句法混乱。

儿童语言发展迟缓的表现程度很不一样，从完全不能使用口语到能够适当地使用词汇和句子，但是说话总让人很难理解。有的研究者把它分为以下三个水平。

1. 严重迟缓

儿童可能不理解任何词语，也不会说任何词语，或者仅能理解或说几个简单的生活用词。

2. 中度迟缓

儿童具有有限的语言理解和表达能力，和其他同龄儿童相比差异很大。

3. 轻度迟缓

儿童有一定的语言理解和表达能力，但是在词汇和语法的掌握上与其他儿童的差距较大。

许多上小学的语言发展迟缓儿童到二三年级时，会表现出一些构音问题。实际上，构音问题并不是突然发生的，而是早已存在，只是在对儿童的语言表达要求不是很高的条件下不那么明显。这类儿童的构音能力习得较晚，到二三年级需要儿童独立支配自己的言语时，构音问题就清楚地表现出来了。

学校里的学习活动主要是以语言为中介的。语言发展迟缓儿童一开始就很难正常地随班前进。虽然有的人能够学习阅读和书写，但是大多数人连这方面的学习也很困难，因为阅读和书写技能的发展同个体的口语理解及表达能力相关，所以从整体上说，语言发展迟缓儿童的文化学习是落后的。

儿童语言发展迟缓不仅在程度上轻重不一，而且在临床表现上也相当复杂。从临

语言发展迟缓原因

读书笔记

床角度来看，语言发展迟缓可分为单纯性语言发展迟缓和症状性（或合并性）语言发展迟缓。所谓单纯性言发展迟缓，是指患者仅有的障碍就是语言发展迟缓；所谓症状性语言发展迟缓，是指语言发展迟缓表现为其他障碍的一种症状，如绝大多数智力落后儿童的语言发展都有迟缓的特征。

当前在我国，两种形式的语言发展迟缓都没有受到重视。对于单纯性语言发展迟缓，人们基本上尚未认识到；对于症状性语言发展迟缓，人们关心的是主导障碍的矫治，却忽略患者的语言问题。这样就使语言发展迟缓的儿童错过最佳的矫治时期，不仅使其语言障碍日渐复杂化，还会派生出第二性的心理障碍。

项目二　认识儿童语言发展迟缓的原因

儿童言语理解能力和表达能力的发展受到许多相关因素的制约。其中任何一个方面出现问题，都会影响到儿童语言的正常发展，以下介绍几种儿童语言发展迟缓的主要原因。

一、视觉障碍

视觉障碍对于儿童的言语习得，尤其是言语理解能力的发展会产生消极影响。

视觉障碍儿童能够借助听觉通过自然的交往途径学会说话。因为，能够听到他人的言语，儿童就有了模仿学习的言语范例，就能够及时发现和矫正自己的言语错误。但是，离开视觉的积极配合，视觉障碍儿童的发音说话也会出现一些问题。通常，他们的构音技能习得较晚较慢，构音障碍较多，持续得较久，容易转化为病理性障碍，还会表现出口吃、颤音等言语障碍。

不过，受视觉障碍影响最大的是视觉障碍儿童对词义的理解。如果说听觉是帮助儿童习得构音技能的主导感官，那么视觉则在儿童的词义理解上起着关键性作用。儿童首先是结合视觉形象理解词义的。词义的理解只有得到视觉表象及其他感性经验的支撑，才能显得全面、准确、正确。视觉障碍剥夺或限制儿童视觉感知事物的可能性，使他们以视觉表象为中心的感性经验很是贫乏，从而严重地妨碍着他们对词义的正确理解。在视觉障碍儿童及低视力儿童的词库中，有些词语完全缺少视觉表象基础，有些仅以少量的、往往是歪曲了的表象为基础。他们虽有丰富的词汇，但是对许多词的理解往往是错误的或片面的，这就影响到他们整个语言理解能力的顺利发展。不过，视觉障碍造成的语言发展迟缓和其他障碍，通过特殊教育和专门的语言矫治工作较容易克服。

二、听觉障碍

既然听觉是儿童学习说话的主要途径，听力损失必然影响到儿童言语能力的习得。早期听力损失严重的儿童，由于听不到周围人们的言语，不可能模仿学话。只有借助专用的设备和专门的训练措施，才能使他们掌握一定的语言能力，而且这种学习过程较为缓慢，他们在构音、嗓子、词汇和句法等方面都有严重的缺陷。

即使是轻度听力损失（重听）儿童，虽然能听得到，但是听不清周围人们的言语，因而在语言发展方面总表现出不同程度的迟缓及构音、嗓子、言语理解等方面的问题。不过，重听儿童可以通过使用助听器材和强化训练明显地改善自己的语言。

三、智力落后

智力落后和语言障碍是互为因果的，智力落后是儿童语言发展迟缓的一个重要原因。实践和试验都表明，智力落后儿童都表现出以言语发展迟缓为中心的各种语言障碍，他们在语言发展方面不仅明显低于同龄儿童的平均水平，还低于其智龄应该达到的水平。语言障碍的程度主要取决于智力落后的程度。一般来说，最严重的智力落后儿童不可能习得有用的言语能力，基本上处于无语状态；中度智力落后儿童虽然能习得言语能力，但是总是具有严重的语言缺陷，发展严重迟滞；轻度智力落后儿童的言语理解和表达能力远远低于正常儿童的水平，表现出言语发展迟缓的全部基本特征。总体来说，中度和轻度智力落后儿童在言语发展的各方面都尾随于正常儿童，但不可能达到后者的水平，而且随着年龄的增长，与后者的差距也日渐扩大。

四、孤独症

孤独症（也称为自闭症）是一种发生于婴幼儿时期的全面发育性障碍，临床表现为社会行为、认知技能和言语交往发展的迟缓及扭曲。因此可以说，孤独症是以交流和人际关系及同一性行为为特征的症候群。它的具体表现如下。

1. 社会行为障碍

患者离群索居，不爱与人接触交往，爱独自活动；情感淡漠，眼睛无神，缺少固定的注视目标或无目的地望着某处；对父母不眷恋，易与他们分离；不会适当调节自己和他人及环境的关系，可能莫名其妙地凝视他人，或以不适当的方式（拥抱、拉、揪、发笑等）接触他人。

2. 兴趣狭窄、行为刻板

多数孤独症儿童较为兴奋、活动较多，但是活动内容和方式多显得僵化、单调、奇特。例如，对一般的玩具、游戏无兴趣，却对某些东西产生浓厚兴趣，经常是圆形的东西，特别是能转动的车轮、电风扇，也爱自我旋转、跑圈；行为和活动具有重复及呆板性质，看同样的电视节目，走同样的路线，穿同样的衣服，睡同样的床，以同样的方式睡觉，对一些物体的安放位置持同样的要求，不许稍有变化。

3. 特殊的语言障碍

孤独症儿童除表现出语言发展迟缓的各种特征外，还在语言形式和语言运用上表现出同一般儿童明显有区别的特点。例如，虽然可能拥有大量的词汇，却很少用于交往活动，即使用，也往往是自顾自地讲些不着边际的话题，不管他人听不听，也不管他人说什么；不会正常地与人交谈，和人谈话时，常常机械地重复学过的词语，好似要把所知道的事情都告诉对方，而不是在和对方一来一往、一问一答地进行交谈，并且总是答非所问，或原样重复对方的问题，如对"这是桌子吗"的应答是"这是桌子

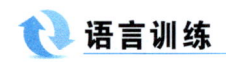

吗"或"桌子吗",对"这是黑的还是白的"的应答是"这是黑的还是白的"或"还是白的"。有的患者使用代词有严重困难,到五、六岁还不会使用"我""你""他",经常把"我"说成"你",把"你"说成"我",也可能把"我的""你的""他的"都说成"我的"。即使到少年时期,他们仍然没办法使用名词而避免代词,可能把"他的"说成"老师的"。有的患者说话单调平淡、缺少抑扬顿挫和表情,可能会单调、自发地重复一些无意义的声音组合。

以上是判断孤独症的典型特征,临床上把三方面特征兼备的称为典型孤独症,把仅具有一两个方面特征的称为非典型孤独症。

另外,很多孤独症患者的感觉发展异常或不平衡,对有的感官刺激反应特别灵敏,而对别的感官刺激反应又特别迟钝。例如,不少患者似乎对光线敏感,常眯着眼睛看东西,而对摔伤、刀伤、注射等却不会有痛的感觉。有些患者的自伤、自残行为可能与此有关。而且孤独症严重地妨碍了儿童的智力发展,从不同的统计资料来看,70%～80%的孤独症儿童智力低下。

五、情绪障碍

儿童首先是在家庭条件下学习说话的。为促进儿童言语的健康发展,家庭应该提供良好的语言环境。家庭应设法使儿童经常获得积极的情感体验,因为儿童的言语发展非常需要父母及其他成员的支持、肯定、赞扬和鼓励。但是不少父母并不考虑子女的情感发展,不重视他们的基本情感(安全、抚爱、接纳、成功、独立等)需要。通常,儿童在寻求满足基本情感需要的道路上一旦遇到阻碍、遭受挫折,就会发生情绪或行为障碍,这会直接或间接地导致儿童的语言发展迟缓及其他语言问题。家庭里引起儿童情绪障碍的因素相当多样复杂,主要涉及父母间的关系,以及父母对待子女的态度。

1. 父母间的关系紧张

子女对父母之间的关系最为敏感。有些父母常把彼此之间的紧张关系暴露于子女面前,常于子女在场的情况下发脾气、相互辱骂,甚至殴斗。这会损害儿童的基本安全感和个性的健康成长,使他们变得像父母那样急躁粗野,不讲道理,不懂礼貌,或者畏缩恐惧,不敢言语。生长在这种家庭中的儿童开始说话的一段时间内是正常的。但是,由于经常体验到父母之间的紧张气氛,开始对言语的后果感到担心害怕,试图以沉默换取相对的安全和平静。这类儿童可能把在家庭里对待言语的态度迁移到其他环境中(幼儿园和学校),继续担心言语的后果,教师会被他们当作家庭以外的父母。儿童入学后如果因为言语行为而受到指责或惩罚,那么其担心就得到证实。在这种情况下,他们宁肯被人忽视,装聋作哑,也不愿因说话不好受到更严厉的惩罚,他们很可能认为沉默不语较为安全,从而不愿因讲述自己的想法和情感而陷入困境。结果,这类儿童虽然有正常的言语开端,但很快就终止了正常的发展,不再说话,必然导致言语发展的迟缓。

2. 父母对子女的期望过高

不少父母对子女言语发展的期望与要求过高,他们不懂得儿童的言语有一个逐步发展的过程，绝不是成人言语的"缩影"，儿童说话应该有儿童的样子，无论是构思、用词、语调，还是嗓子和构音等，都应符合儿童的发展水平。因此，他们对子女说话的要求操之过急，好高骛远，吹毛求疵，反复纠正或批评，这样就对儿童的言语习得造成压力，使儿童的安全感和成功感得不到满足。儿童可能产生被父母否定和拒绝的感觉。从父母来说，否定的是子女的言语学习结果，但是子女会把父母的这种态度视为对其全面的否定。这样，父母的过高期望适得其反，造成子女的情绪问题，恰恰延缓着其言语发展。

对由于父母的操之过急所致的语言发展迟缓案例加以分析，发现其有共同趋势。

（1）父母的渴望往往不知不觉地对子女形成日益加大的压力，而父母的行动却常常与此相反，旨在加强与子女之间相互作用的努力却会逐步减少。

（2）父母倾向于认定自己的努力没能使子女的语言学习取得多少进展，而不是设法去帮助子女习得新的语言。例如，父母总喜欢问子女"这是什么"或"那是什么"，而不是创设适当的情境自己给子女说这说那。

（3）即使父母和子女进行的言语交流是最有效的，他们也难以对每次的活动效果作出评价，即子女从中获得多少语言刺激，在语言表达上提高了多少。由于心中无数，父母同子女的谈话或远远超过其接受水平，或者倒回到远远低于儿童能力的原始水平，甚至是非语言的水平。

3. 父母对子女的保护过分

儿童天生能够说话，需要说话，具有强烈的说话诱因，到一定发展阶段就能开口说话。但是，儿童的言语发展在质和量上都取决于父母能否为之创造适当的语言环境。对儿童的语言发展要求过高会挫伤其言语积极性。同样，对子女的过分保护也可能剥夺儿童的言语机会，压抑其言语动机。过分为子女操心往往使父母产生焦虑情绪，使其容易犯因过保护而妨碍子女发展的错误。正如把刚要开始学站或走的儿童翼护起来，不能鼓励他们学站和走那样，不等子女口说或用手势做表达，就把儿童可能想要的东西拿给他们，这绝不是在促进其语言的发展。儿童可能在智力、感觉和运动发展上完全正常，但是遇到这样的父母时，可能会丧失进一步学说话的动机。一方面，言语对儿童具有很大吸引力，儿童只要能够说话，就有需要和权利说自己想说的话，若父母不让儿童有表达的机会，同样会引起儿童焦虑不安、无所适从的情绪；另一方面，不用言语，只要稍有表示，儿童的吃喝拉撒、玩乐休息等基本生理需要就能得到满足，甚至是"超额"满足，渐渐地他们会放弃表达需要的机会。结果，虽然儿童是在预定的年龄段开始说话，但是在此以后，不可能取得预期的进展。

有些受到父母过分保护的儿童周围，还有部分受焦虑所折磨但同样爱他们的其他家庭成员。后者往往不知不觉地影响着儿童的言语及其他方面的发展，这可能就是由于父母保护过多而致语言发展迟缓的案例鲜见的原因。

六、生活经历贫乏

生活是言语的源泉，没有丰富的生活内容，就没有丰富的语言。只有在各种生活活动中，儿童才会有许多思想、情感、意愿和经验需要说出来，从而使语言有了发展

语言训练

的动力。实际上，生活实践是儿童认识事物的活动，是把认知发展和语言发展统一起来的活动。也只有在生活实践中，儿童才能获得丰富的事物表象，作为理解词义的基础。给儿童喜爱的玩具及其他物品有助于儿童习得名词，引儿童入胜的活动有助于他们习得动词及其他词汇。语言发展迟缓及有其他语言障碍的儿童，绝大多数都是生活活动范围有限、生活经历贫乏。当然，这类儿童又多数是患有某种先天或后天疾患的人。

儿童生活经历贫乏同样是由父母的错误态度所致，对儿童的过分保护不但会导致儿童的情感障碍，压抑其说话积极性，而且必然妨碍儿童生活经验的积累，这是当前特殊儿童家庭普遍存在的一种问题。

对待儿童态度上的另一极端是怨恨、歧视。有的父母缺少责任心和对儿童中异常发展现象的正确认识，常把自己的残疾儿童视为"讨债鬼"，怨恨交加。轻的，对儿童漠不关心，放任自流；重的，经常打骂儿童，加以虐待。这类父母不会设法适当安排儿童的学习和生活，总是把儿童关在家庭中得过且过。这种极端的态度对于已经身遭不幸的儿童无异于雪上加霜，使其语言发展及其他方面的发展蒙受重大损害。

来自单亲家庭的儿童生活受到限制，他们既没有丰富的生活经历，又缺少必需的言语刺激，语言发展迟缓无法避免。

七、双重语言

双语指的是两种不同的语言体系，有些儿童自幼就面对双语的情境。其中有人在家庭里使用双语进行交流；有人在家庭里遇到一种语言，在家庭外又遇到另一种语言；还有的人可在家庭里一直使用一种语言，但是从学前教育开始，又不得不在教育机构中学习另一种语言。临床观察已发现，双语儿童和单语儿童相比，常有开始说话晚，以后发展也迟缓的现象，真正没有语言问题的双语儿童不是很多。

我国是多民族的国家，许多地方都居住着不同的民族，不少民族都有自己的母语。这些地区的儿童必然面对双语的语言环境。一般认为，对于儿童最为保险的是先习得一种语言后，再开始学习另一种语言。如果双语环境不可避免，那么就需要有一个规定：一定的家庭成员或在一定的场合下，对儿童使用固定的语言，并要求儿童也说同样的话。例如，若是父母都讲汉语，祖父母都讲朝鲜语，那么，在和儿童交流时他们都应坚持使用各自常说的语言；若是父母和儿童时而说汉语，时而说朝鲜语，而祖父母也时而说朝鲜语，时而又说汉语，就会造成儿童的混乱，干扰其言语习得的正常进程。

通常，若儿童因双语环境而发生语言学习困难，父母应决定先让其学习对之最为重要的那种语言（比如和教育机构中一致的语言），一直坚持到儿童基本掌握，在此基础上再让儿童去习得另一种语言。有时候，需要对家庭内外环境的各个方面加以控制和调整。虽然这样做的难度很大，但是为儿童语言的健康发展是非常值得的。

八、多胞胎

国外学者对多胞胎在儿童语言发展方面的消极作用做过不少研究。结果发现，多胞胎儿童在智力、运动和语言的发展上既有落后的，也有超前的。但是就孪生子而言，有语言发展迟缓及其他语言问题的，较一般儿童中常见。孪生子往往开始说话晚，四岁前言语发展迟缓。但是，他们到入小学时大都能赶上同龄一般儿童，造成这种情况的原因可能来自两个方面。

（1）器质性因素。大多数孪生子都是早产，早产常会导致血管缺陷和脑伤，即使没有明显的脑伤证据，但是有足够的材料证明孪生子生理发展的各个方面都较落后。生理发展迟缓必然殃及孪生子的心理和社会发展。这种状况一般要持续到学龄初期。因为，大多数孪生儿童能经受住出生的危险和早产的后果，经过一个时期的康复发展，他们能够弥补自己的差距。

（2）特殊的社会环境。孪生子会相互造成异常的社会环境。在生长过程中，他们能为彼此之间的交往而感到满足，较少需要其他家庭成员的关注。如果需要这种关注，也得一分为二。因此，他们所获得的语言刺激是不足的。同时，孪生子可能使用特殊的表达符号进行交往。这种符号他们彼此之间能够理解，但可能引起家中其他成员的困惑。因为这类特殊符号能满足孪生子之间的交往需要，所以就影响到他们学习家庭成员所说语言的积极性。

有人甚至对同卵孪生子和异卵孪生子做过对比研究，发现两类孪生子中语言发展迟缓发生率有差异：前者为65%，后者为60%。而且相对而言，同卵孪生子的语言发展迟缓的特点具有更大的一致性。

读书笔记

学习单元二

语言发展迟缓儿童的语言训练

项目一 儿童语言发展迟缓的评估

在对语言发展迟缓儿童进行语言训练之前，要进行必要的检查评估，主要目的是确定儿童的语言发展水平是否与其实际年龄相一致，即是否为语言发展迟缓，如果是，就要确定有哪些具体的障碍表现，程度如何，怎样克服？还要尽量找到造成语言发展迟缓的原因，找准原因，就能使语言矫治训练至少有一半成功的把握。

儿童语言发展迟缓的评估可能比其他任何语言障碍的评估都要困难和复杂。从其程度来说，严重患者几乎无法与人进行语言交流，甚至非语言交流，而轻度患者乍看起来和一般儿童差别不大。不同的原因所致的语言发展障碍的具体表现显然很不相同，而同病因的障碍又表现出程度上的不同层次。例如，智力落后儿童的语言发展迟缓和听觉障碍儿童的语言发展迟缓就有明显区别，而在这两类患者中又各有程度上的明显差异。因此，任何一种正规的评估方法都不可能适合语言发展迟缓所概括的全部表现形式。

一、非正式的评估方法

儿童语言发展迟缓的评估程序及内容与其他语言障碍基本相同，只是在具体内容上有所侧重。非正式的评估方法就内容而言大致包括以下几个方面。

1. 基本情况收集

基本情况包括儿童个人和家庭方面的有关信息。这类情况要在语言评估前，通过对儿童的观察及与其家长的交谈来收集。除儿童的发育史、疾病史和家族史外，应了解家庭里的生活状况、语言环境、人员结构及人际关系，尤其是父母的教养态度；了解儿童的游戏与学习态度、成绩、兴趣爱好和情绪、性格表现，以及儿童对语言交流的态度、语言发展的基本水平和遇到的困难等。总之，应该尽可能多方面地收集有关的信息，每项真实的信息都对评估和以后的语言训练具有实质性价值。

2. 语言机制检查

语言机制检查主要是检查听觉、构音和呼吸器官有无器质性损伤或功能性缺陷。

3. 心理发展水平检查

心理发展水平检查包括儿童的智力、记忆、注意、动机和反应能力等方面的发展状况，各种智力测验量表都可用于这项内容的评定。

4. 语言能力评估

语言能力评估是语言障碍的核心评估项目，主要是了解儿童的语言理解能力和表达能力的发展水平，揭示儿童在这些方面所遇到的困难、表现出的障碍。语言理解能力主要通过观察儿童完成指令的情况来判断，语言表达能力主要根据儿童的输出言语的清晰性和可理解度来判断。语言能力评估具体可考虑以下检查项目。

（1）听词语指点物、图或做相应的动作。从表示生活中熟悉事物的词语开始，逐步扩大词语的范围。对于有些儿童可以呈现近音词、同义词和反义词。

（2）听句子指点图画（在几张情节相似的图画中指出相应的一张），或完成几个连贯的动作，以了解儿童理解句子的水平。

（3）模仿说词语和句子。

（4）看物、图、动作说词语。

（5）给指定的词语配对（按近音、同义和反义的原则进行选择）。

（6）看图画或动作说句子。

（7）用词造句。用一个词汇说一句话，进而把两个词汇用到一句话中。

（8）看情节图画或动作表演进行叙述。

（9）朗读儿歌或短文。

（10）主题对话。

这 10 项内容都是建议性的，应该视儿童的年龄大小及心理发展水平选择使用，还可以补充一些更为简单或更为复杂的检查内容。基本的精神是尽可能准确地评估儿童的语言发展水平，哪些方法和内容有利于这个目标，就应加以使用。以上的各项工作都要做好详细记录，以便为最后的综合加工分析及写评估报告提供尽量翔实的资料。

二、正式的评估方法

以下推荐几种可用于检查语言发展迟缓的正式测验工具。

1. 韦氏学龄前儿童智能量表和韦氏儿童智能量表（修订版）

韦氏学龄前儿童智能量表的适用年龄为四到六岁半，韦氏儿童智能量表（修订版）的适用年龄为六到十六周岁。这两个韦氏量表都包含言语和操作两个部分。前者的言语测验有常识、词汇、算术、相似性、领悟和语句六个分测验；后者的言语测验有常识、词汇、类同、理解、算术和背数六个分测验。在测验时，可以根据儿童的年龄选用相应的韦氏量表的言语测验部分，对儿童的语言发展水平进行评价，根据测验结果，可得出相应的语言商。

2. 皮博迪图片词汇检查（PPVT）

皮博迪图片词汇检查属于筛查类智力测试工具，也可用作语言测验工具。它的适用年龄为两岁半到成人。测试时，主试者出示几张图片，随即说出某个词汇，要求被

语言训练

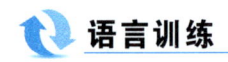

试者从图片中找出和该词相应的一张。由于无须进行口头言语表达,这种方法可用于评估包括语言能力较差的儿童在内的所有言语理解水平。

3. S—S语言发育迟缓检查法

S—S语言发育迟缓检查法是中国康复研究中心语言治疗科参照日本的同名检查法而制定的,和原检查法相比改变不大。所谓"S—S"即Sign-Significate的缩写。Sign是指语言符号(或符号形式),Significate是指符号所表达的事物(指示内容),这两者在儿童的言语习得过程中密切相连,这种关系实际上就是以往常说的两种信号系统之间的关系。

S—S语言发育迟缓检查法适用于由各种原因所致的语言发展障碍儿童,无论儿童的实际年龄,只要语言发展尚处于学龄前阶段的患者都可用它做评估。

这种检查法包括四个部分,具体如下。

(1)操作性课题检查。这部分的题目有向小盒或杯子里投放小球、延迟反应(找被盖住的玩具)、借用镶嵌板辨认图形、积木操作和描线活动。

(2)"符号形状"与"指示内容"的关系检查。这是核心检查部分,根据儿童在确立语言符号及其指示内容之间关系方面的五个发育阶段来安排。按照语言障碍患者达到的阶段,不仅可以同语言正常发展儿童的实际年龄做比较,进行分类诊断,还可以为其制订综合的训练计划。五个发育阶段如下。

①对事物及其状态理解困难阶段:儿童尚未习得言语,对物体及其状态的理解尚未分化。

②事物的基础概念阶段:儿童虽未习得言语,但是对事物的理解开始概念化,开始理解事物的状态,能按物品的用处进行操作。

③事物符号阶段:儿童的语言符号及其指示内容开始分化,逐步由与物体特征紧密相连的手势符号、幼稚言语阶段过渡到与物体特征联系不密切的成人语言阶段。

④组句(语言规则)阶段:儿童能借助两三个词组成的句子理解和表达物体及其状态。

⑤组句(语言规则)阶段:儿童能借助两三个词句理解和表达事物状态。与上个阶段的区别是儿童的句子呈可逆状态,即能把主语和宾语相互颠倒,直到使用被动句型。

(3)基础性过程检查。这主要是检查儿童的言语复述(模仿)能力和听觉记忆广度。

(4)日常生活交流态度检查。这主要是检查儿童与他人的言语性和非言语性互动情况(如对他人的注视、视线交流,对他人的要求、问候和招呼的反应,对他人问题的应答),以及特征性言语(有无自言自语、回响言语和韵律异常)。

一般认为,这种检查方法简便、易行,既适合筛选,也适合精查。但是,其适用范围显然是有限的,它排除了语言发展水平已经超过学龄前阶段的一大批对象。

项目二　语言发展迟缓儿童的训练

语言发展迟缓儿童的训练目的在于尽可能提高其语言理解和表达能力。根据一般的语言发展规律，应优先考虑增强儿童的语言理解能力，在此基础上适当提高其语言表达能力。而且，语言训练着重于语言的内容，语言技巧方面的要求可以适当降低。对于那些有构音困难的儿童，只要他们能听懂词语的意思，能把词汇的概貌表达出来即可，允许有一定的声音替代或丢失，到了一定阶段再抓语言技巧。为了促进语言发展迟缓儿童的语言训练，应该从以下几个方面进行工作。

一、从丰富儿童的词汇入手

儿童学习说话首先从词汇开始。有了丰富的词汇就有了把话说好的信心，儿童就敢于、乐于和其他儿童一起玩，和成人打交道。进入学校后，正确地理解词汇，自如地运用词汇，有助于儿童学好功课，生活得充实而愉快。无论男女老少，只要能根据客观的具体情况运用词汇，就等于处在有利地位。

但是，从词汇入手，绝不等于把语言训练局限在词汇积累上。因为，词汇毕竟只是语言的建筑材料，仅靠单词，能够表达的内容很是有限。只要儿童掌握了一定数量的词汇，就应该帮助他们把词组成句子进行表达。而且，词语训练本身不宜孤立进行，应尽量和句子结合起来。对于许许多多的词语，只有在词不离句的条件下，才能让儿童真正的理解掌握。

在进行词语训练时，不能就词语论词语，如不能在教室或语言矫治室里教"猴子""长颈鹿""海狮"等词。每教一个词语都应该把它与具体的人、物、经验、体验和情境相联系。儿童对词义的理解不取决于讲解的深度和广度，而取决于词语在现实场合下的使用。对于语言发展迟缓儿童，语言训练的有效方法是情境教学，要善于创造情境和利用生活中的情境引导儿童理解词义。例如，连续几次告诫儿童：取暖器"烫手"不要碰它。儿童可能把"烫手"理解为某种需要回避的东西。有一天，当儿童坐到一张松动的椅子上，成人要儿童下来时，儿童可能说"烫手"。这时，如果摸着松动的椅子横档对儿童说："这儿松动了。"把"松动"多说两次，每次都摸摸横档。然后，让儿童的手靠近取暖器，感受它发出的热气，马上缩回，并请儿童说"烫手"，这样也做几次。通过实践的比较，儿童就能理解"烫手"和"松动"的区别。以后在生活中，每当遇到烫手和松动的东西时，都不忘适时地重复这两个词，以加深和巩固儿童对它们的理解。

二、密切结合儿童的认知活动

儿童学习语言和认识世界的活动有机地交织在一起，认识事物是获得语言的先决条件，而言语的发展反过来促进着儿童认知能力的发展和对世界的认识，因为语言是认识事物的重要手段。所以，语言发展迟缓儿童的语言训练也不能就事论事，孤立地

语言训练

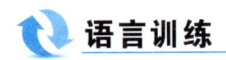

进行，必须和儿童的认知活动密切相连。

儿童的认知活动是和其游戏、日常交往、生活自理、学习活动等相统一的。在各种不同的活动中，既有对语言的迫切需要，又有便于儿童掌握语言的机会和条件。因为，这些不同的活动涉及人和人、人和物、人和自然的相互关系及作用，涉及各种日常用品、衣服、食物等的特点、功用及使用方法，这些都离不开人的语言活动，需要听他人的言语，需要自己用语言进行表达。把这些机会充分利用起来，结合各种不同的具体情境及事物特征与功用，给儿童出示（说）相应的语言材料，能取得多方面的综合效果——提高儿童的语言水平，发展其认知能力，丰富其感性知识，满足其交往需要，增强其语言交往能力。

学习表达时间和天气变化的词语对于儿童非常重要，但也非常困难，特别是对于智力低下的儿童。专门安排时间集中训练儿童学习这类词汇效果不大。唯一有效的办法是结合每日的各种活动与儿童进行有的放矢的交谈，把有关词语强调出来，用不着做解释，就能逐步让儿童掌握它们。例如在学校里，每天早晨和儿童谈论："今天（明天、昨天）是几月几日？星期几？""今天（明天、昨天）是什么天气？"通过每日的交谈，儿童能在不知不觉中领会并掌握"今天""昨天""明天""星期一（二、三、四、五、六、日）""周末""双休日""晴天""阴天""阴转多云""阴雨""雷雨""下雪""刮风"等词语。

当然，谈话应该联系儿童的具体活动，例如，今天要上什么课，有什么令人高兴的事情；昨天上过哪些课，做过什么事情；再谈论明天将要做的事情；还可请儿童谈谈双休日是怎样度过的，双休日的天气情况等，这样可以丰富谈话内容，使之生动有趣。

不过，这么多的词汇应视儿童的具体情况逐步地出示给他们。同一时间里不能训练过多的新词语。除这些词语外，还应有计划地加上"早晨""上午""中午""下午""晚上"，甚至"前天""后天"等词语。

三、充分发挥游戏的作用

语言发展迟缓儿童的语言训练最需要和最便于利用游戏。因为游戏是儿童必须经过的一个阶段，也是幼儿的基本活动，在游戏时，特别是集体式游戏时，儿童的情绪高涨，自由自在，无拘无束，最容易自发地进行语言表达，最注意听他人的话，因而也最容易习得新的语言技能，巩固已有的语言技能。

游戏的种类很多，直接用于语言训练的是语言游戏。语言游戏的目的就在于帮助儿童练习发音，学习用词，发展口语表达能力，提高学习语言的兴趣。其他的游戏，如表演游戏、角色游戏、智力游戏、结构游戏等都有发展儿童语言的功能。

游戏可用于不同的目的，用于语言训练时，应该牢记发展迟缓儿童的语言和认知的目的，不能让游戏的欢乐、嬉戏气氛冲淡或淹没了这个宗旨。但是，更需要避免的另一个极端，就是让语言训练的任务冲淡了游戏的色彩，把它变为干巴巴的单纯的语言训练活动。特殊学校教学实践中常发生这种偏向，说是游戏，但是慢慢吞吞、断断续续，穿插着个别指导和帮助，这不算真正的游戏。游戏必须欢快、活泼、热烈，要有必要的速度做保证。

下面举几个利用游戏进行语言训练的例子。

1. 抢答游戏

抢答游戏要借助玩具、实物、图片等直观材料或词语卡片。教师出示一个玩具（或其他材料），谁先说出其名字，给谁记一分；或教师说一个名称，谁先举起相应的玩具就给谁记一分。最后计算总分，谁的分数最高，谁得到奖励。抢答的内容可根据语言训练要求随意设计。

2. 找"朋友"游戏

教师出示一个图片，让儿童找出和它相应的物体与它配成对，并说出其名字；也可以是图片和词汇卡片相配，或玩具和图片相配；还要根据物体的特征配对：同颜色的、同形状的、一大一小的、一高一低的等。在游戏时，必须要儿童同时说出相应的词汇，甚至说出配对的依据。

3. 动作演示比赛

教师说一句话，请儿童把其意思演示出来，看谁做得准确。例如："把桌子上的皮球放在大橱里""把黑板擦干净""打开房门""打开窗户关上房门""把乒乓球交给×××""向×××借一块橡皮"等。当然，游戏也可以反过来做，教师（或某个儿童）做动作，请儿童用话表达出来；也可以请儿童抽图叙述，有内容不同的图画若干张，叫到的儿童随意抽一张，把其意思说出来。

每次练习要围绕一两个主题进行，如"打开"和"关上（合上）"、"借"和"还"、方位词组等。当然，在一定的阶段也可以进行综合练习，以检查和巩固前一阶段进行过的内容。

另外，找词（找出带同样声母或韵母的词汇）、组词、扩句、排句等练习都可以采取比赛的方式，以调动儿童的积极性。

比赛结果一定要有优胜者，并给一定的奖励。

4. 玩镶嵌板（或箱）和积木

该游戏在语言矫治师的指导下个别进行，主要是帮助儿童认识常见的几何图形及其名称，还可以玩其他智力玩具，以及学习相关的词语。

集体游戏和个别游戏正好与小组训练形式及个别训练形式相一致，重要的是把两者很好地结合起来，正如以前所说，有些新的语言内容应先以个别方式进行练习，在儿童基本掌握后，再开展小组训练（游戏），以便在热烈的氛围中提高训练效果。有的语言材料也可以先在小组训练时和儿童见面，让儿童有了初步印象后再借助个别训练逐一地进行加工。

四、争取全校教师的密切合作

语言发展迟缓儿童的语言训练要渗透于教育机构全过程，语言矫治师就必须设法吸引全体教学人员参与这项工作，一般来说，这种参与可表现为以下两个方面。

1. 创造一种接纳、宽容的氛围

从学校领导到班主任和任课教师，应该设法在校内和班级里造成一种良好氛围，让语言发展迟缓儿童感受到他人的理解、接纳和宽容，可以放心大胆地进行语言尝

读书笔记

语言训练

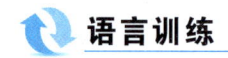

试，而不用担心受到非议或讥笑。特别是对于低年级儿童，教师和其他儿童暂时不要对他们的特定语言问题表现出特别的"关注"，暂时不要去纠正其语言的错误，只要他们讲得基本过得去即可，以免他们过早地觉察到人们对其语言的特别注意，并产生焦虑情绪。但是，这并不意味着对他们语言缺陷可以熟视无睹，在适当的时机，在友好、宽容、能激励儿童把话说好的情境中，间接地尝试矫正。到三、四年级，当儿童的情绪较为稳定，有较好的心理承受能力时，就可以有计划地矫治其构音和其他语言障碍。

2. 提供习得语言的机会

每位教师都应该结合自己的教学内容、教学方法、教学组织形式及各种教育活动，为语言发展迟缓儿童提供尽可能多的语言习得机会。在教育活动和教学过程中，教师一方面应注意尽可能让他们听懂自己的言语，因此，可以放慢语速，改变句子结构，利用他们能理解的词汇进行必要的重复，或借助手势和动作，指点相应的物、图或板书等；另一方面应让他们有口语表达的机会，如回答内容简单或熟悉的问题，重复他人的话，朗读词语，做力所能及的复述等。若能认真做好这两方面的工作，不但能发展这类儿童的语言理解和表达能力，还能使他们体验到成功的喜悦，增强和激发学习言语的信心和动机。

另外，学校和班级的各种活动，即使只需部分儿童参加，也应该让这类儿童参加，以尽量丰富其生活经历，并且要结合活动中的不同情境，主动地同他们接触交谈，有意地使用一些相应的新词语。在这种轻松友好的交流过程中，他们的语言能力和交往技能会不知不觉地得到发展。同时应该特别关心这类学生的心理健康，帮助他们克服表现出的各种情绪障碍。

要把全体教师都动员起来，语言矫治师应该做好宣传鼓动、组织和咨询工作，有时候还应为教师举办专门的知识讲座。在为语言发展迟缓儿童制订训练计划时，应和相关教师进行协商，听取他们的意见，使每个角色都能明确自己能够和应该做的事情及应尽的职责。在训练计划实施期间，语言矫治师应定期召开信息交流会，互通情况，找出问题，就进一步的工作做好安排。

五、争取父母的全面配合

儿童首先是在家庭的语言环境中习得言语，进入学校后，这种影响还在继续发挥作用。儿童的语言发展迟缓问题，大都是由不良的家庭因素所致，因此任何语言障碍的矫治工作都需要父母及其他家庭成员的积极配合。语言矫治师要通过积极主动、深入细致的宣传鼓动工作，去影响他们的态度和教养方法。父母至少应该从以下四个方面做好配合工作。

1. 纠正对待子女的错误态度

父母应该认识到，对待子女的错误态度会造成子女的情感问题，从而直接或间接地妨碍儿童言语的正常发育。对子女言语发展操之过急的父母必须认识到儿童语言发展的特点，适当降低要求，对子女学习说话应多肯定、多鼓励、多帮助，在家中形成一种轻松、愉快、宽容的气氛。儿童习得言语的早期出现这种或那种错误是很自然的，不能急于进行纠正，更不能加以指责，应期待着儿童的自我矫正。对于儿童较难克服的错误，应在适当和可能的条件下，以不使其觉察的方式给予帮助。宽容的态度对儿童言语的发展绝对必要，而且必须持之以恒，不能随着父母忽冷忽热的想法随时变化。

对子女过分保护的父母应该明白这种方法对子女是祸多于福。儿童有权利拥有一定的愿望和要求，有能力把它们表达出来，哭也是一种表达方式。父母不能因过分的保护和关心，在儿童尚未表达出自己的要求时，尚未把话说完时就满足他们。应该鼓励子女进行言语或非言语的表达，之后再满足其要求，这样能使他们体验到言语的价值和成功的喜悦，强化其学习说话的动机，调动其语言学习的兴趣和积极性，这是使儿童的言语得以健康发展的重要保证。

对子女抱冷淡或怨恨态度的父母应该认识到：养育好子女是自己的天职，子女的健康发展是父母的利益所在，而父母的全面关怀和抚爱正是子女健康成长的基本条件，没有任何事物可以取代父母对子女的影响，也没有任何事物可以取代自己和子女之间的温馨、亲昵的情感，而对子女的放任自流或咒骂斥责，也许眼前可以减少一些麻烦，但是会从根本上动摇家庭幸福的基石，会给自己和子女的终生带来更多的麻烦甚至灾难。因此，父母应该尽快调整好自己的情感及面对现实的态度，采取各种积极的措施促进儿童在力所能及的范围内得到最充分的发展，包括儿童的言语发展。正常的语言发展乃是儿童整个心理健康发展的重要杠杆。

2. 提供尽可能优越的语言环境

儿童的言语是通过模仿而习得的，其周围的语言环境是极为关键的一种因素。有专家研究发现，在患语言障碍的儿童中，80%不是起因于其言语器官的问题，绝大多数纯粹是模仿不当的结果。因此，父母必须预防语言障碍的有关因素，为子女创造尽可能优越的语言环境。

父母在为子女提供语言环境时应该有一个明确的认识：除父母外，儿童还要模仿其他人的言语，特别是那些经常接触的人的语言。一般而言，儿童常和成年人或较自己年长的伙伴在一起，其言语发展就会快一些；如经常与同龄伙伴在一起，其言语发展就会慢一些；如果常同较自己年幼的小伙伴在一起，其言语发展还要慢一些。原因是显而易见的，言语是儿童最爱模仿，也最容易模仿的东西，要使自己的言语适应环境的需要，倾向于像跟他谈话的人那样的说话，这个习惯根深蒂固。儿童在和成年人交谈时，总要模仿其说话的样子，特意把句子说得长一些，以加深成年人的印象；而和同龄人说话时，可能认为不需要加深其印象，因而就和后者一样只说简短的语言。

有的父母可能把子女的语言发展迟缓归因于缺少同龄伙伴。根据以上内容，同儿童进行语言交往的人应该是年龄越大越好。不过，父母在给自己的特殊子女选择交往伙伴时，不能从实际年龄考虑。所谓"年龄越大越好"有一个前提：其他条件相同，比如智力水平。若不考虑这一点，单单选择年龄大的伙伴，可能难以达到预期目的。例如，对于智力落后儿童，从智龄水平上看，和其同年龄的正常儿童就算是"大龄"伙伴。有时候，对于智力落后及与其相近的其他特殊儿童，和比自己年幼些的伙伴交往也许有另一种性质的好处，即自己有较多的表达机会；而在和大龄伙伴交往时，听

语言训练

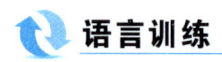

的机会和条件可能好一些，但是未必有多少动口的机会。

3. 安排尽可能充分的活动机会

对子女的各方要求较高的父母，一般家庭都较为富裕，其子女的活动都较为多样，拥有的物质条件较为优越，眼界较开阔，知识较丰富。只要父母不是揠苗助长，只要没有其他的特殊情况，这些儿童的言语基本都能正常发展。

需要在这方面努力的是对子女保护过多和持歧视态度的父母。前者可能仅关心子女的物质供应而较少考虑其精神食粮；后者的子女可能在这两个方面都很缺乏。这类父母必须在端正态度的前提下，尽可能满足子女物质和精神两个方面的需要，为子女扩大活动范围提供充分的机会。

广义的活动包括生活自理、简单劳动、体育运动、串亲访友、家庭内外的休闲娱乐、伙伴交流等。多给儿童购置玩具、图书及影视资料，特别是父母或其他家庭成员要经常同儿童一起玩耍，看图书、电视、电影，听广播、录音，外出游玩，并根据子女的发展水平随时随地进行交谈，认真听子女讲述，顺便给以提示与帮助。只有这样，才能促进儿童的语言、认知和其他心理素质的发展。

父母应该尽量鼓励子女同街坊邻居的儿童相互交往，共同游戏，不用总是担心子女受欺负或闯祸。在儿童之间发生矛盾时应公平合理、妥善解决。在处理自己子女同其他儿童的关系时最忌讳的是护短态度。

4. 保持与语言矫治师的一致

促进儿童的语言发展是儿童自身和整个家庭的根本利益所在。做父母的应该表现出极大的积极性和主动性，自始至终关注子女的语言训练工作，保持与学校尤其是与语言矫治师的密切联系。语言矫治师是语言训练工作的筹划和组织者，父母应按照语言矫治师的要求参与子女语言训练计划的制订和实施的全过程，应该详细了解训练的目的、步骤、途径、方法，特别是对父母的要求，以便在各个方面都与语言矫治师保持一致，在家庭条件下巩固和扩大学校里的训练成果。

由于语言发展迟缓儿童的训练像评估那样难以使用固定的模式，在进行具体操作时，需要分析每个病例的原因及特征、找出可以采用的矫治训练方法。例如，在儿童语言发展极度迟缓，接近于无语状态时，就可借助无语患者的矫治方法；对于听力损失所致的语言发展问题，应采用听力残疾儿童的语言教学方法；对于智力落后情况下的语言障碍，就按智力落后儿童的特点进行训练；对于语言发展迟缓儿童表现出的构音、嗓音、鼻音等方面问题，就使用其他相应方法进行矫治。

学习单元三

智力落后儿童的语言发展迟缓问题

项目一 智力落后的定义和分级

智力落后俗称弱智，在我国也称智力残疾。在前面已经不止一次地提到过它。当前，我国有关的许多文献中多借用美国人的定义。这里只介绍我国1987年首次残疾人抽样调查时使用的定义。当时为进行抽样调查专门组织专业人员编制了《残疾标准》，并得到国务院的批准。其中关于智力残疾的定义为："人的智力明显低于一般人的水平并显示出适应行为的障碍。智力残疾包括：在智力发育期间（18岁之前），由于各种有害因素导致的精神发育不全或智力迟缓；智力发育成熟以后，由于各种有害因素导致的智力损害或者年期的智力明显衰退。"我们这里所讲的是前一种智力残疾。

智力落后不是像感冒、哮喘、脑膜炎等那样的单一疾病，而是由发生于儿童不同成长阶段的不同有害因素造成的后遗症或综合征，其表现形式和程度也很是不同。《残疾标准》中从程度上对智力残疾做了分级。

一、一级智力残疾（极重度）

智商值在20或25以下。适应行为极差，面容明显呆滞；终身生活需全部由他人照料；运动感觉功能极差，如通过训练，只在下肢、手及颌的运动方面有所反应。

二、二级智力残疾（重度）

智商值在20~35或25~40。适应行为差；生活能力即使经过训练也很难达到自理，仍需要他人照料；运动、语言发育极差，与人的交往能力也差。

三、三级智力残疾（中度）

智商值在35~50或40~55。适应行为不完全，实用技能不完全，如生活能部分自理，能做简单家务劳动；有初步的卫生和安全常识，但阅读和计算能力差；对周围环境辨别能力很差，能以简单方式与人交往。

四、四级智力残疾（轻度）

智商值在 50～70 或 55～75。适应能力低于一般人的水平；具有相当的实用技能，如能生活自理，能承担一般的家务劳动或工作，但缺乏技巧和创造性；一般在指导下能适应社会环境；经过特殊教育，可以获得一定的阅读和计算能力；对周围环境有较好的辨别能力，能比较恰当地与人交往。

特殊教育领域多使用轻度、中度和重度的分法，或可教育的、可训练的和需终生监护的分法。轻度相当于以上分类中的四级智力残疾，中度相当于其中的三级智力残疾，重度和极重度分别相当于其中的一级和二级智力残疾。

项目二　智力落后对语言障碍的影响

语言发展迟缓和其他的语言障碍是智力落后综合征中的一种必然症状。健全的语言机制、正常的听觉、健康的认知过程和个性特征及必要的社会环境，是儿童语言正常发展的必备基本条件。在智力落后的情况下，这些条件都会发生不同程度的问题，因此，患者的语言障碍是必然的结果，下面我们从两个方面加以分析。

一、儿童自身的因素

智力落后儿童自身的许多方面都存在着妨碍语言正常发展的病理特点。

（1）作为认知活动的核心因素的思维发展水平很低，特别是不善于抽象概括，长期滞留于直观形象阶段，思维总是离不开具体的事物及表象。这至少会造成语言理解方面的困难。

（2）感知活动迟缓，分化性差，尤其是语音听觉发展不够，即使听力未受损失，患者也难以准确地分辨不同的语言声音；运动机能系统存在明显的缺陷，很难完成随意运动，特别是小肌肉群的精细运动。在这种情况下，当然无法进行正常的构音活动，甚至无法模仿他人的语言。

（3）记忆速度慢，保持差，特别是记忆广度狭窄，又不善于理解性记忆。这会严重地限制语言信号的接收、储存和提取。

（4）情感不成熟，个性不健全，缺少求知欲和探索精神，缺少活动积极性和交往需要，不主动进行交往或不善于交往。这样就难以把与生俱来的言语发展可能性变为学话、说话的现实活动。患者觉察不到言语的价值，难以对言语交往产生愉快的感受，最终使言语丧失发展动力。

（5）有的智力落后儿童的语言机制（或者外围机制，或者中枢机制，或者两者结合）具有器质性或功能性损伤，从而损及学习言语的又一关键条件。

二、社会环境因素

（1）语言环境贫乏。不少智力落后儿童缺少良好的家庭语言环境。有的父母过于沉默寡言，其子女受到的语言刺激有限，说话得不到鼓励或回报。有的父母本身言语表达能力差，讲话词汇贫乏，语法简单，构音不规范，不能为子女提供良好的言语榜样。许多父母不懂得和子女进行积极的言语交流，平时很少和智力落后子女交谈或做游戏。在这种语言环境中生长的智力落后儿童，缺少听和说的锻炼机会。

（2）生活经验有限。一般来说，智力落后儿童的生活实践活动受到很多的限制。父母对他们的过度保护或歧视，都会阻碍他们正常地参与日常生活；由于错误的价值观念，父母往往羞于带智力落后儿童外出参观游玩或串亲访友。左邻右舍的小伙伴有意无意地冷落他们、不愿和他们一块儿玩耍。在幼儿园或一般学校里，许多有趣的活动都没有他们的份儿。结果，智力落后儿童生活圈子狭小、生活内容单调，在语言发展上缺少必要社会环境的配合。

（3）情感生活异常。智力落后儿童的父母大多不会正确地对待子女，而儿童本身又不会恰当地在家庭内外及教育机构里组织自己的行动。结果，他们自幼在情感生活上就常遭挫折，基本情感需要难以得到满足。所以，所有的智力落后儿童都存在着不同程度和形式的情绪障碍。本来已经开始的语言习得，在情绪障碍的干扰下可能会止步不前。

还有一个可能引发智力落后儿童情绪障碍的家庭因素是新婴儿的出世。家庭中新婴儿的出世可能被智力落后儿童视为对自己的威胁——父母爱抚和关怀的争夺者。无论是受到父母宠爱的儿童还是受到父母冷落的儿童，都可能出现这种情感反应，也许前一种儿童比后一种儿童的反应更强烈。智力落后儿童在这种境况下寻找自我防卫措施是很自然的事。他们能够想得到的唯一措施可能就是模仿新来者的行为，以便与其争夺在家庭中的地位。这样，他们的语言发展可能会暂时倒回到语前的阶段，或者不再继续发展。

实际上，以上两方面因素不是孤立存在、各不相干的，而是互为因果、交错起作用的。个体的异常发展使智力落后儿童不能像正常儿童那样从周围环境及教育中汲取丰富的发展营养，而且也导致不利于其发展的环境和教育条件。在这种条件影响下，其自身的种种问题不仅得不到解决，反而会变得更加复杂和顽固。

项目三　智力落后儿童的语言障碍表现

一、智力落后儿童的语言发展特点

智力落后儿童的语言发展也像其个体各方面的发展那样，在和一般儿童保持共性的前提下，表现出发展迟缓的特点。由于发展速度缓慢，他们通过每个具体发展阶段所需的时间要比一般儿童多得多，因此到发展时期基本结束时，他们不可能走完全部的发展阶段。就语言发展而论，我们将从以下几个方面进行论述。

1. 语前发展

智力落后儿童和正常儿童在正式习得言语之前都要走过一个语前发展时期。它包

语言训练

括无区别的哭叫、发声开始分化、咿呀语初期、自我模仿和言语模仿等阶段。在语前期，两类儿童都要学习人类交往的基本原则。先是非言语性交往，用整个身体或身体的大部分进行表达，再逐步过渡到以分化性的发声活动进行表达。同时，发声活动迅速地变化着——由哭叫、咕咕声到咿呀声，再到非常规的词汇，最后会说常规的词汇。同时，婴儿的认知活动也有明显发展，从不辨主体和客体及它们的结构，到能把自己和周围物理环境区别开，并意识到它们的结构性。

从语前期的延续时间上看，一般儿童大约是到18个月前后，而对于中、重度智力落后儿童来说可能是到两三岁或更晚，轻度患者也至少要到20个月以后。所以，绝大多数智力落后儿童开口说话都是相当迟的。

就语前期的各个阶段而言，同样体现着以上的总趋势。例如咿呀语，多尔（Doll，1972）和施密斯（Smith，1981）等人曾对一般儿童及先天愚型儿童做过对比观察，发现他们的咿呀语在形式和符号方面很接近，都包含着元音、辅音、非言语杂音，元音和辅音都有明显变化。但是，先天愚型儿童咿呀语自我模仿开始得比一般儿童晚，且不够稳定。一般儿童咿呀语自我模仿在家庭条件下始于6个月前后，在实验室条件下始于9个月前后，而先天愚型儿童与之相对应的是8个月和10个月。

2. 构音发展

从整体上看，智力落后儿童的构音技能发展既晚且慢又困难。但是在这方面他们也和一般儿童相一致。首先掌握的是单元音、半元音、鼻辅音和塞辅音。擦音f、s、h、x、sh、r及塞擦音z、zh、c、ch、j、q等，掌握起来都有困难。不过，智力落后儿童掌握这些声音需要的时间较一般儿童多，有些声音可能一直不会发。对于卷舌音、舌面音、舌根音和齿音，智力落后儿童的发音错误特别多，持续的时间较久，容易转化为病理性障碍。

3. 词汇的掌握

从早期词汇发展的模式上看，两类儿童是基本相似的，都是先习得几个社会性词汇和少量的物名，之后是表示关系的词汇和更多的物名。即使幼小的先天愚型儿童所习得的物名也和一般儿童的词义具有相似的内容。先天愚型和一般儿童都是在智龄达到15个月时开始理解物体名称。智龄在13～21个月时，两类儿童具有相近的词汇量。但是从整体上看，智力落后儿童的词汇量增加是相当慢的，远远赶不上一般的儿童。

纳尔逊（Nelson，1973）报告说，正常儿童获得10个词语的平均时间是15个月（从13个月到19个月），获得50个词语的平均时间是20个月（从14个月到24个月），到24个月时能发出的词语平均为186个（从24个到436个）。坦普林（Templin，1957）和近来一些人的研究指出，到两岁时，正常儿童能发50～600个词语，之后以日均10个词汇的速度增长，到六岁时可能拥有14 000个词语量，再往后每年平均增加3 000个词语，至少要到17岁。从实践观察来看，即使是轻度智力落后儿童，在词汇的发展方面也无法和他们同日而语。

另外，正常儿童和智力落后儿童在理解词义方面也是一致的。他们都是把新的名称和其指示的物体整体相联系，而不是和物体的某一部分或特征相联系，也不是和物体完成的或用物体做的动作相联系。在词汇开始习得时，他们的主要兴趣都是客体本身，都有同样的倾向性：把听到的言语分解为组成部分，借助语言中的联系认识词汇的意思。

但是，一般儿童对词义的理解同物体的联系是灵活的，很快能和具体的事物相分离；而智力落后儿童的这种联系过分密切、难以分离，他们只能理解词汇的直接和具体含义，只能理解含义具体的词汇，而对于词汇的抽象（或借用）含义和抽象的词汇的掌握明显不及正常儿童。

4. 句法的掌握

正常儿童和智力落后儿童在习得用句技能方面也具有共性，都是由单词句到由两三个或四个词语构成的电报式句子，再到完整的简单句，最后到复合句；在句型掌握上先是陈述句，再是否定句、疑问句，最后到否定疑问句。但是从发展速度上看，智力落后儿童比正常儿童相差很远。正常儿童三四岁时就能开始使用简单句，甚至正确使用表达因果和依从关系的复合句；而智力落后儿童，即使轻度的患者，到学龄初期尚只能使用一些简单陈述句，有的到七八岁时还像两岁娃娃一样，用单词加动作表达自己的思想。

总之，智力落后儿童在语言发展的各个方面都显得比一般儿童迟缓，迟缓的程度很不一样，主要取决于其智力障碍的程度。

二、智力落后儿童语言障碍的表现

在个体不同的身心因素和社会环境因素的影响下，智力落后儿童在语言发展迟缓的背景下表现出各种不同的语言障碍，而且智力发展越落后，语言障碍的表现也越复杂多样，越广泛深刻。多方面的研究资料都表明，所有中、重度的智力落后儿童都有语言问题，轻度患者的语言障碍流行率也高达45％。林宝贵（1985）对智力落后教育机构中的1 320名儿童的语言障碍做了调查研究，发现智力落后学校中81.74％的学生有构音障碍，76.69％的学生有语言发展迟缓，29.78％的学生有嗓音障碍，22.19％的学生患口吃，12.36％的学生有语言理解困难，11.24％的学生无语。

1. 词汇贫乏

智力落后儿童词汇贫乏表现为以下两个方面。

（1）词汇量少。词汇量是衡量个体语言发展水平的一个关键因素。如上所述，智力落后儿童的词汇增加很慢，即使轻度患者到入学时也只有几百个词，多半是名词和动词，形容词和副词很少，连接词和方位词更少。就名词和动词而言，也都是含义较为直观具体的词汇，都是和日常生活的事与物密切相连的词汇，抽象的名词和动词几乎找不到。尽管智力落后儿童的记忆表象并不丰富，但是仍有许多的事物表象找不到相应的词汇。常见一些十二三岁的智力落后学生说不出反映天气变化的和时空关系的词汇。不少的人把降旗说成"下旗"，把骑兵说成"马兵"。

（2）词义狭窄。就智力落后学生已掌握的词语而言，他们的理解往往不全面、不准确、不深刻，总是受到具体事物及情境的束缚。例如"白"，他们通常是先从颜色意义上理解掌握，遇到"白"的另外含义时就转不过弯来，如会把"吃白食"理解为吃白米饭，"白手起家"的"白手"理解为长得白白的手；又如把"奶奶"理解为

语言训练

读书笔记

"胖墩墩做事情的",把"百货商店"说成"卖铅笔和跑鞋的",把"飞机"说成"运女排运动员的",把"银行"说成"收钱的",等等。再如在学校里学到的礼貌用语"谢谢"和"对不起",智力落后学生只能结合教师讲的具体例子来理解使用,不会迁移到其他的相应情境中。

由于词汇贫乏,难以满足各种的表达需要,智力落后学生往往只得用一个词语表达不同的事物,有时还要借助身体语言,如点头、摇头、演示动作及表情等。

2. 语句简单

人们并不专门教儿童学习造句规则。一般儿童在语言交往过程中通过观察、体验、尝试,能实践地学会正确地遣词造句,使用不同的语句进行正确的言语表达。而智力落后儿童由于认知发展的局限性,很难做到这一步,不可能实践地学会使用各种不同的句子。许多轻度智力落后儿童在受过一个时期特殊教育后,仍然只能使用简单句,即由主语和谓语,或者再加上宾语构成的句子。在学校的日常交往活动中,他们很少使用复合句。智力再差一些的儿童最喜欢使用情景句,像人们在对话时结合具体情境和前后内容的联系仅说一两个词语那样。这样的情景句离开具体情境就无法让人理解。例如,一个智力落后学生走进教师办公室,用手指着门外,说:"老师,妈妈。"当其母亲出现在门口时,教师才懂得他的意思。智力落后学生在连贯叙述时常喜欢用代词(他、他们、那儿、这个等)指代具体的人和物,指代事情发生的地点,但是他们的指代关系往往不明确。有的学生在说不清楚时常常使用插入语(如"就是说""是这样的"等)。所有这些都严重地限制着智力落后儿童的言语表达能力。

有些智力落后儿童表面上会说较多的词语,甚至比较深奥的话,但是这并不真正反映其语言水平。只要稍加分析就能看出,他们并不理解自己说出的语言的真正含义。这些词语是他们从电影、电视、广播、家长或其他人那儿机械模仿得来的,对其语言表达没有多大帮助。

3. 语言理解能力差

智力落后儿童词汇贫乏,语句简单,再加上知识有限,思维直观,不但妨碍智力落后儿童的语言表达,而且也严重地影响到其语言理解能力。他们在听别人说话时,常常理解不透或理解错误,抓不到主要意思。例如,在一个中年级轻度智力落后班里,班主任在期末时给学生交代:"春游活动费每人结余十元钱。这个学期的代办费结算后,每人需要补交八元钱。这十元钱中扣除八元钱,还要退给每人两元钱"。要他们告诉家长,不要来补交代办费了。班主任反复交代好几遍,他们都点头说明白了。可是到第二天,每人又都带来十元钱。当然这段话较为复杂,但是对于智龄相当于普通学校三年级儿童的智力落后学生来说,是完全应该理解的。

通常,智力落后儿童(包括轻度和中度的)在理解和完成单项指令时并不困难,但在同时执行两个或两个以上的指令时,就遇到很大困难。例如,一个轻度辅读班的教师给学生小李说:"请你找一下王艳同学,告诉她,明天上学从家里带把铁锹来。"最后还问他听明白没有,他连连点头说知道了。可是小李找到王艳后,不是把教师的要求传给她,而是把她带到办公室找教师。

语言的理解困难明显地反映到智力落后学生的阅读学习上。例如,培智学校语文

第五册第18课《猫医生》开头的两句话是："天气一会儿热，一会儿冷，树林里许多小动物都病了。猫医生急着去给它们看病，它走到河边，看到河水漫过了小桥。"这两句连幼儿园小朋友都容易理解的话，对于智力落后儿童却构成严重的困难。他们要遇到两道难关。首先是很难把代词和所指代的名词相对照，如"去给它们看病"里的"它们"是指谁（小动物），"它走到河边"中的"它"又是指谁（猫医生），是谁（猫医生）"看到河水漫过了小桥"。其次是很难理解句中反映的事物之间的因果联系，如果问"为什么树林里许多小动物都病了"，或"为什么猫医生要急着去给它们看病"，智力落后儿童十有八九不会回答，特别是后一个问题。如果这两道难关闯不过去，他们就失去了理解本课基本内容的前提。

4. 构音障碍

智力落后儿童和一般儿童相比，构音问题较为普遍、复杂。其发生率在轻度智力落后儿童中为8%～9%（一般儿童为5%），在中、重度智力落后儿童中高达20.90%。先天愚型儿童的构音技能发展特别慢，构音问题较为顽固。

实践观察发现，智力落后儿童不会发或发不准许多较为困难的声母和韵母。例如 j、q、x、zh、ch、sh、r、l、f，由三个元音构成的复韵母、前鼻韵母，尤其是后鼻韵母。有的智力落后儿童连 i、u 都发不好，而且许多音时而发错，时而发对。在这种情况下，智力落后儿童会发生各种不同形式的替代、遗漏和添加问题。例如：

皮包→pi pao	过河→kuo he	豆芽→tou ya
西瓜→si gua	奶奶→lai lai	妈妈→ba ba
苹果→pi guo	太阳→ta yang	自行车→ji xi che
黄瓜→hang ga	柳树→iou shu	长颈鹿→chai lu
香蕉→hang yao	鸟儿→iao r	熊猫→xiou bao
大刀→dia diao	黑板→hei bian	小朋友→hao pe you

5. 嗓音障碍

在智力落后儿童中也常见到各种不同的嗓音问题。一些轻度兴奋型的智力落后儿童倾向于大音量说话，或抢着说话，因而容易嗓音嘶哑或出现喘息声。一些抑制型的轻度智力落后儿童倾向低声说话，嗓音无力，有时也会有嘶哑声，从而使言语显得更不清晰。中度智力落后儿童中嗓音问题更加明显，特别是先天愚型儿童，他们说话时往往伴有呼气声，或者声音嘶哑，有的使用过高的频率，发出刺耳的尖声。其中的一个重要原因是先天愚型儿童的肌张力减退，要把较为松弛的嗓音机制发动起来需要较大的力量。研究发现，智力落后儿童的嗓音机制由休息状态起动到发声水平所需的力量要比正常儿童翻一番。由于用的力量较大，就容易出现粗哑、刺耳的嗓音。

还有些智力低下儿童具有共鸣障碍，所有的声音都由鼻腔发出，因而说话带着浓浓的鼻音色彩。多数患者把握不好言语的正常节律和声调变化。有的儿童可能每个字都读得很重，最后一个读得更重并拖得较长，说话声音单调，没有情感色彩。

现在，我们再引用林宝贵、黄玉枝和张正芬1992年的一项调查资料。他们调查分析了启智学校中7～15岁的1 140名智力落后儿童的语言障碍情况，结果如下。

语言训练

读书笔记

（1）各年龄组智力落后儿童在语言理解、口语表达能力及语言发展状况等方面均比普通儿童迟缓，十五岁的智力落后儿童的语言能力不及普通的七岁儿童。

（2）智力落后儿童的各种语言障碍中从年龄、性别和落后程度上看，皆以语言理解异常为最甚，其他依次是口语表达异常、构音异常、语流异常、嗓音异常。

（3）智力落后儿童语言障碍出现率高达90.7％。其中各项语言障碍的出现率分别是：语言理解异常82.8％，口语表达异常70.4％，构音异常58.2％，语流异常26.1％，嗓音异常24.4％。

（4）智力落后儿童构音异常中最常见的错误声音如下。

①对于全体智力落后儿童：sh、zh、ch、f、c、t、s、x、k、eng。

②对于轻度智力落后儿童：sh、ch、zh、eng、s、f、c、x、r、t。

③对于中度智力落后儿童：zh、ch、sh、f、t、k、s、c、x、eng。

④对于重度智力落后儿童：f、zh、sh、c、x、t、k、s、ch、p。

⑤对于极重度智力落后儿童：zh、f、sh、ch、p、t、u、ing、g、s、an。

（5）智力落后儿童的语言理解、口语表达能力及构音异常等情形，不因性别、排行、家中所说语言及父母教育程度的不同而有差异。

项目四　智力落后儿童的语言训练

智力落后儿童的语言障碍评估和矫治训练在实施时需充分考虑到儿童的具体情况，这里着重讨论一下智力落后儿童语言训练的一些特点。

一、轻度智力落后儿童的语言训练特点

前面讲到克服儿童的语言发展迟缓，需要全校教学人员的总动员，要通过教育教学工作的全过程及课外校外的各种活动来发展儿童的语言理解和表达能力。对于智力落后儿童尤其需要这样。通常，经过全面性语言训练，智力落后儿童的一般语言能力会有很大的改善和提高，许多构音和嗓音方面的问题也能随之解决；但是，还会留下不少语言技巧方面的障碍，必须开展专门的矫治训练工作。在优先考虑发展语言理解和表达能力的基础上，再对轻度智力落后儿童中较为常见的构音和嗓音、语流障碍予以克服，这就是轻度智力落后儿童语言训练的基本任务。

鉴于轻度智力落后儿童大多数在普通学校随班就读，以及当前我们教育系统内尚未开展语言障碍矫治工作，普通学校中的辅导（资源）教师应该承担起随班就读智力落后儿童的语言训练及矫治工作，再逐步地把语言矫治训练工作扩展到有语言障碍的一般儿童。当然，辅导教师必须先接受必要的专业培训，否则难以胜任这项技术性很强的工作。现在的智力落后学校也应该尽快培养具有专业技能的语言矫治师，以便开展对智力落后儿童的语言训练工作。

对智力落后儿童进行语言训练和矫治，除充分注意他们的语言障碍的表现特点，以及造成障碍的各种生理解剖和社会方面的因素外，还应该全面估计到这类儿童的心

理发展情况，真正做到对症下药，讲究实效。

1. 注意发展智力落后儿童的听觉

智力落后儿童的感知觉，特别是听觉和语音听觉很不精确。这妨碍着他们辨别声音（特别是语言声音）能力的发展。许多稍近似的声音及词汇，他们都分辨不清。许多的构音障碍就是由此造成的。第一个阶段就是训练儿童的辨音能力。这种训练对于智力低下的儿童更加重要，训练起来也较为困难，收效较慢。语言矫治师必须精于这种训练工作。

2. 特别强调对构音和发声器官的训练

对构音和发声器官的训练是矫正构音障碍及其他语言技巧缺陷时必须进行的一项训练，具体到智力落后儿童身上，就必须特别予以强调。因为这类儿童的基本神经过程的惰性及语言器官构造上某些缺陷，造成其运动感觉不灵敏，运动协调性差，肌张力减弱。这是完成构音动作的重大障碍。所以，要对这些儿童的语言器官进行认真、系统的训练。训练必须借助镜子和其他有关的机械手段（手指、压舌板等），把他们的唇、舌等导入必要的运动和状态。因为，仅靠通常的示范模仿方法很难奏效。经验证明，借助外力帮助让智力落后儿童反复感受这种被动的肌肉运动，产生运动感觉后，去掉外力协助，他们也能完成正确的动作。

由于智力落后儿童对言语声音和构音动作的感知及辨别都比较缓慢，在进行训练时应该缓慢地、反复地、尽可能清楚明显地给他们做示范，最好是对着镜子让他们跟着做模仿。语言器官运动操练方法参照以前有关内容。

3. 要坚持准确无误、长期巩固

智力落后儿童的一个显著弱点是大脑活动不灵活，行为模式僵化。他们在掌握了某些技能后，再学习与它们相似的技能时会遇到很大困难，常常滞留在先前习得的技能上。如果形成错误的发音技能，它们会顽强地表现自己，需要耗费大量的精力及时间才能加以纠正。因此，训练任何言语技能都要十分谨慎、准确无误，并需进行长期的复习巩固工作。一开始，就要求智力落后儿童的发音要清楚、稳定。为此，要让他们注意地听规范的声音，看规范的动作，认识到它们在发音说话中的重要性，缓缓地、有节奏地发，或者看着语言矫治师的节拍按音节发，然后再把有关的声音放在词汇中做练习。

4. 在不同的情境里进行训练

由于大脑活动缺少灵活性，智力落后儿童很难把已经掌握的正确语言技能迁移到新的情境中。在特定的情境中（如矫治室，同特定的训练人员一起）学会的新技能，一旦情境发生变化，他们就难以准确地重复再现。

所以，应该注意在不同的情境中（课堂上，课间休息时，家庭里，和不同的人员交谈时）培养智力落后儿童的言语技能。把训练活动和他们的现实生活需要联系起来，例如，从他们记熟的课文中，从日常的言语活动中选训练材料，特别是结合他们牢记的语言内容，呈现一些类似的语言材料。

5. 必须让儿童有成功的满足

外因要通过内因起作用。智力落后儿童的积极态度是语言矫治训练的重要保证。

语言训练

让他们保持对训练工作的兴趣，应该多依靠对其情感的激励，而不是对其认知过程的促进。语言矫治师必须采取广泛的措施，使儿童从自己的成功中获得满足，为能让父母和教师等满意而感到喜悦。

语言矫治师在矫治过程中的表现十分重要。应该注意培养儿童的信心和对语言矫治师的信任态度，无论如何不应显露出自己的任何不耐烦，在工作进展很慢时，也不能失望。相反，语言矫治师要不断地给儿童以鼓励，要清醒地认识到矫治训练对于儿童是既困难又枯燥无味，克服旧的大脑联系要比建立新的大脑联系更难。

另外，不少轻度智力落后儿童往往不自量力，不喜欢一步一步地前进，总想"一口吃成个胖子"。如学习发一个新的声音时不想分步练习，而想一下子把它发出来。这样做必然失败，有时候会使他们陷入绝望状态。语言矫治师应估计到这种情况，善于引导每个儿童逐步地向最终的目标前进。给他们规定一个个明白的、容易完成的小任务，并使其理解每个小任务在达到最终目标过程中的作用，让他们不断地获得圆满成功，积一个个小的成功为大的成就——把规定的新技能掌握好。

6. 注意改善儿童的智力和体力状况

应该估计到智力落后儿童的语言障碍和其一般智力及体力状况的密切关系。语言问题既和儿童的智力因素有关，又和其体力状况有关。智力活动水平又受着体力状况的影响。智力落后儿童的体质差，智力活动效果也差。构音说话也是一种智力活动，脱离不开体力状态的影响。再者，身体健康时，他们包括语言肌肉在内的肌肉运动能力也会提高。所以一定要注意锻炼智力落后儿童的体质。在学校里应该积极组织他们参加一定的劳动和身体锻炼活动，尤其是能够增强手部和脸部小肌肉群的活动。在每次言语训练之前，也可做几分钟锻炼活动，主要是操练四肢肌肉运动，特别是手指的运动。还应该要求父母在家庭里尽量让智力落后儿童自理生活并参加适当的家务劳动，以增强其体质。

7. 充分估计到训练的长期性和反复性

智力落后儿童各方面的特点决定着语言训练和矫治工作的速度不能过快，不会在较短时间内取得预期的成效。必须把达到最终目标的期限放宽，按照上述要求坚持长期、反复的训练。但是在这样做时，一定要注意每次训练在内容和形式上都要新颖、多样，否则就不能维持儿童的兴趣和积极性。

二、中度和重度智力落后儿童的语言训练特点

中度和重度智力落后儿童的语言问题要比轻度智力落后儿童严重得多，特别是重度患者——他们中有的人长期无语言，不能理解他人的话，只能发出一些本能的声音（笑、叫、哭）；有的人虽能说话，懂得他人的话，但是言语极为简陋、词汇极少，发音很不准确，理解很差，常常伴有口吃，说话有时变成胡乱喊叫。他们手势符号也很少、单调、无条理，但和基本的生理需要紧密相连。唇的活动性差，上下颌紧咬或不能闭合，舌头萎缩或肥大，或不活络，腭、颌和牙的构造异常。从心理上说，他们缺少能引起正常儿童咿呀学语的那种肌肉感觉和听觉感觉，缺少学习说话必需的注意、记忆、模仿、观察和联想能力，并经常表现出凶狠、任性、违拗和不安的情绪。中度

学习单元三 智力落后儿童的语言发展迟缓问题

智力落后儿童的语言问题虽不像这样严重，但是语言发展水平也相当低，仅限于为数不多的常见物体名称，且有十分明显的理解和表达、构音和嗓音障碍。中度智力落后儿童不同于重度智力落后儿童的根本之处，在于有较好的发展前景，经过教育和训练能获得一定的实用语言技能。

语言训练应是中度智力落后儿童的重要教育训练内容。这类儿童的教育训练基本目标是通过生活自理、简单劳动、社会适应等方面的训练，其将来能在力所能及的范围内尽可能地适应家庭和社会生活，减少对他人和社会的依赖程度。合理组织安排的语言训练在这方面起着关键性的作用。对于他们不可能按传统意义上的学科概念组织教材进行教学，不可能有传统含义上的语文教学，代替它的应该是贯穿于各项训练过程中及各种生活及游戏过程中的语言训练。各项教育和训练活动都要和语言训练有机地统一起来。例如穿脱鞋（或袜子）的训练，至少应该让智力落后儿童知道脚、脚尖（或脚趾）、脚掌、脚面、脚腕、鞋口、鞋尖、鞋底、鞋帮、鞋跟、鞋带（或袜筒、袜跟、袜尖、袜底、袜面）等名词，以及相关的动词穿、脱、拉、套、退、拔等；还要儿童知道一些必要的句子。否则，就难以给他们交代清楚完成这类技能的步骤，也难以让儿童真正领会掌握。总之，中度智力落后儿童的任何训练项目都必须和语言训练工作结合起来，使他们在生活技能和语言发展上都有提高。

但是，各种不同的训练和活动涉及的词语是大量的，并非全都要教给他们。根据语言理解能力先于并大于语言表达能力的语言发展规律，只是选择一些最基本的并能为他们接受的词语进行训练，让他们大概听得懂，要他们会说的只是能够听懂的词语中的一部分，而且训练的重点是口语理解和口语表达。如果通过这样的训练，能让中度智力落后儿童明白日常的生活和学习活动，进行简单的言语表达，在人际交往过程中讲清楚自己的简单想法和要求，那么对他们就是了不起的成功和发展，就能使其适应能力大为提高。

至于识字和阅读能力训练，不能在这方面对这类儿童抱过高的期望。他们不可能获得基本的阅读和写作能力，所以用不着在这方面多花力气。也许到较高年级可以教他们认识为数不多的生活中最必需的书面词语。

但是，这并不是说一直到那时才开始出现汉字。从一开始，很多词语就可以写成卡片用于训练过程。主要是进行整体认读训练，训练他们把词语卡片与相应的物、动作或其特征相联系，或听到口语词语找出相应的卡片；更进一步，就是训练他们看卡片读词语。这些都要因人而异。为了丰富训练内容，调节学生活动和训练手部肌肉的运动及手眼协调活动能力，这时也可以教他们写几个简单的常用汉字，但是不能花费太多的时间，也用不着在笔画名称和笔顺上倾注过多的力量。

与此同时，也需要对中度智力落后儿童存在的构音和嗓音障碍进行适当的矫治训练，以提高其言语的清晰性。通常，只要在日常的语言训练过程中对他们的语言技巧问题略加注意，有些轻度的障碍就能渐渐得到矫正，就像一般幼儿学习说话那样。但是，由于他们的构音或嗓音障碍较一般儿童复杂且顽固，还必须经过专门的矫治训练来解决。这方面的矫治训练应选择适当的时机开始进行，并且可以与学习汉语拼音结合起来，把拼音学习过程作为矫治构音障碍及其他语言技巧错误的过程。由于拼音教

读书笔记

语言训练

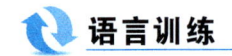

学不再受识字阅读教学的牵制，所以用不着赶进度，可以按照每个儿童的接受能力，进行实实在在的训练工作。有的儿童可能需要一两年的时间，有的儿童可能需要更长的时间。不过，构音训练也要从儿童的实际出发，适可而止，有些难发的声母、韵母和音节可以放弃训练，允许儿童用较容易的相近声音替代它们。

中度智力落后儿童的构音障碍矫治训练也应该遵守前面给训练轻度智力落后儿童提出的要求。从组织形式上说，应该尽可能一对一或一对二地进行训练。

对于需终身监护的智力落后儿童，他们的语言和整个心理与生理发展水平都很低下，对他们的语言训练要求就更低了。从教育训练内容上说，主要是对他们进行感知和运动训练，以及初步生活自理技能训练，不可能指望他们习得多少语言理解和语言表达能力。对于许多重度智力落后患者，口语技能已超出其接受能力，只能训练他们学习简单的手势和动作表达技能，以表达其最基本的生理或最简单的心理需要。有的重度智力落后患者可能接受极为简单的口语训练。这种训练工作尽管十分艰难和缓慢，但是意义很大。若能学会三五个词语，其对重度智力落后儿童的作用不亚于成千的词汇对于一般儿童的作用，一般来说，可以结合感知运动训练对其进行以下的与语言相关的训练。

（1）听觉和注意训练（借助听音乐、歌曲、言语等）。

（2）构音器官训练，如舌、唇、软腭等的训练，一是借助自然的生理活动（吞、嚼、吸、吹、咳等），二是利用外力把唇、舌等导入必要的状态。

（3）嗓音练习（模仿教师发声或学习唱歌）。

（4）音节拼读练习，从声母为双唇音的音节开始训练。

（5）词汇和短句练习。

大多数重度智力落后儿童处于基本无语的状态，因此其语言训练可借助无语症的一些矫治训练方法。需要提醒一下：对这类儿童的语音外壳要求不能太高，实际上他们不可能把握词语的准确发音，只能把词语的基本音节框架说出来，能让其周围的人听懂即可。

在对中度和重度智力落后儿童进行语言训练时，应估计到这类儿童反应迟缓的特点。在给他们提出问题或发出指令到他们开始行动之间有一定的间隔时间。就像有些失语症病人那样，不能指望他们在言语刺激出现后马上作出反应，而是应该等待一会儿。在这期间，语言矫治师应给予适当的提示和鼓励，直到他们作出反应。如果反应正确，立刻给予奖励；如果反应不对，应以适当的方式反馈给儿童。每个儿童的这种延迟反应所需的时间都不一样，语言矫治师应通过认真的观察分析来确定。在所需的间隔时间过后，若儿童仍无反应，应该给予适当的帮助。而且，应该分析一下，为什么儿童没有反应，是任务超出其接受能力，还是由于情绪上的问题，以确定克服的方法。在要求儿童作出适当反应后再满足其某种需要时（如先要儿童说出"糖"，然后再把一块糖给儿童），要掌握分寸，不能把满足儿童需要的时间拖得太久。

当然，也有性情急躁的儿童往往不等听完问题或指令就胡乱进行反应。对于他们，必须设法逐步抑制其超前的无效反应。先对他们抑制超前反应的行为进行奖励，以后在能进行正常反应时，再奖励其正确的反应行为。

学习小结

本模块主要介绍了语言发展迟缓的定义、原因、特征、评估、矫治等问题,重点讲解了S—S法的基本原理与方法,并对其在语言发展迟缓的评估与矫治中的操作进行了示范,对我们矫治语言发展迟缓有重要的借鉴意义。

模块练习

一、选择题

1.（　　）就智力落后学生已掌握的词语而言,他们的理解往往不全面、不准确、不深刻,总是受到具体事物及情境的束缚。

A. 词语多样化　　　　　　　　B. 词义狭窄

C. 语法错误　　　　　　　　　D. 语音错误

2. 智力落后儿童和正常儿童在正式习得言语之前都要走过一个（　　）,它包括无区别的哭叫、发声开始分化、咿呀语初期、自我模仿和言语模仿等阶段。

A. 语言发展时期　　　　　　　B. 动作时期

C. 语前发展时期　　　　　　　D. 表演时期

二、简答题

试述语言发展迟缓评估的基本步骤。

模块五

口吃及其矫治

学习目标

知识目标：

1.认识口吃的基本概念、原因和分类。

2.理解口吃评估的基本原理与方法。

3.了解口吃矫治的基本内容与方法。

能力目标：

1.掌握口吃的基本概念、原因和分类。

2.掌握口吃评估的基本原理与方法。

3.掌握口吃矫治的基本内容与方法。

素质目标：

1.具有钻研口吃矫治技术的热情。

2.具备不断提升的文化素养，形成自觉帮助口吃患者的思想。

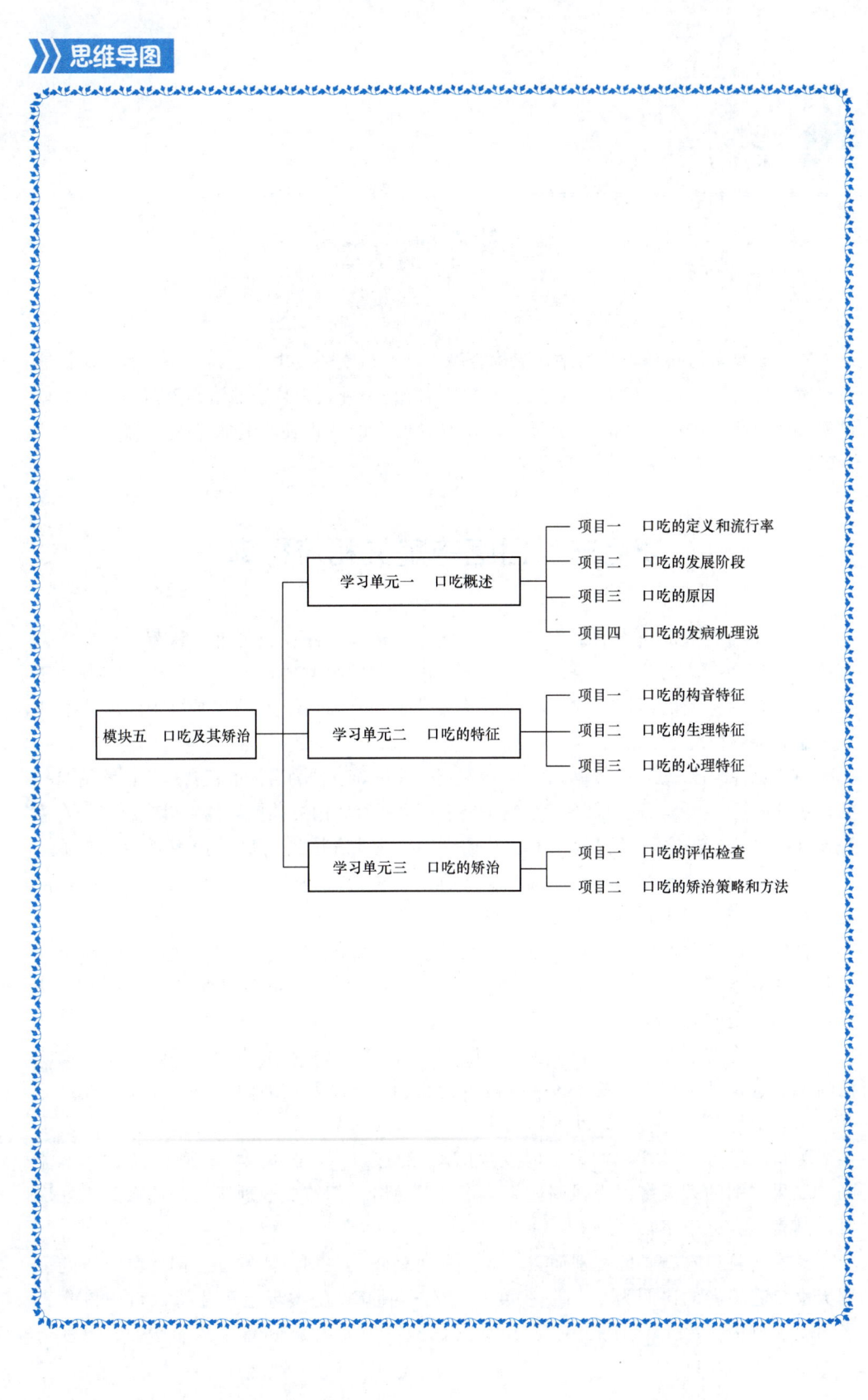

思维导图

```
模块五 口吃及其矫治
├── 学习单元一 口吃概述
│   ├── 项目一 口吃的定义和流行率
│   ├── 项目二 口吃的发展阶段
│   ├── 项目三 口吃的原因
│   └── 项目四 口吃的发病机理说
├── 学习单元二 口吃的特征
│   ├── 项目一 口吃的构音特征
│   ├── 项目二 口吃的生理特征
│   └── 项目三 口吃的心理特征
└── 学习单元三 口吃的矫治
    ├── 项目一 口吃的评估检查
    └── 项目二 口吃的矫治策略和方法
```

学习单元一

口吃概述

在儿童期的各种语言障碍中，除构音障碍外，口吃的发生率最高。每位教师和语言矫治师可能都有与口吃患者打交道的经验。口吃是一种较为复杂的语言障碍。对于口吃的研究已有相当长的历史，但是至今，人们对口吃的认识还不是很清楚，存在着不少分歧。

项目一 口吃的定义和流行率

人们说话时依次说出的话构成语流，语流在速度、停顿、轻重、音节的长短等方面的变化称为语流的节律。语流的节律在言语过程中很重要，恰当的语流节律有助于言语交流，而不当的语流节律会给言语交流带来一定障碍。流畅性是恰当的语流节律的一个首要因素。

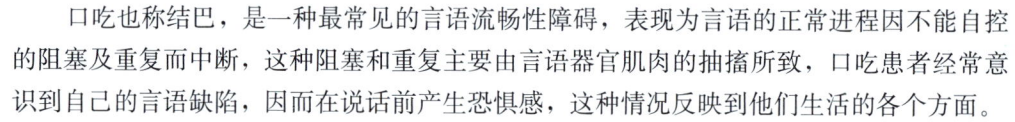

口吃也称结巴，是一种最常见的言语流畅性障碍，表现为言语的正常进程因不能自控的阻塞及重复而中断，这种阻塞和重复主要由言语器官肌肉的抽搐所致，口吃患者经常意识到自己的言语缺陷，因而在说话前产生恐惧感，这种情况反映到他们生活的各个方面。

虽然人们在口吃的实质、原因、发病机制及矫治方法等问题上存在不少争论，但是在长期的观察和研究过程中也达成许多共识。

首先，口吃多发生在学前儿童中。据教育家季曼统计，60％的初期口吃特征出现于儿童学会连贯言语的三至五岁时期，下一个可能发生口吃的时期是六到七岁，这时，神经质型的儿童进入陌生的学校环境后，容易受到心理伤害而发作口吃。再往后，发生口吃的情况减少。到青春性成熟期，常常有原来不甚明显的口吃复发和加剧的情况，这是由于在内分泌系统急速发展的影响下，大脑皮质的兴奋性和反应性过分强烈引发的结果。也有一些幼儿园或小学一年级儿童只是接近口吃的边缘，但大多不会成为口吃患者。尽管他们说话时发生踌躇和重复，但是还未意识到自己说话不流畅。如果周围的人没有因为强调他们的言语问题给他们造成心理压力，那么到八九岁时，其言语会趋于正常。

其次，就口吃患者的性别而言，男女之间有较大差别。从发生比例上说，研究证明男女口吃患者的比例为4∶1。在英格兰的一项调查中发现，在儿童人口中口吃患者男女比例为4∶1，而在成年人口中男女比例约为8∶1。随着年龄的增加，男性口吃患者的比例会渐渐扩大。造成这种差异的原因尚不清楚。有的人认为是由于女性喜欢交谈，有的人认为是由于女性的言语发展较好，还有的人认为是由于男性较容易犯口吃。从口吃的程度上看，男性的口吃往往比女性的严重些。当然，女性也有患严重口吃的。从持续时间上看，男性的口吃较顽固，持续的时间长，而女性的口吃容易克服，这也是造成男女口吃比例不平衡的一个原因。

再次，口吃患者无论如何严重，也有不口吃的时间。也就是说，口吃的发生带有波动性，有时缓和，有时加剧。有的口吃患者的加剧与季节有关，也有的与儿童的生活、劳动、学习等条件的变化有关。例如，在校学生暑假之后，口吃会缓和一些，到了学期末，口吃就又严重一些。在集体朗读课文、集体唱歌和游戏时，口吃很轻或完全消失。一般来说，只要不是当场进行口头表述，或者不是面对交往的任务，口吃患者说话就容易些，口吃现象就少些。

最后，口吃流行很广，所有的时代、所有的地方、所有的民族中都有口吃发生。

关于口吃的流行情况，许多专业工作者都做过调查研究。例如，安德鲁和哈里斯估计，幼儿学话阶段，约有50%的儿童有过口吃，其中2/3的儿童仅口吃一两个月，进入小学前口吃就自然消失，这称为"发育性口吃"；另有2/5的儿童可能继续口吃一两年，稍大些后（延至十一岁）口吃才会消失，这称为"良性口吃"。如果家长的教育方法得当，约有80%的口吃幼童能不经过专门干预而摆脱口吃现象。真正发展为"慢性口吃"，需要专门矫治的口吃患者约为总人口的1%。

项目二　口吃的发展阶段

读书笔记

口吃之所以大多发生在三到五岁，是因为这是儿童学习独立构句说话的阶段，是儿童语言形成的关键时期，这时儿童的构音技能还不是很牢固，儿童能理解的、能知道的东西，要比能用言语表达的东西多得多。为了表达自己的想法，他们要在自己的词汇库中寻找词汇，经常重复它。因此，音节和词语的重复对儿童的言语发展属于正常生理现象，是语言发展的一个阶段。若不出现特殊情况，在儿童的言语条件下联系巩固，当他们对言语表达有把握后，重复现象就消失了。

当幼儿开始在词首的音上抽搐时，重复就成为病态的了，儿童就会变成口吃患者。当然，这些在幼儿期出现的口吃现象，它的发展并不遵循相同的发展历史或阶段，他们中有部分儿童的口吃状态会自动地改善甚至不再口吃，有部分儿童的口吃症状会有所改善。这些儿童大多没有意识到自己有口吃，当然也有一些幼儿期就口吃的儿童，其口吃式的言语特点从幼儿期、少儿期持续到青春期。持续时间越长，这些儿童越可能成为口吃患者。造成这一结果的影响因素有两个：周围成人对儿童的影响及儿童个人的特点，周围成人认为该儿童是口吃患者，该儿童本人也认识到自己口吃严重。

虽然，不同患者的口吃发展过程不尽相同，但有学者（布鲁茨坦）把口吃的发展分为四个阶段。

语言训练

读书笔记

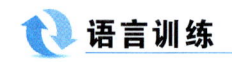

一、第一阶段

第一阶段年龄范围在二至六岁。儿童的言语困难主要是发生在某一段时间里，像是一段插曲，主要的特点是音节和词汇的重复。多数情况下是对句子、短语的开头进行重复，并倾向于在虚词和代词上发生口吃，这个阶段中的口吃儿童也像其他儿童那样，常把句子结构（而不是词汇）分裂开来。

此时，儿童还不逃避说话，对自己的言语没有什么特别的意识或关注。但有的儿童在说话受阻时会感到灰心，这一阶段中的口吃儿童与其他具有生理性语言重复的儿童没有什么区别。

二、第二阶段

第二阶段年龄范围主要是小学阶段的学生，但也可能有成人。患者的口吃程度可能有所不同，但是已发展成为慢性问题，他们言语的中断主要是由于对词汇的分割，而不是对句子结构的分割。分割的重复不仅发生在句子或短语的第一个词上，而且也可能发生在句子的其他部分。

有趣的是，即使认识到自己是口吃患者的儿童，在这个阶段中也不会有意回避说话的情境。这类儿童较容易对待。有材料表明，在整个第二阶段，口吃患者的自然康复比例较高。在这时，矫治越少越好。此阶段重要的是不要直接关注那些可能导致儿童忧虑的症状。

三、第三阶段

第三阶段年龄范围从八岁到成年，在青春期发生率最高。口吃患者意识到自己的言语问题，在遇到困难的情境时，他们就预料会出现口吃。困难的情境包括和陌生人交谈、课堂上回答问题及其他涉及交往任务的各种场合。他们把一些词和音看作难发的词、音，预料着说这些词、音时会发生口吃。为了避开这类"可怕的"词，他们可能采取词汇替代或迂回说话的手段。但是，他们并没有试图避开谈话情境的迹象，或者这种迹象不明显。例如，有一个被认为有口吃问题的儿童，照样在课堂上主动回答问题，仍然喜爱交往。

四、第四阶段

第四阶段年龄范围从十岁到成人，多数是从青春期到成年，这个阶段的患者是慢性口吃患者，他们的言语中充分地表现出口吃的各种特点：言语不畅、停顿、重复、自我中断等。他们对说话产生忧虑和恐惧感，他们怕发音、怕说话。他们所采用的策略往往是无用的，克服不了言语恐惧感。

项目三　口吃的原因

口吃的原因非常多，以下介绍的是文献中经常提到的几种。

一、遗传

遗传可能是造成口吃的一个原因。所谓遗传，是指机体在一定的内外条件下再现与其祖先相同或相似特征的现象。遗传只是受着机体内源的制约和促进，同时也受着环境的影响。所以，遗传的因素加上环境的影响才可能导致口吃在后代中的再现。

有资料证明，约三分之一的口吃具有遗传上的原因。当然，不同研究者所提供的数据也有较大的出入。因为要弄清祖辈中的口吃情况，需要患者父母及其他亲人的坦诚相告。观察发现，口吃儿童和非口吃儿童相比，其祖辈中的口吃患者比较多，约为6∶1或10∶1。例如，别甫曼在250名口吃患儿家庭中发现，68.8%的成员有口吃，而在250名正常儿童的家庭中，口吃患者仅占成员的15.6%。还有人发现一个有趣的情况，由母亲家族方面遗传的口吃案例比由父亲家族方面遗传的口吃案例多一倍。

为探讨口吃的遗传问题，人们还对同卵孪生子和异卵孪生子中口吃现象进行了对比研究，发现两类孪生子中的口吃遗传有不同的表现。例如，在31对有口吃问题的同卵孪生子中，除一对中只有一人口吃外，其他30对都同时患口吃。在38对有口吃问题的异卵孪生子（都是同样生活条件下成长起来的）中，只有两对同时患口吃，其余36对中均只有一人患口吃。这说明了口吃具有遗传的可能性。

左撇子同口吃的关系也是人们在讨论口吃的遗传因素时，热烈讨论的一个问题，因为有些研究者认为左撇子可能具有遗传性。二十世纪初，俄国学者首先注意到左撇子和口吃的联系。后来施提尔（Stier，1911年）在报告中说，22.5%的左撇子有言语障碍，只是没有言明是口吃。他推测，这可能是由于言语中枢所在的脑半球不完善，左撇子的言语运动冲动既来自大脑右半球，也来自大脑左半球。来自两侧大半球的言语运动冲动发生竞争，造成运动干扰，使患者说话无把握，出现结巴现象。

有的研究者认为，强制左撇子使用右手做事情会引发口吃现象。取消强制措施，口吃也随之消失。

在季曼的言语矫正机构中曾对500名口吃患者做过统计调查，发现有68名明显的左撇子，即占总数的13.6%。而在1 010名无口吃的学生中也发现118名左撇子和28名矫正过的左撇子，两者共146名，即占总数的14.4%。两个百分率差不多。这表明，左撇子和口吃的关系并不明显。因此，左撇子和口吃的联系十分复杂，至今也无定论。

二、疾病

疾病也可能导致口吃。特别是幼儿期，若患传染性疾病，可能使儿童在病中或病后出现口吃的初期症状。有时候，儿童在病前已开始口吃，在疾病影响下，口吃会加重。一般来说，在患过疾病后，儿童生理上及心理上的抵抗力会减弱，神经系统和植物神经系统之间的平衡也受到破坏。慢性疾病大多不会导致口吃的产生，但会加剧口吃。伤风往往是口吃加剧或复发的原因。

三、特定的年龄

幼儿期是口吃的多发年龄段，特别是已经掌握大量词汇、能够构筑语句的年龄

语言训练

（三到四岁）。这时，儿童的言语及整个心理发展非常迅速，抑制性条件反射还不够巩固。到六七岁进入小学后，系统的学习活动给儿童的言语提出大量的要求，也容易诱发儿童的口吃。另一个容易发生口吃的年龄段是青春期。在这种过渡年龄期，全身各器官迅速但是不平衡地生长发育，内分泌系统和植物神经系统方面的急剧变化会造成精神生活方面的冲突，这种情况既可能诱发新的口吃，也可能加重原有的口吃，或者使已经治愈的口吃复发。

四、气候

气候对口吃的影响也相当明显。秋天和春天，儿童的机体状况会变差。成人也经常反映，天气和一定的季节会使儿童说话更加困难。但是，在他们的反映中有些矛盾的情况：有的说潮湿的天气对说话有干扰，有的则认为干燥的天气不利于说话；有的说自己害怕炎热的天气，有的则说寒冷的天气不利于他们的言语。一般来说，气候对各种疾病的表现都有影响。神经官能症（包括口吃）更容易受到气候和天气的影响，不少口吃患者都提到自己说话的困难以天气的变化情况为转移。

五、家庭环境

家庭环境不好也会助长口吃的发生和加强。嘲笑儿童的言语困难、指责儿童说话不好、经常说儿童的言语缺陷、迫使儿童重复词语，这些都会引起儿童对说话的恐惧，使他们丧失自信心，意识到自己说话不像别人那么好。在儿童意识到自己的口吃、对它过分地注意、想努力与之斗争的条件下，口吃不但克服不了，反而会愈加严重。

家庭成员间关系不好，父母间不能和睦相处，对子女过分钟爱或过分严厉，都容易使儿童口吃。

六、学校环境

学校环境对儿童的口吃发生也有明显的影响。统计数字表明，六到八岁儿童中口吃流行率较高。在阅读、迅速回答问题时，儿童要时刻准备着说话。在这种情境中，他们说话容易卡住、说不出来，或者结结巴巴。同学的讥笑和教师的议论对儿童的影响极为有害，都会为口吃的发生创造条件。儿童最初的言语阻塞是和周围人们令人不快的反应密切相关的，这种反应在儿童的记忆中固定下来，引起强烈的心理反应，即对言语的恐惧。

七、惊吓和恐吓

惊吓（如看到怪异的东西或听到可怕的声音）和恐吓（如遭打骂或威胁）都会引起儿童的恐惧，是诱发口吃的常见外部原因。

惊吓和恐吓往往引起儿童的情感震动，使儿童突然出现口吃，并伴有外部的情感表现——表情、姿势及其他动作。情感激动还会引起呼吸器官和血液循环系统的障碍。例如，儿童会伤心得痛哭大叫，外部不仅有典型的表情动作，而且呼吸活动发生明显变化——呜咽、哭叫，抽搐性呼气和吸气，断断续续地呜咽。在情感严重波动时，言语动作就会发生障碍。

惊吓造成儿童的恐惧可能显得非常厉害。恐惧状态最明显地反映到儿童言语器官的神经肌肉活动上，同时引起强烈的植物性反应（出冷汗）。受惊吓的儿童说话带着痉挛性的停顿，抽搐性地重复声音和词语。他脸色苍白，抽搐地呼吸时，时而长长地吸气，时而抽搐地一吸一呼，说话不流利、无节奏。这样，立刻就会出现口吃的初期特征，之后可能被固定下来。有时候，惊吓会导致长时间（几天几夜或更久）的沉默无语。之后再开始说话时，就变成结结巴巴的了。

八、模仿

儿童也可能通过模仿而产生口吃。如果让儿童长时间地同口吃患者进行交往，就容易产生这种现象。在儿童的言语形成期间，周围人们——父母、兄弟、姐妹及其他人员说错的词语，都会引起儿童的模仿、重复，为产生言语障碍创造条件。周围某人抽搐说话可能反射性地引起儿童同样的抽搐性言语动作。模仿可能是逗着玩，在这种条件下，口吃的初期表现可能不被成人注意，以为是儿童顽皮，只有当口吃表现加重时才会引起家长的注意。

总之，遗传和周围环境中的各种不同的有害因素都可能成为口吃产生的原因。但是应该认为，心理创伤（主要是惊吓）是口吃的基本原因。口吃往往在产生心理创伤之后不立刻出现，而是过一阵子（几周以后）才开始发作。传染病、脑创伤、内分泌疾病等也是使儿童产生口吃的因素。显然，口吃的产生更多的是心理性和躯体性因素的协同影响。而家长在介绍情况时，往往只指出其中的某一个因素，多半是惊吓，较少谈到传染病或脑创伤。例如，一个口吃儿童的母亲说，儿童是被炸雷吓了一下，开始说话结巴了。经进一步了解，原来是儿童生了猩红热，在家里休息，就在这时听到炸雷，吓了一跳，之后，开始出现口吃。据家长反映，在此之前，儿童不止一次地听到过炸雷，并没有表现出这样的恐惧。因此，完全有理由认为，这个儿童的口吃是心理和躯体的双重因素协同影响的结果。

项目四　口吃的发病机理说

人们在对口吃的长期研究中提出了许多口吃发病理论，而且不同的理论在观点上有很大差异。其中有的理论曾经在历史上的某个时期一度较为流行，但以后渐被淡忘。

一、神经官能症说

这个理论认为，口吃是以言语运动障碍为主要特征的神经官能症。言语是非常精确的、复杂的协调性运动的表现，它受运动器官皮质中枢分析综合活动的调节。如果这种高级神经调节机制受到削弱，就难以组织必要、稳定的言语协调动作，这时便会发生口吃现象。

语言训练

读书笔记

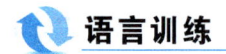

人体的运动是中枢神经活动的外在表现，是由兴奋和抑制这两个基本神经过程来维持的。兴奋和抑制之间的统一平衡是保证人体各器官协调运动的基本保证。如果机体经受到过强的、过多的或过长的刺激，兴奋和抑制过程就会失去平衡，从而妨碍神经系统的正常功能活动。它就无法正常地发挥对人体器官运动的调节作用。受到影响的器官就会出现功能失调。如果言语器官受到影响，就会出现言语障碍。

儿童的神经系统处于形成发育过程中，其抑制性条件反射没有完全形成。大脑细胞的兴奋非常强烈，极易扩散。在发生心理伤害时，过分强烈的恐惧情绪会引起神经过程的过分紧张，这种情况又会诱发皮质下区域的过分紧张，从而破坏神经系统的正常活动。这种病理生理现象首先会反映在儿童特别容易受伤害的高级神经活动领域——言语，使协调言语运动的言语运动中枢系统发生障碍。结果，儿童说话开始结巴，表现出痉挛现象。

在儿童经常受到令人不快的刺激影响时，如遭到威吓、处罚，听到吓人的故事，受到严厉的对待及频繁的指责等，其神经活动会一直处于高度紧张的状态，从而导致活动失调。这会渐渐引起伴有言语障碍的神经官能症现象。有的家长经常向子女提出这样或那样的禁令，严格规定不准做这不准做那，或者对子女时而宽容时而严厉，这也会造成兴奋和抑制过程的"冲撞"，从而引发伴有口吃的神经官能症。

而且，当情感兴奋特别强烈时，大脑细胞的活动能力（对外部刺激的反应能力）会达到极限，从而不再对刺激作出反应，产生巴甫洛夫所说的"超限抑制"。这可用来解释儿童在受到惊吓后的一定时间（几分钟、几小时、几天或更久）内沉默不语的现象。这种超限抑制可能会从皮质区传到下面的部位，从而使儿童表现出呆滞。所以，人们常说受到惊吓的人被"惊呆了""吓得不动一下"。超限抑制也称为保护性抑制，因为它解除了细胞的反应活动，使它们得到安静和休息，以免受到损伤或衰竭。通常，在超限抑制（一定时间的沉默不语）解除之后，儿童又开始说话，但是已经开始结巴起来。

即使对儿童为什么会因模仿而发生口吃，也能用这个理论来说清楚。模仿反射是先天遗传的，在人类进化方面是最古老、最牢固的反射。在婴儿期和幼儿期，第一信号系统占优势。在直接的外界刺激物作用下，儿童特别容易产生模仿反射。在一定条件下，当他们听到结结巴巴的言语时，通过模仿也会形成抽搐性的言语运动。对于成人来说不会发生这种情况，因为成人的言语条件反射已牢固形成；对于正在学说话的儿童来说，其言语条件反射还很脆弱、不稳定，因而很容易被所模仿的言语反射所取代，从而习得结巴言语。当然，不是说每个儿童都会因模仿而发生口吃。

二、体质说

体质说的理论认为口吃的发生与体质因素有关。持此观点的人们进行了许多研究，以证明某种体质的人更易发生口吃。至于口吃与什么样的体质因素有关，至今无统一定论。有的研究发现，某些口吃患者有家族史。与正常人群相比，口吃患者的家族中往往有更多的口吃患者、更多的左撇子、更多的双胞胎，开口说话的时间较晚，更多地患有可能损及神经系统的疾病或外伤。有的研究发现，口吃患者的神经生理结构可能与非口吃患者不同。例如,在某项听觉测验中发现,在听一些单词和句子等有意义的材料时,口吃患者的左耳得分较高,非口吃患者的右耳得分较高。而在听无意义的声音时,两个群体得分没有什么差异。因此,研究者认为口吃患者的言语中枢在大脑右半球,而非口吃患者的言语中枢在大脑左半球。有的人认为,造成口吃的原因是口吃患者在发音、构音等方面有协调障碍,口吃患者的自我听觉反馈可能较正常人延迟。

当然,并不是所有具有易发口吃体质的儿童最终都会出现口吃。如果该类儿童在言语发展时期没有什么严重疾病、生理和心理上都没有遭受创伤,那么他们可能不会出现口吃现象。相反,如果同样体质的儿童在言语形成阶段有较严重的生理、心理问题,那么该儿童可能发生口吃现象。总之,一定的体质因素只是为口吃的出现提供了某种可能性,但这种可能性要变成现实,必须与具体的环境、生理、心理因素相结合。

三、习得说

早期阶段的口吃是由于成人对儿童的正常范围内的言语不流畅的错误评价而造成的。学龄前、学龄初期的儿童在谈话时往往会出现言语重复或迟疑,有的家长、教师或其他成人则错误地把这种言语不流畅看作口吃的症状,从而焦虑不安,并把这种态度传染给儿童。如果儿童意识到成人的焦虑,也开始担心自己言语的重复,那么该儿童便会出现口吃。显然,并不是言语的重复或迟疑造成儿童口吃,而是儿童本人和其他成人对此的焦虑态度最终使儿童成为口吃患者。

当儿童开始口吃后,往往会持续下去。一方面,在特定的言语环境中或在发某个音时,儿童会因恐惧自己会出现口吃而加重口吃;另一方面,某些儿童可能喜欢自己因口吃而备受他人关注和照顾。因此,除了少部分口吃患者在发展过程中会意识到口吃的不良后果而自我调节、自我矫正,大部分口吃患者需要通过外界的帮助来矫正口吃。

四、个性障碍说

主张个性障碍说的多为心理学家和精神病学者。他们认为口吃是个性障碍的一种表现,是内心冲突的外部表现。口吃是口吃患者的一种心理需要。通过口吃,他们可以得到正常说话所不能得到的满足感。口吃患者可能具有幼稚、依赖、自我矛盾、焦虑、退缩、缺乏自信等个性特征,对用言语表现自己的情感颇感恐惧。如果对口吃患者进行心理帮助,同时家长、教师等成人学会倾听,儿童有望流利地表达自己的思想。

个性障碍论者做了许多研究以证明自己的观点。许多研究表明,口吃患者在社会适应方面较正常人差,有一定的个性障碍。但至今还没有研究证明究竟是口吃引起个体社会适应不良,还是社会适应不良引起口吃。

五、综合起因说

综合起因说则认为口吃的起因是复杂多样的,要视每个口吃患者的具体情况进行分析。无论是神经官能症说、体质说、习得说,还是个性障碍说,都认为口吃是某一单一的原因造成的,而且上述各学说间无任何一致性。

学习单元二

口吃的特征

项目一　口吃的构音特征

口吃表现为言语正常进程因不能自控的阻塞及重复而中断，这种阻塞及重复就是口吃的基本构音特征或症状，它们的表现形式大概可以归纳为以下四种。

一、重复发音

重复发音也称为连发。患者在说话过程中在某一声音上需要重复数次才能继续说下去。重复的多半是词语的第一个声音，但有时也可能是词语中音的声音。例如："今、今、今、今天是我做值日"，或者"今天是我做、做、做值日"，或者"今、今、今、今天是我做、做、做值日"，口吃严重的情况下也可能达到十多遍。这种口吃特征容易为人们发觉，所以非常惹人注意。这种症状较为常见，成为口吃的代表症状。一般人说到口吃，总是把它和结巴重复相联系，似乎口吃就是重复发音。

二、起音困难

起音困难是指说话时第一个声音因遇到阻塞而发不出来的现象。口型要在第一个声音上憋一会儿才能发出声音。例如："……我不知道"，"……今天是妈妈的生日"。起音困难也称难发。患者越是心急，越是说不出，往往要经过一番挣扎，或借助于特定的辅助动作，才能说出第一个声音。

一般来说，患者只要把第一个声音发出来，接下来就说得流畅了。但是，他们不敢停下来，一旦停下来，接下去的第一个声音又可能发生困难。为了避免难发，患者说话时往往又急又快，恨不得一口气把意思说完。久而久之，就养成急速说话的习惯，这样不仅不能缓解口吃症状，反而会加重。

当然，不是所有的患者每次起音时都发生困难。轻度患者可能是几个句子中有一句的首音难发。大多数患者都有几个感到难发的声音。各人难发的声音不尽相同。一个人感到难发的声音，另一个人可能发得很顺利；或者相反。难发的声音不是孤立存在的，常和与之相随的那个字音密切相连。在一个词语中难发的声音出现在另一个词语中时，患者就不难发了。另外，在词语开头难发的声音出现在词语的中间或末尾时也不难发。例如，说"南京"时，"南"字卡壳发不出，而说"济南"时畅通无阻；说"快乐"时，"快"字卡壳发不出，而说"愉快"时毫无困难。这种特征和前一种特征相比，较少惹人注意。因为起音卡住时没有声音发出，只有别人观察到患者的口部情况时，才能发现其异常表现。

三、言语中阻

言语中阻是指患者在说话时，突然发生阻塞，下面的话接不上来，憋上一会儿才能把话说下去，这种口吃特征在性质上和起音困难相同，是言语阻塞的另一种表现。例如，"小明放学……回家，在路上……看到一个钱包"，这种中阻现象一般发生于完整的语义单位之间，和因空气不足而在句子中的不随意停顿现象明显有别，这种症状也不易为人发现。一般的人都不知道这是口吃的表现，常以为是爱说半截话的表现。所以，患者也容易掩盖自己的口吃。

四、拖长字音

拖长字音是一种鲜见的口吃症状，它既不同于因阻塞在某个字音卡住，又不同于重复发音时在某个字音上多次连发。拖长字音就是某个音发出后拖得很长，才能带出下面的话来。它似乎是介于起音困难和重复发音之间。例如，"我——想吃——苹果"。

以上的特征在不同患者身上的表现很不一样，有的儿童可能仅表现出其中的一种，经常是重复发音，而多数儿童都兼有其中的两种或更多。同一个患者的口吃症状表现也不固定，有时是重复发音，有时又可能是起音困难或言语中阻。幼小儿童较常表现出重复发音现象，其中有的人可能一直持续下去，随着年龄的增长，大多数儿童患者可能逐渐变为起音困难或兼有重复发音。

项目二　口吃的生理特征

口吃是由言语器官肌肉组织的抽搐（或痉挛）所致，肌肉抽搐有阵挛性和强直性两种。在阵挛性抽搐时，言语器官肌肉接连短暂地收缩，从而导致音素或音节的重复；在强直性抽搐时，言语肌肉收缩时间较长，力量较大，从而导致言语的阻塞。阵挛性抽搐时间约一秒钟，强直性抽搐时间持续几秒钟，特别严重时可达半分钟。言语抽搐一般发生在某一言语肌肉组织，只发生于言语过程中。当患者不说话时或完成非言语性运动时，如呼吸、咀嚼、吞咽等，甚至在发孤立的单个音素时，都不会发生肌肉抽搐现象。肌肉抽搐的结果，使口吃患者的言语获得典型的性质，从而破坏言语的流畅进程。

一、呼吸肌肉抽搐

呼吸部分肌肉的抽搐往往导致词首的阻塞或间断。这是由吸气动作的断续性抽搐

语言训练

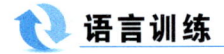

所致；后者又是横膈膜收缩的结果。这种阵挛性的间断性吸气有点像打嗝。有时，患者就是在抽搐性吸气时发出音素、音节。在这样说话时，抽搐性吸气的气流引起声带的振动，这类口吃患者不同于一般患者之处在于发出的声音不响亮、有点嘶哑，发出的音也不确切。

在另一种情况下，腹肌的收缩会导致快速而突然的抽搐性呼气。这时会出现言语的停顿，而且缺少声带的音响。在呼气发生这样的抽搐时，患者把肺中的空气大量呼出，因而在抽搐结束后为了使言语继续下去，不得不重新吸气，从而造成言语的停顿。

呼吸器官的抽搐使说话时的空气消耗特别大，这是口吃患者的显著外部特点，有的患者发声前呼出大部分空气，尤其是发生强直性抽搐时，结果接下去发音说话只能依靠肺里残留的一些空气，在言语过程中空气的消耗也很明显。

二、声带肌肉抽搐

声带肌肉抽搐不常见，一般表现为两种情况。

（1）连接声带的肌肉紧张收缩，使声门关闭。这种抽搐会把言语打断，导致或长或短的停顿，在此时，吸气、呼气和发音都中止，这是因抽搐而闭合的声门不让气流进出的结果。

（2）参与构音的肌肉收缩，声带绷紧，使声音拖长。因为在声带绷紧时言语呼吸在继续，声音能发出来，但发得过长，超出构成清晰声音的实际需要。在这种情况下，空气的消耗很严重，可能把吸入的空气全部耗掉，为了在抽搐之后把话继续说下去，患者往往不得不违背常规，一词一吸气。

一般来说，口吃儿童说话时，即使肌肉不痉挛，呼吸也是不正常的，他们的言语呼气短，而且会把肺内空气很快耗光，因此常在不该停顿的地方停下吸气。但是，和言语无关的平静呼吸是正常的。

三、构音器官肌肉抽搐

构音器官肌肉抽搐主要涉及唇和舌的肌肉及辅音（通常是词语的第一个发音）的发音过程。发某些音的困难程度取决于口吃患者的主观看法。有些从生理学上看来比较复杂的难发音，他们却能念得很好；而有些相当容易发的音，却会给他们造成很大困难。

1. 唇肌抽搐使言语中断、停顿

在唇肌发生强直性抽搐时，在发第一个音前嘴会突然紧紧闭起来，患者不能把词说出来，言语被迫中断，发生停顿。这时，患者试图用力呼气以排除阻碍，有时呼出的空气遇到阻碍就会从鼻孔里送出来。有时，不是一次性强直性抽搐，而是一连串的短暂性抽搐（阵挛性的），导致音的一系列重复。

2. 舌肌抽搐造成双唇音、舌尖音、舌根音障碍

口吃患者中舌肌肉抽搐十分普遍，这会造成对许多音的发音困难，如双唇音 b、p、m，舌根音 g、k、h，舌尖音 d、t、z、zh、c 等，也可能造成舌面音的阻塞。舌

肌抽搐还常常造成言语的突然中断或以上各个声音的重复发音。

唇、舌肌的抽搐对于口吃患者是相当典型的。例如，在说"爸爸"时，会念成"b—b—b—爸爸"；在念"看不见"时，会说成"k—k—k—看不见"。这里 b 和 k 各重复好几次（阵挛）。如果肌肉发生强直性抽搐，会把"爸爸"说成"b——爸爸"，把"看不见"说成"k——看不见"。在拖长音念过 b、k 后有一个停顿，然后接下来把词说出来，因为言语肌肉较长时间的痉挛会妨碍气流通过，不能把需要的音发出来。在发擦音（f、sh、x、s、l、h）时，由于构音方法的特点（不完全把空气通路阻塞），产生抽搐的现象较少。

对于明显的口吃患者来说，上述的抽搐以不同的方式结合在一起，构成混合性抽搐，如以强直性抽搐为主的强直阵挛性抽搐，以阵挛性抽搐为主的阵挛强直性抽搐。单强直性的或单阵挛性的抽搐并不常见。抽搐发生的部位也经常在改变。一般来说，口吃的早期阶段，呼吸部分的肌肉抽搐占优势，在口吃明显并进一步发展时，构音部分肌肉抽搐就占优势了。肌肉抽搐，尤其是呼吸肌肉抽搐往往给病人带来很难受的感觉。这时，患者会感到胸闷或胸部隐隐作痛，喘不过气来。在发生强直性抽搐时，由于某处的言语肌肉突然完全地、较长时间地闭合在一起，患者用力克服阻碍，脸上会显得很紧张，在这种情况下，说话会特别困难。

四、其他肌肉抽搐

由于大脑皮质兴奋的扩散，言语肌肉的抽搐会导致其他一些不直接参与言语活动的肌肉的抽搐，产生一些伴随性动作。被导入运动的肌肉组织很多，如脸、颈、四肢、躯干等的肌肉。儿童在这时往往会抽动眉毛、闭上眼睛、嘴略微张开、流口水，甚至切齿作声（咬牙齿）、鼻侧震颤鼓起。有的儿童会做出很复杂的动作，如头抽搐、点动或转动，脖子肌肉拉紧，躯干向不同方向扭动，把手指握起来，跺脚等。有时会看到儿童在说话前像是要跳起来，伸出脚向前走几步；或者向后退、碰到物体时人便靠在上面，只有这时才带着剧烈的强直阵挛性抽搐说出点什么来。这些动作很明显，有时甚至是怪诞可笑的，往往引起一些不懂口吃患者痛苦的人们的挖苦和耍笑，所有这些动作都是不由自主地做出来的。

口吃患者为了与言语障碍做斗争，会有意地做出这样或那样的动作。例如，为了缓解紧张状态，患者用手拍自己的腿或用脚敲地，在强直性抽搐时咬紧嘴唇、拉紧眼皮或用手、脚、头以及全身做出别的动作，敲打一下，挥动一下，就说出来了。

根据口吃的生理特征及外部表现情况，可以把口吃分为以下三种不同的程度。

（1）轻度口吃：说话轻松、自如，间或产生不明显的抽搐性停顿。

（2）中度口吃：交谈时可能在任何部分的言语器官产生阵挛性和强直性抽搐，其程度虽然已使说话发生困难，但还能使患者连贯地表达自己的思想和感情。

（3）严重口吃：很难进行谈话，较长久的强直性抽搐，使谈话继续不下去，患者不能连贯地说话，只能断断续续地说出几个词或短句。

项目三　口吃的心理特征

患者的心理特征是口吃的重要组成部分，给他们造成沉重且难以言喻的痛苦。心理特征很复杂，程度也不一样，强度也在经常发生的和周围环境的冲突影响下逐步增加，它们直接导致口吃的进一步发展。

一、对言语的恐惧

口吃最为典型的心理特征就是对言语的恐惧，怕发某些声音和说某些词语，特别是感到难发的声音，害怕和特定的人物或在特定的情境中说话。由于恐惧，儿童就发不出这些"可怕的声音"，被它们憋住，从而引起口吃发作。有的患者干脆不说话，或者不去发可怕的声音或说可怕的词语，想法用同义词或别的什么词替代。例如，把"姑姑"说成"爸爸的妹妹"。有一个口吃女孩受妈妈之托去买八根冰糕，结果只买了六根，因为怕说"八"这个可怕的字，"六"说起来没困难。当妈妈问她还有两根哪儿去了，她说自己吃了。如果句子中有几个词都被替换，那么必然使句子不通顺，或者完全改变了句子的意思，从而无法准确表达儿童想要传递的内容。

恐惧使患者时刻对构音动作进行考虑，每当说话时首先考虑的不是要表达的内容，而是不要发生口吃，哪句话要口吃、哪个字要口吃、怎样能不口吃，费尽心机运用各种小技巧，努力防止口吃或回避口吃。经常地替换词语，歪曲句义，可能使有的儿童形成说谎和做作的倾向，从而引起行为变化（导致错误的行为）。由于怕说话，许多患者变得不爱交往、沉默寡言，有的儿童甚至会对社会采取不道德态度。

现实中看到许多三四岁的儿童表现出口吃现象，但几个星期或几个月后就消失了。这种口吃现象没有外在的原因，不是由于恐吓、碰伤等原因，而是起因于通常的言语重复。这时的儿童不会产生心理障碍。有的儿童还会以重复声音和词语为乐。只有一些患有严重神经病的儿童才表现出较为激烈的反应（神经病不是一般人所说的"精神病"，而是神经系统的组织发生病变或机能发生障碍的疾病，主要症状是麻木、抽搐、瘫痪、昏迷等）。这类儿童可能不愿在外人甚至父母面前说话，他们的强直性肌肉抽搐来得相当快，比较安静的儿童重复声音的现象可能持续较长的时间，一直到引起别人的注意为止。家长的提醒、威吓或激励儿童正确说话，不要多重复，只能诱导儿童去注意自己的言语缺陷，意识到自己的言语缺陷，逐步消除对言语的恐惧心理。恐惧反应先是由于对自己说话的担心而产生，以后逐步强化，成为病态的反应，近似于强制状态，无论自己能不能流畅地说话，患者一遇到说话，就开始担心害怕。

对言语的恐惧往往同一定的人物联系在一起，这样的人物可能是儿童所敬重的人，或讥笑过儿童的某个人，或是威吓过儿童的人等。这类人物的出现马上就会引起儿童的恐惧，从而导致口吃发作。进一步发展下去，只要想到这些人，儿童的情绪就会激动起来。

这种心理障碍可以用神经官能症的理论来解释，儿童在同某个人物谈话时发生口吃，就会形成一种一旦和该人物接触就开始结巴的条件联系，也就是在言语运动皮质中枢产生一种病灶。在这种病态条件联系建立之后，任何同该人物相关的刺激物的出现，都会使病灶兴奋，引起口吃发作。不仅这个人物的出现，而且仅仅提到这个人物的名字，或预测到这个人物在场，甚至处于以前儿童与之交谈失败时的具体环境及与之相似的环境等，都可能使儿童产生条件反射，出现恐惧心理。

对言语的恐惧也可能和特定的环境及与之相关的情境（学校教室、公交车辆、会议、打电话、购物等）、特定的词汇相关。儿童一旦在其中发生过口吃，就会形成相应的病态联系，任何与它们有关系的刺激物都会诱发儿童的紧张情绪，从而导致口吃发作。一个口吃患者说，以前他同任何人打电话都不会口吃。有一次，他给上司打电话汇报工作（上司交给他的任务没有完成）后，言语障碍发展了，给人打电话成为困难的事情。口吃患者遇到不常见的情境时，由于对之没有形成病态条件联系，就不会口吃。例如，在喧闹的马路上、车间里、课间吵闹时，或者有意地轻声说话，甚至在黑暗中说话时，口吃患者说话就不结巴，原因可能就在于此。口吃患者往往采取一些特殊的辅助措施以防止口吃。开始可能有效，以后就会失去作用，因为并没有消除口吃的原因。

二、病态的戒备心理

由于恐惧的结果，口吃儿童对自己的构音活动形成一种病态的戒备心理。他们在说话前非常注意自己的说话方法，力求避免口吃，说话过程中不时地注意寻找自己有没有口吃。在正常情况下，人们说话主要是考虑用什么词汇才能把意思表达清楚，至于词汇的声音构成及如何发每个声音，是意识不到的，因为构音活动已经完全自动化，不需要意识的调控。这就像走路一样，走路时谁也不会想到如何摆动手臂，如何移动腿和脚。如果我们开始注意自己的步态，走路的动作马上就显得不自然了。又比如用笔抄写时容易抄错，因为这时的注意力集中于各个汉字的笔画。如果说话时对各个声音的构音动作给予高度的注意，就必然破坏言语的自然性和流畅性。其原因在于自我观察会破坏各种自动化和半自动化的运动进程，使它们退出各种运动型相互配合的"协奏曲"，变得很不灵活、很不协调。这种人为的运动失调，可以叫作精神性运动失调。

口吃患者对发音说话的戒备、对自己构音动作的过分注意会妨碍其言语正常进程。在这时，肌肉运动变得很紧张，或者开始抽搐。当词语的首音是儿童的难发音时，儿童就开始焦虑，并竭力要把它发出来。越是努力，构音肌肉越是紧张，结果口吃在所难免。口吃儿童失去镇静，不能自控，被"想把难发声音发好"支配着。只有当费尽九牛二虎之力发（说）出所希望的音或词时，才能摆脱这种状态。患者这时所经受的痛苦，往往是周围人们所不能体会的。

三、精神紧张，性格异常

口吃患者经常担心口吃发作。每次的发作都会给他们造成新的、沉痛的心理创

语言训练

读书笔记

伤。言语交往的挫折使患者想得很多，感到十分伤心。他们的行为就是尽量地去适应自己的缺陷，千方百计地掩盖自己的缺陷，或者想尽办法克服它，但是使用的手段又不适当，不可能奏效。他们对自己的挫折及别人对其言语的任何细微注意（往往对每个说话的人都产生这种怀疑）的反应都过分激动。在这种情况下，患者的性格也受到影响。他们变得紧张、胆怯、害羞、忧郁、孤僻，或者过度兴奋、容易激动、易感到委屈、爱哭泣、脾气犟等。

口吃造成的长期的、使心理受到伤害的体验，会使患者的神经系统变得十分虚弱，并导致他们丧失信心、苦闷多疑、优柔寡断、意志薄弱，总感到自己有缺陷，低人一头，容易感到难过。有时候他们会错误地认为自己的口吃不可能治好，自己缺少流利说话的能力。

但是需要指出，以上讲到的一些特点并不适于每个口吃患者。口吃患者在其言语障碍特点、对言语障碍的反应特点、神经及心理状况特点等方面，都互相有区别。口吃的各种不同表现都起因于环境因素的影响。例如，少数口吃患者对言语不存在恐惧的感觉，口吃只是由于习惯性运动机制所致。他们由于个性特点及环境条件，以及专注于一定的目标和兴趣，并不怎么留心自己的言语缺陷，对口吃没有那种顽固的切肤痛心的心理反应。所以，口吃对他们的性格也没有明显的影响。当然，口吃对他们来说总是令人不快的，只是不愉快的程度较轻，影响不了他们对言语的态度。他们仍然乐于和人交谈、当众发言。即使对于他们，强烈的情绪也会加重口吃发作。

有的成年口吃患者在认识到自己说话结巴主要起因于发窘、缺少自信和对言语的恐惧后，能通过顽强的自我努力克服自己的言语障碍。例如，古希腊有个知名演说家迪莫斯芬就患过口吃，他通过自己的努力摆脱了口吃发作，并获得伟大演说家的殊荣。著名俄罗斯演员别夫佐夫也患有明显的口吃，通过顽强而有计划的自我完善工作，终于克服了口吃。

学习单元三

口吃的矫治

项目一 口吃的评估检查

口吃不但累及患者的言语,而且殃及其全部的机体活动,包括心理活动。同时,不同患者在言语症状、伴随现象及情绪反应等方面的表现很不一样,不同年龄阶段患者的表现也各不相同。所以,在制订矫治方案之前必须对患者进行全面而深入的评估检查,以便获取尽可能全面而详细的材料,为作出准确的诊断结论奠定扎实基础。

对于口吃患者,除一般的背景资料外,需着重进行以下的检查评估。

一、了解基本情况

主要了解口吃患者的身心特点、口吃的发生和发展、患者的行为变化及发病的环境因素等。

1. 儿童的言语发展

何时开口说话?言语发展如何?何时出现首批词汇?何时开始说句子?词汇量怎样?周围人们的言语如何?亲属或朋友中有无口吃患者或说话很快的人?

2. 儿童的生理状况

体质如何?是否患过传染病、脑伤?夜间是否遗尿?有无夜惊、梦游、抽搐等现象?有无神经质表现?

3. 口吃的发生

首批口吃特征何时和怎样出现?和家中的什么情境有联系?是突然发生、立刻表现严重(如在某一次严重心理伤害之后),还是逐步发生,由不明显的现象开始,渐渐加剧?如果受过惊吓,那么惊吓之后有无完全不语的阶段,如果有,持续了多久?对起因于惊吓的口吃,必须搞清楚受惊吓后是否患过疾病、大脑是否受过伤害,或者惊吓是否发生于疾患过程之中,换句话说,就是要弄清有无心理因素和躯体因素相结合的情况。

4. 口吃的发展

口吃的进一步发展如何?有无自发地改善或完全消失的时期,如果有,持续多久?何时出现伴随动作,表现在哪儿?口吃发生后,儿童的性格和行为有无改变,表

语言训练

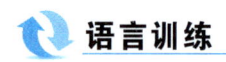

现在哪儿？幼儿时是否矫治过口吃，效果如何？何时口吃较为严重？何种条件下口吃缓解或停止？

5. 入学后的情况

何时入学？在学校里对自己的口吃有何反应，上课时如何回答问题，平时如何与人交谈？教师和同学对患者的影响如何？口吃有无加剧，从几年级开始，表现在哪儿？口吃对他的学习有无妨碍，程度如何？

6. 交往态度

是否愿意和人交谈，尤其是在社交场合下说话？有无回避言语的意图？如何与家人、同学、熟人、陌生人、教师、领导及其他人说话？

7. 情绪及性格变化

口吃是否对患者的情绪和行为发生影响？是否过分注意自己的言语，对言语有无恐惧感，在何种情况下表现出来？为了便于说话或掩盖自己的口吃，是否用一些"窍门"？说话时是否感到血往脸部涌（脸发红）、心跳加快、肌肉收缩、肠胃蠕动、满头大汗，或者唾沫四溅、手脚发抖、全身紧张？

8. 周围人们的态度

口吃发作的频率和程度受到周围人们态度的影响。评估检查必须搞清这种影响对每个患者口吃发作所起的作用。所以，应该揭示与儿童有关的各种环境中的人们对儿童口吃的态度。

这些材料的收集主要借助于与患者本人的交谈，与其父母、亲友和教师的交谈。在与口吃患者交谈时，要非常注意他们的情绪表现，要和他们建立相互信赖的关系，才能让他们敞开心扉，说出自己的各种表现和感受情况。

二、神经系统和心理检查

对口吃患者还应进行神经系统，尤其是心理活动方面的检查。神经系统的情况可以利用通用的神经学检查方法进行评估。无论从什么角度看，口吃的发作都和个体的高级神经活动有关。在心理方面通过检查，应指出患者的智力状况、一般发展、情感意志和性格特点。例如，对于儿童患者，应该确定有无兴奋、易激动、任性、活泼、爱交往，或者安静、害羞、腼腆、忧郁、胆小、爱哭、不爱说话等特点；对于青少年或成人，则应找出有别于这些的性格特点。应指出患者对自己言语的态度，说话前的情绪体验等。这些心理特点的检查可能通过谈话和直接的观察进行，也可能借助相关的心理测验方法进行。

三、言语情况检查

言语检查主要是观察口吃患者在不同言语情境中的表现。揭示在何种言语形式中不口吃或口吃较轻，在何种言语形式中口吃较重，并计算较重时口吃的发生频率、出现的时间间隔及口吃时的伴随动作和情绪反应，还要确定儿童的抽搐类型、词汇量、造句情况、言语表达能力（语调、表情及动作手势）、复述与叙述水平、言语中混杂的多余字和词等。所有这些对于确定患者的言语特点和口吃程度及制订矫治方法都有重要作用。言语检查主要有以下几项。

1. 自发言语

和患者进行谈话，请患者回答问题，或独立地说些什么。重要的是把患者吸引到谈话中来。在前面的预先交谈中应已经获得许多有关其言语的重要信息。

2. 反应性言语

要患者跟着评估人员重复较为简单的句子。不用正常的语速，然后再放慢一点。

3. 低声说话

低声地回答问题或述说一件事情，低声地重复评估人员说过的话。

4. 有节奏的言语

背诵诗歌（独立背诵、小组集体背诵、与语言矫治师一起背诵），数数，说出一周中的日子或一年中的月份。

5. 阅读

根据儿童的文化程度选择一篇或一段文章让儿童读，可以独立地读，也可以和别人一起读。

6. 唱歌

让儿童唱一首自己熟悉的歌。

7. 自言自语

评估人员离开现场，口吃患者自己挑选一个话题，谈谈自己的看法。

8. 打电话

假装给朋友或亲属打电话，说一件事情。

在检查过程中，还应注意儿童的言语速度（正常、急促、很快、很慢、时快时慢等）、构音情况（清晰、准确、不正常、无力气、构音障碍等）、嗓音（很响、很轻、尖叫、嘶哑、鼻音浓、鼻音缺等）及呼吸等情况。可以对检查情况进行录音或录像，以便对儿童言语状况进行评估，并可用于评估以后的矫治效果。

语言矫治师应记下口吃的形式、次数和说话时间，并用以下的公式计算口吃的发生频率：

$$口吃的频率 = 口吃的总次数 \div 说话的总时间（分）$$

计时只计儿童的言语部分。儿童感到困难的部分可省略。口吃的总次数是指言语重复、阻塞及拖长的次数。

需要注意，在第一次检查的基础上未必就能对儿童的言语状况作出准确结论，因为口吃的性质往往发生变化，也可能补充新的症状。在矫治过程中需做进一步的观察分析，才能较全面地揭示一个口吃儿童的全部特点。经常有这样的情况，初次检查使人感到患者的口吃较轻，以后却发现患者不仅有阵挛性的肌肉抽搐，而且具有严重的强直性肌肉抽搐。为了搞清口吃的原因，最好详细检查和了解患者的家庭生活条件。

在做诊断时应该把口吃同所谓的速语症区分开来。速语症也有言语中的停顿、音节的结巴重复，患者也会把自己视为口吃病人。从表面上看，速语症具有和口吃相似的轻度强直性停顿。但是其言语运动障碍是由说话速度太快所致，并非起因于对言语的恐惧。这类患者一般属于兴奋型外向性的人，这也反映到他们的一般动作上。有时，速语症也会发展为口吃。

项目二　口吃的矫治策略和方法

矫治口吃的目的不仅在于消除错误的言语节奏，形成正确的说话技能，更重要的是矫治口吃患者的心理和行为问题，培养其健康的个性品质。因此，在矫治口吃的过程中要注意言语矫治和心理治疗相结合。要根据患者的口吃发展阶段选择矫治方法、制订矫治方案，对于初期口吃和顽固性口吃，要分别采取不同的方法。

一、慢速说话的作用及训练

尽管不同的研究者制订的口吃矫治方法非常多样、差别很大，但是都有一个共同的特点：重视慢速说话的作用及训练。要矫治口吃患者的言语障碍，首先要教他们慢速、从容、轻声、流畅、连贯、协调地说话。无论对哪个年龄段的患者，都是如此。因为慢速说话对患者的言语活动有全面的调节作用，具体如下：

（1）说话慢对于口吃患者是一种新的言语表达方式。患者没有形成对它的口吃条件反射。因此，慢速说话时可以摆脱习惯性的言语动作抽搐。

（2）说话慢不仅可以使患者摆脱习惯性的言语动作抽搐，同时也可以避免患者形成新的言语抽搐神经联系。在慢慢把词语说出来时，不但能保持必要的节律，而且可以确保言语运动（呼吸的、发声的和构音的运动）的适当协调性，这样就不会产生口吃发作机制。

（3）缓慢、从容、流畅地说话时，言语所产生的刺激能相当清晰地从外围言语器官传向皮质言语运动中枢，这里调控着支配言语肌肉运动的神经细胞的活动，这样，缓慢说话通过各方面的作用能使患者形成正确的说话方法和技能。医生或语言矫治师应向患者做慢速言语的示范，让他们通过模仿掌握这种说话技能。

开始时，说话越慢越好，越慢越安全，而且嗓音要轻柔、平稳、流畅。言语虽缓慢，但必须连贯，不能一字或一词一停顿，只能在适当的地方停顿吸气。应注意说出句子中的逻辑重读字音，把句中的词语及意思强调出来。说话连贯也可以预防言语动作抽搐，患者往往在词语的开头发生阻塞或重复，在中间不大会发生结巴。所以，说得连贯的词语就很少有口吃现象。在连贯地说句子时，后边的词语好像是前边词语的延续。

为了能缓慢、流畅而连贯地说话，肺内必须有足够的空气。因此，还需要进行言语呼吸练习。要使患者学会做深吸气，而且要轻松，不能耸起双肩，也不能使胸口有闷气的感觉。发音说话时，把空气均缓地呼出来，但是不能把空气呼尽。患者的呼气开始时较短促，随着练习的进行，呼气会延长，渐渐接近正常的言语呼气标准。在没有说话时不能把空气放出来，也不要在词汇中间停下来吸气。

专门的呼吸练习也可以不做，因为慢速、平稳、连贯地说话和朗读诗歌及发音念词语练习，都能调节患者的言语呼吸。顽固口吃患者的言语呼吸障碍主要是对言语有恐惧情绪、缺少信心的结果。随着言语恐惧心理的解除，言语呼吸也会正常起来。不过，需要矫治的口吃患者都有较为明显的呼吸问题，在练习慢速说话及发音念词语的过程中，要注意观察其言语呼吸是否正常，注意让他们形成正确的言语呼吸。

为了使口吃患者学会流畅地说话，还应该开展发音和读词语的练习。其目的同样是使患者形成正确发音、词及句子的条件联系（技能），即学会轻松、柔和地说话，使言语器官的各部分保持必要的运动协调性，因为在进行这类练习时也不会发生抽搐现象，这种练习有助于患者掌握慢速说话的技能，并能促进言语呼吸的改进，可以使患者相信自己没有发不好的声音和词语。

发音和词语练习的方法：轻松自如地深吸一口气，然后一边呼气，一边从容平稳地发元音。呼气一定要缓慢、均匀，尽量持续得长久些，但也不能把肺内空气挤光。先用单韵母做练习，然后用复韵母做练习。例如：

（1）吸一口气，连续发一个单韵母：a a a……

（2）吸一口气，交替地发两个或更多的单韵母：a o a o a o……，a o u a o u o u……，注意不要发成复韵母。

（3）吸一口气，连续发一个复韵母：ai ai ai……an an an……

（4）吸一口气，交替地发两个或更多的复韵母：an ang an ang an ang……ai ei ou ai ei ou……

接着进行音节拼读练习，和一定的词语相结合。开始时，用声、韵两拼法拼读声母是擦音（最好除去唇音）的音节，因为发这类辅音时患者较少发生肌肉抽搐。要求吸口气把音节拼出来（为了便于和词语结合，韵母要带上相应的声调），还可一口气把拼出的音节连说三四遍，再吸气，把相应的词语带出来。例如：

（1）s—ǎo——sǎo，sǎo sǎo sǎo，"扫地"的"扫"。

（2）l—ì——lì，lì lì lì，"美丽"的"丽"。

（3）sh—uā——shuā，shuā shuā shuā，"刷牙"的"刷"。

再进一步就是把词汇用于句中做练习。只有如此，才能使患者的正确发音技能固定下来、熟练化，并顺利用于生活言语中。例如：

（1）扫地扫地扫地……我们在扫地。

（2）美丽美丽美丽……大公鸡真美丽。

（3）刷牙刷牙刷牙……小朋友天天刷牙。

用于练习的句子可以逐步复杂化（字数加多）。每句的头一个字要缓慢地、由轻渐重地发出来，不能过重地猛冲出来，然后在应有的高度上过渡到第二个字，还应该把词语的重读音及句中的逻辑重音突出出来，韵母可以说得长些，发得精确些，但是无论如何不能太紧张。发音、说词语练习应因人而异，适当地变换形式。对于幼儿可能不太适用，因为他们难以理解，练习起来太费力。当患者较顺利地掌握慢速说话技能时，这类练习也可以省略。

慢速说话的练习应由易到难循序渐进，大致保持以下的次序：①反射性言语（重

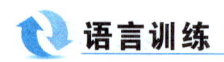

复语言矫治师的示范）；②同步言语（同语言矫治师一起说）；③独立地读句子或短文；④根据读过的内容回答问题；⑤复述读过的内容；⑥看图或根据一定的主题叙述；⑦自由讲述；⑧对话；⑨演示生活中的常见事件；⑩向众人传递某种消息；⑪当众讲话。由于模仿机制的作用，反射性言语一般不会发生口吃，或口吃现象很轻微。所以要从这种言语形式开始练习，然后过渡到文字阅读，因为这时有现成的言语材料展现在眼前，也有利于儿童说话。以下的语言形式一种比一种复杂，有利于儿童最终掌握新的言语技能。

开始时，慢速说话可能使口吃患者感到困难、费力，因为既要注意说的内容，又要把言语动作的速度慢下来。特别是有些患者说话习惯于急促，以便尽快摆脱说话时的难过感觉。说得越快，口吃发作越严重，要矫治口吃必须放弃这种说话方式。应该向患者说明白，慢速说话不是帮助他们遮羞的手法，而是一种培养正确言语技能的有效手段，必须予以坚持。不但要在矫治练习时说话慢，而且在整个矫治期间都应该随时随地注意缓慢说话，不能怕麻烦。只有如此，这种新的言语技能才能巩固下来，在大脑中形成牢固的条件反射联系。只有到不带结巴的言语方式成为习惯时，才可以提高说话速度。提高语速的时机必须掌握好，不能操之过急，否则会前功尽弃，重新回到结巴说话的老路上。

在进行慢速说话训练时，可以对着镜子练习，因为视觉反馈和调控有助于患者掌握这种言语方式，摆脱多余的动作。口吃矫治的方法和策略应因口吃的发展阶段及患者的年龄而异。

二、初期口吃的矫治

初期口吃主要是指学前儿童及学龄初期儿童的言语结巴现象，也就是处于第一、第二发展阶段的口吃，这时儿童尚没有意识到自己言语的问题，缺少言语恐惧心理，因而不会为回避口吃作出任何的特别努力。

早期口吃矫治的重点是防止儿童认识到自己说话有些与众不同，引起别人的特别注意。儿童对自己的差异（无论是言语方面还是其他方面）都是从对别人反应的观察中逐渐觉察到的。如果不是同儿童亲近的人告诉他们，或者使他们意识到自己和别人的差异，他们就不会知道自己的言语异常。言语结巴的儿童不会把自己的话同其他儿童做比较。为了不把儿童的注意力导向其言语问题，应该对那些可能向儿童指出或使其认识自己言语与众不同的人们的行为进行限制，如果儿童处于口吃的早期发展阶段，或者出现言语结巴的某些特征，十分重要的是做父母的应避免暴露其焦虑情绪。语言矫治师应设法让家长相信，处于口吃初期发展阶段的言语问题，大多数不会向前发展，稍加留心就可以纠正过来，以缓解家长的忧虑，要鼓励家长在子女说话时耐心些，不用紧张。家长不应表现出可能让子女意识到自己说话不正常的任何举止和言论。为此，家长应坚持以下五个"不要"。

（1）不要让儿童听到用"口吃"这个词谈论其言语，包括口吃的同义语或其他委婉说法。

（2）不要在儿童说话时督促其说"快一点""先想想再说""重新说一次"；或者

不要表现出使儿童终止说话及意识到自己言语不好的任何举止。

（3）不要在儿童说话流利时表现出如释重负的样子，也不要在儿童说话时用眼瞪他们。

（4）不要在儿童说话阻塞、重复时表现出不耐烦的样子。

（5）不要在容易口吃的情境中要求儿童说话。

从积极的方面说，以下的几个"要"必须认真对待。

（1）要尽可能创造一种安宁的家庭氛围，避免使儿童陷入过分激动窘迫或受挫的情境。

（2）要鼓励子女说话，而不是要求他们说话，即使在儿童说话流畅、轻松的场合下也需要这样对待他们。

（3）多注意听子女说话，就像自己说话时希望得到别人的倾听一样。

（4）要用平静、温和的方式和儿童交谈说话，但是不过分夸张。

（5）要尽量保持儿童的身体健康。

（6）要预测到儿童有时候可能不会把话说完，如果他在寻找必要的词语，应及时地提供，不要指望儿童用你提供的词语说完意思。

（7）要设法让言语活动令人感觉愉快、轻松，可以和子女说个笑话，或阅读有趣的故事。如果发现每天的某一时刻儿童说话容易结巴，就应该在这个时候给儿童讲或读故事。这样做有双重的积极效果：一是能避开儿童说话可能不流畅的时机，排除使儿童意识到自己口吃的可能性；二是使儿童有机会参与愉快的言语活动。

（8）要在子女询问自己说话是否有点不对头时，使他相信自己的言语完全正常。如果儿童说有时候感到找词有困难，就要使他懂得每个人都有遇到这种困难的时候，没有什么担心的必要。但是，也没有必要过多地解释这种确信，说儿童多么聪明伶俐，可能使儿童怀疑家长语言的真实性，反而于事无补。

幼儿园和小学一、二年级的教师也应该注意不把口吃儿童的注意力导向其言语问题，而应该同家长密切配合，尽可能防止和减缓口吃对患者的精神影响。教师要关注学校里的生活和环境条件，探寻有无使儿童心理紧张、诱发口吃的因素；如果发现，就应该加以排除或控制。通常，教师必须主动、有目的地接近和关怀口吃儿童，和蔼、耐心地听他们说话，不要轻易打断，更不要急于纠正儿童的言语错误。说话结巴对于幼小儿童属于正常的事情，是其言语发展过程中的小插曲，顺其自然，反而有助于克服言语问题。重要的是要设法降低儿童口吃出现的频率，缓解口吃的程度。在儿童可能出现言语动作抽搐的时间、场合，尽可能少让他们说话或不要求他们说话。应该创造一种和谐宽松的班级气氛，教师不仅要控制住自己对口吃言语的反应，而且还应该做好对学生的教育工作，让大家都正确对待口吃同学，友好接纳，不去注意其结巴现象，更不能戏耍嘲笑，甚至起外号。对于口吃儿童的长处和优点，应该充分肯定、大力发扬，以增强其自信心，维护他在集体中应有的地位。

对于初期口吃患者无须进行任何形式的矫治工作，但是也要进行必要的言语干预。在设法防止或缓解儿童对自己言语缺陷的注意和意识的同时，还需要积极促进其语言能力，尤其是语言表达能力的发展，这是消除初期口吃现象、防止它向下一个阶

语言训练

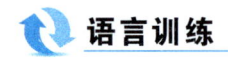

段发展的一种重要方法。幼儿园安排有发展语言的活动，而且占有重要位置，在开展这种语言训练时，就应该特别考虑到有口吃现象的儿童，可以针对他们的特点有针对性地进行个别或小组的语言训练。例如：

（1）练习反射性地慢速说话（在游戏活动中跟着教师说词语）。

（2）练习说学会了的句子（通过看图说话，学会的语句应该让儿童缓慢地背出来）。

（3）练习看图叙述（儿童根据情节图画的内容造几个简单的句子）。

（4）练习独立地回答问题（教师根据给儿童讲过的故事或谈过的话题提问题让他们回答，由此逐步过渡到自发言语）。

（5）练习独立地叙述，培养正确的言语技能（让儿童叙述昨天的事情，讲在动物园里的所见所闻）。

（6）在愉快的活动（游戏、表演节目、散步等）中练习独立说话，培养说话技能。

在每个练习阶段，都应该注意让儿童从容、柔和地说话。另外，还应该通过唱歌、律动操、踩着音乐拍子行走等活动，训练儿童的运动协调能力，从而间接地促进其口语的流畅性。

语言训练必须设计和组织好，能使儿童感兴趣，乐意进行；并且要注意不使儿童言语负担太重，产生疲劳，不能强制儿童进行练习。练习形式必须符合儿童的身心发展水平，尽可能和游戏相结合。

对于小学低年级的口吃儿童，虽然大多数人尚未注意到自己的言语障碍，还没有产生言语恐惧情绪，但是口吃现象拖得较久，就会巩固下来，必须采取积极的措施培养他们的正确发音说话技能。除开展像幼儿园里做的那种语言练习外，还要适当进行慢速说话，如发音和说词语训练。要尽可能使儿童对经常接触的刺激物（人、事、环境）形成流利说话的新条件联系，以便他们在一般生活环境中也能正常说话。

教师除为口吃儿童创造良好的心理环境，控制好自己及学生对口吃儿童的反应外，还应该在整个教育教学过程中充分估计到他们的实际情况。只要其言语还未改善，就不要叫他们口头回答问题；当其言语有些改善时，可以少布置功课。要他们回答的答案应该简短，提醒他们说话要平静、平稳。如果遇到困难，就及时给予帮助（如提示必要的词汇），但不一定让他们再重复一次。在阅读有困难时，则和他们一起慢慢地读，之后再由他们逐一朗读。可以让口吃儿童经常背诗歌，一定要吸引他们参加合唱。随着正确言语技能的发展巩固，可以渐渐地、十分慎重地引导口吃学生参与集体言语活动，通过缓慢、平稳、从容地说话，形成在集体中流畅说话的条件反射，最终使口吃学生摆脱言语结巴现象。

如果有的口吃儿童已经意识到自己的问题，开始表现出心理反应，就要对其开展心理疏导，帮他们树立克服口吃的信心，激发其克服口吃的耐心和毅力，以便提高言语训练工作的效果。

三、顽固性口吃的矫治

与初期口吃的矫治相比，顽固性口吃的矫治要困难得多，因为这个阶段的口吃患者已经意识到自己的言语问题，开始关注周围人们对其言语问题的反应和评价，对说话产生忧虑及恐惧。对他们进行矫治不但要指向言语障碍本身，而且还要十分注意影响其整个个性，也就是需要施以综合性的矫治训练。

1. 确定恰当的矫治目标

确定恰当的矫治目标对矫治工作的顺利开展至关重要。对矫治效果的期望无论是过高还是过低，都会挫伤口吃患者的信心和积极性。应该实事求是地向他们说明矫治的效果因人而异，要完全克服口吃的所有症状相当困难，需要长久的不懈努力。大多数顽固性口吃患者经过矫治训练只能减轻主要的口吃症状，其言语会比矫治前流畅许多，但与一般人说话相比，还会有一定差距。还有的患者经过矫治情况虽有好转，但是在疲劳、身体状况欠佳或压力过大时，仍会出现严重的口吃症状。对于那些因体质因素所导致的口吃患者，经过矫治后口吃可能依然存在，但是若能克服他们的心理和行为问题，使其对口吃采取正视的态度，承认口吃，不怕口吃，那也是很大的成功。但是，这样的目标未必能为口吃患者接受，他们多具有求全欲望，总希望能治愈到一点也不口吃，永远都不口吃，以免再引起别人的特别注意。因此，必须说服他们放弃好高骛远、不切实际的想法。要使他们认识到说话正常不等于完全不结巴，一般的人都或多或少带有言语结巴现象。若能矫治到少口吃、口吃轻的程度，就相当不错了。而且更为关键的是克服诱发口吃的心理障碍，如果心理问题不解决，正常的说话技能掌握得再好，也不可能克服口吃的发作。

口吃的实质就是患者对自己的构音活动失去控制，出现许多多余的肌肉运动，导致言语结巴。口吃的矫治目标就是使患者正确对待口吃，恢复或培养一些言语控制技能。最高的矫治目标当然是能完全地控制言语活动，永远不再口吃，但是这很难做到。对大多数顽固性口吃患者而言，短期的矫治目标是使其在一定程度上学会控制言语活动，减少口吃症状，减轻口吃程度，基本上能正常地进行言语交流。而且要使患者明白，对言语活动的控制效果完全取决于他们的个人态度。

一般来说，可根据每个患者的情况选择下面的一项或几项矫治目标。

（1）缓解与个体口吃有关的压力，消除口语结巴现象。

（2）消除口吃第二性的伴随症状。

（3）改变口吃的类型，以轻度不流畅取代严重结巴语。

（4）改变和言语相关的错误习惯，如不适当的呼吸、语速过快、言语机制过分紧张等。

（5）克服说话前及说话中间的恐惧、焦虑、回避心理。

2. 矫治患者的个性障碍

矫治个性障碍对于矫治患者的口吃症状具有很大的作用，因为口吃的发作和心理因素密切相关。一方面，有些患者的口吃发作就起因于心理因素；另一方面，口吃发作可能诱发的心理症状对于顽固性口吃患者，已成为口吃发作的基本制约因素，这种心理症状反应在患者个性的各个方面。需要把矫治心理症状作为矫治的主要对象。使用各种方法使患者正确地认识口吃，进而改变对它的错误心理反应，才能根治口吃。

语言训练

读书笔记

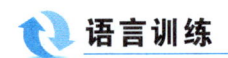

改变心理症状，矫治个性障碍的基本方法是心理治疗，目的在于培养患者良好的情感和意志品质，克服言语恐惧、说话怕羞、缺少自信心等表现，使他们学会在交谈时保持镇静、安详和从容，再通过言语流畅训练，最终使其形成不怕说话的心理状态及正确说话的技能。

首先，要依靠矫治人员同患者推心置腹的言语交流，也就是心理咨询（或辅导）达到矫治的目的。常言说："话是开心的钥匙"。语言矫治师或医生应该通过既开诚布公、实事求是，又深思熟虑、恰到好处的言语，向口吃患者揭示其言语障碍的实质，分析其言语状态的特点及说话时的行为机制，说明言语恐惧在产生和加剧言语障碍方面的作用，指出克服口吃和言语恐惧的途径及方法。应该使患者知道，他们怕说话不是因为有口吃，而是怕暴露口吃，如果不怕说话，口吃就不会发作，必须使患者自觉地对待所采取的矫治措施，积极地为自我矫治做出努力。只有让他们理解口吃的实质和矫治方法的实质后，矫治工作才能取得实效。

与口吃患者的谈话需要经常反复进行。在小组矫治时还应交代清楚要遵守的规则及其重要意义，要有毅力和决心，要使他们知道自己的发音器官和别人的一样，并没有任何缺陷。口吃是由于神经系统的功能性障碍所致，在神经系统健康、活动正常后，口吃也会随之消失。

这种启发和教育性应体现在和口吃患者的所有接触过程中。语言矫治师应随时随地注意同患者的说话策略，注意自己说话时对其心理的影响。例如，患者首次来访时，往往不安地提出"我的口吃能否治好"类似的问题。给一个"当然能够"的回答，虽然带有鼓舞性，但未必合适，因为事后一旦不能完全治好，患者就会不知所措，致使症状更加严重。有的语言矫治师的回答就比较有策略："口吃的情况很是不同，关于你的问题，我必须在对你的健康状况和言语状况做过检查之后，才能提出一定的看法。"在全面评估检查之后，作出鼓舞人心的结论，患者就容易接受。这一方面会使他们相信医生不是在说一般的套话，另一方面也可使他们持实事求是的态度。

在谈话过程中，要对患者表现出极大的关切和同情态度，用心地倾听其诉说，使其感到语言矫治师真正地专注于他们的问题；要尽量避免一般性的劝告，如"不要着急""要保持镇静"等，因为患者很容易想到："说说容易，但是怎么做呢？"合理的说法是："我争取让你说话时不着急、不害怕，这是能够办到的。但是，必须听从我的劝告，控制自己，克服不应有的情绪。"

语言矫治师不但应该指导口吃患者克服障碍的努力方向，而且还要鼓励他们巩固自己的成绩。在患者遭到挫折时，尤其需要给予鼓励。应帮助寻找和确定失败的原因，要告诉患者，失败不是他的缺陷造成的，而是在每个具体情境中出现的其他因素所致，如准备工作没做好、没有遵守规定的要求、疲劳等，这些原因总是可以克服的，所以失败和挫折也可以避免。要善于利用患者已获得的成功，直观地证明他们完全能够克服口吃，有时，可以邀请以往接受矫治后已经不再口吃的人来同患者见面，进行现身说教，这有很好的心理疗效，能使患者不再为说话结巴而感到沉重的精神压力，从而以很大的自制力开始同自己的言语不畅做斗争。

在口吃患者理解了言语问题的实质、掌握了新的说话方法之后，应启发他们克服恐惧感，同陌生人交谈（如在大街上、公交车辆上、电影院、展览馆等地方），或者到商店里买点东西，或者在开会或上班时提些问题。每次说话前做好准备，想好必要的句子、问题或连贯的话，说话时只回忆要说的内容，而不要顾及说话的方法。在各种场合能够按慢速说话的要求与人交谈，能增强自信心，进而保证进一步地取得成绩。在逐步扩大患者使用新言语技能进行交往的范围时，很重要的一点是公开地争取克服结巴言语，而不是羞怯地掩盖口吃。正如有的患者的体验："与其耍手法遮盖，不如老老实实地口吃。"

除了发挥言语的心理治疗作用，还需要注意发挥矫治训练组织形式（小组或集体）矫治的心理治疗作用。不少研究者和实践者都提倡多采用编组进行口吃矫治的形式。患者在矫治小组中不再为其言语障碍而难为情，不再为说话而担心害怕，因为大家都是同病相怜，谁也不会取笑谁，仅仅这一情况就能使患者感到心情平静、信心倍增。口吃患者过分关注自己的言语，经常沉重地思考言语问题，到这种集体中后就能摆脱这种想法，其神经紧张状态立刻放松，他们可以相互支持、帮助和纠正错误，交流彼此的经验和体验。

作为心理治疗必要成分的暗示在小组矫治的条件下显示出的效果更大，一些人的成绩能使大家精神振奋、增强信心。在小组矫治过程习得的新言语技能能保持下去并迁移到其他集体情境中。

在编组时要遵守区别对待的原则，尽量把情况相近的患者编入一组，如按口吃的形式和特征编组，一般的发展情况、年龄特征也应相似，每组五六个人即可。训练工作由语言矫治师负责进行。有时除集体训练外，需预先进行适当的个别训练，特别是对于口吃较为严重的人。个别训练后，再加入集体训练。若能每天坚持一个小时的训练，整个疗程约需三个月。

每次训练之初要开展"言语操练"，患者先是集体地说一系列的数字，然后逐一地、慢速地说一系列的数字（先是两位数字，再是三位数字、四位数字，位数可逐步增加），有时可加上适当的吸气停顿，说些词语、成语、句子等，这是为了一开始就把说话的速度和节奏定下来，以便接下去按这种缓慢的速度及节拍进行练习，应要求患者每天早晨自己做这种言语操练，并全天保持缓慢的言语速度。

3. 培养正确言语技能的方法

培养口吃患者正确（流畅）说话的方法多种多样，大致可归为两类。一是顺向训练法或正面训练法，就是按照正常说话的要求进行训练，以使患者掌握正确调控言语行为的技能，克服言语阻塞、重复等症状。二是逆向训练法，就是让患者有意识地重复口吃现象，以体会口吃是如何发生的，从而形成控制口吃发作的能力。

常用的逆向训练法主要有以下三种。

（1）反面训练法。反面训练法是让口吃患者反复地练习需要克服的某一口吃症状，以达到最终克服的目的。语言矫治师找到患者的主要问题后，就让其反复练习。例如，某口吃患者说话时阻塞严重，语言矫治师就让他模仿自己的阻塞，反复练习，最终使口吃患者明白阻塞是怎样发生的，从而消除对阻塞的恐惧心理，在今后的言语中消除或减少阻塞。反面训练法还可用来克服儿童的面部或躯体抽搐、错误的呼吸等其他口吃症状。

（2）故意口吃法。这个方法是让患者练习一种新的、较容易的口吃方式，以便患者能以尽可能轻的阻塞或痉挛方式说话。根据口吃患者的具体情况，可以让他故意重复所说话的每个词的第一个音素或音节，或者故意延长第一个音节的韵母及 x、s 等可以拖长发音的声母。在重复或延长发音时，要保持轻松、自然。随着练习，逐步减少重复或缩短延长，最终使口吃患者能较流利地说话。在练习时，可以先选用一般叙述性材料进行阅读，再根据先前阅读的材料进行对话，最后是进行自由对话。

（3）模仿他人口吃法。这种方法可用于小组矫治中，让一个患者去模仿另一患者的言语症状，从而培养对言语行为的调控能力，这种言语调控能力往后可以迁移于对正常言语或略带结巴的言语的学习，从而最终使口吃患者的言语问题得到解决。

顺向训练法有很多，主要介绍以下几种。

（1）慢速说话法。这是矫治口吃的基本训练法，也称为发音法。

（2）无声言语法。这个方法就是在开始矫治训练时让患者仅做口型，不发出声音，以使他们体会到构音本身并不困难，自己的难点在于大声说话。经过一个时期的练习后，再请患者发出低音量的声音，逐步过渡到以正常的音量流利说话的目标。

（3）按节拍说话法。实际上这是训练慢速言语的一种方法。为了克服患者慢速说话时的困难，就采用辅助手段帮助他们进行这种说话练习。开始训练时，让患者用手打节拍来控制言语的速度和节奏。例如，数数，打一拍说一个数；或者说一年的月份，打一拍说一个月份，"一月二月三月……"，但是不能一拍一吸气；也可以每说一个字敲一下手指头，或轻敲身体的某一部位，或敲打别的物体（如桌面，但不能敲出声），敲的手指可以固定，也可以依次轮换。随着练习的进展，语速可渐快，调子开始抑扬顿挫，并出现合理的停顿。

（4）长句分段法。这也是用于慢速说话的练习法。一般来说，长语句容易引发口吃，短句和短语就不大会发生结巴。在慢速说话练习时，按逻辑联系把长的句子分成段，各段之间安排停顿吸气，就容易流畅地说出来而不带口吃特征，重要的是把握住分段的要求。分段恰当不仅对表达没有影响，而且还会表达得更好；如果分段不恰当，就会使人听起来不舒服，甚至引起误解。

通过某种形式的矫治训练，一般可以使口吃患者学会较为流畅的言语技能，但是要把这种技能迁移到各种交往情境中或长期地保持言语流畅，是一个难点。所以，口吃矫治练习应有很强的针对性，把克服容易诱发口吃情境下的言语障碍作为主要目标。例如，有的学生在回答课堂提问时容易说话结巴，那就把矫治课堂回答功课时的口吃作为矫治基本目标。

顽固性口吃的治疗通常需要到专门的治疗机构，由经验丰富的语言矫治师进行矫治。但家长、教师的作用也不容忽视。家长需要接受咨询，以减少或消除家庭中造成儿童口吃的不良因素，并能对治疗效果保持客观的态度，在家里配合语言矫治师对儿童进行治疗。教师则要在班级中形成有利于口吃儿童言语发展的良好氛围，努力消除学校里不利于儿童言语发展的因素。当他们的口吃症状有所缓解时，教师要及时加以强化。

4. 口吃的自我矫治基本要求

口吃的完全治愈相当困难，并需要很长时间。短期矫治只能缓解或改变口吃的某些症状，使患者基本上能够进行言语交往，更为重要的是帮助患者掌握一些矫治方法。而矫治方法应用得如何，完全取决于患者自身的努力。基于这个原因，专家们根据口吃的病因、发病机理及矫治要领，总结概括出一套口吃自我矫治要求，供口吃患者在长期矫治中遵守。它们的基本原则也是首先通过调整自己对口吃的态度和情感，来缓和言语恐惧心理及回避行为，再是改变与口吃有关的异常表现，使言语趋于正常。

（1）养成慢速说话的习惯。慢速说话使说话变得容易控制，不易发生抽搐现象。

（2）口吃发作时要平静、安然、不着急、不挣扎。这就是说应以不急不躁的态度对待口吃，呼吸要正常，以使言语肌肉较为放松，减少口吃发作频率。要尽力克服肌肉抽搐现象，只要双唇一合拢，就把空气通道堵上，或把舌头轻轻导入必要的位置，即刻把话说出来。勉强挣扎绝对无用，越是想使言语摆脱困境，口吃越是严重。以安闲的口吃代替异常的、徒劳无益的挣扎习惯，平静地结巴说话，会有完全不同的感觉。

（3）公开口吃，不加任何掩饰。伪装自己能流利说话只能是有害而无益的。掩盖口吃只会使之继续下去。如果公开告诉别人自己说话有些结巴，只管结结巴巴地与人交谈，就能缓解因说话困难而产生的难为情或窘迫情绪，从而减轻言语困难，最终缓解口吃的发作。

当然，改变自己的心理状态，减少对言语问题的自我意识，可能很不容易。但是，只要向着这个方向努力，做得越好，越会感到轻松愉快。可以和别人谈论自己的言语缺陷，公开宣布正在努力改造自己的语言，这样做不仅使人们不会笑患者，反而会同情患者、敬重患者、支持并帮助患者，这样患者在同口吃的斗争中也不再是孤军奋战了。

（4）尽力改掉回避、拖延或替代的习惯。这种不良习惯起因于患者试图遮盖、阻止或减轻口吃的心理。实际上，不应该对那些可能触发口吃的人物、情境或字词采取回避态度，敢于正视它们要比回避行为好得多，因为害怕口吃恰恰会使口吃更复杂。口吃患者的许多困难都可以从回避做法上来探究。这种不良习惯在暂时救助患者的同时，也加深了患者的恐惧情绪，从而让它们更长久、更频繁地困扰患者。例如，听到电话铃声不去接电话，担心回话会发生口吃，那么对这种情境的回避必定使患者长期对电话有恐惧情绪。因此，口吃患者最好不要躲开言语情境，回避社会交往，放弃言语努力，或者采取词语替代、拖延方法等，不回避的态度能给患者更大的信心。

（5）决心排除或减缓任何异常的伴随动作及习惯。在同口吃的争斗中，患者往往养成前面提到的各种言语伴随现象。实际上，这些第二性的口吃外部特征也是多余无用的，不仅无助于说话的自在轻松，反而会加剧患者与众不同的言语表现。

（6）保持与谈话对方的视线接触。正常人说话时，注意着对方和自己说的内容，观察着对方的姿态及表情。而口吃患者不能这样，总觉得对方的眼睛像探照灯似的向自己逼射，吓得不敢正视。结果，准备好的内容全给打乱了，几乎全神贯注于怎样把话说好，并用尽力气说话，这样谈话结巴会加重。知道了这个道理，交谈过程中应以

语言训练

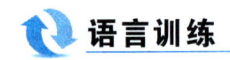

自然的方式持续地望着对方的眼睛，尤其重要的是当发生口吃或将要口吃时，也不要向别处注视，不要有什么羞愧感，保持和对方的视线接触，必能缓解自己的羞愧和窘迫心理，从而减轻口吃症状。

（7）细心体验自己在口吃时的肌肉活动。非常重要的是要学会体验分析口吃时言语肌肉的运动情况，找出哪里做得不对，以便纠正或改变。应该研究分析言语肌肉的活动，学会再现口吃时的肌肉运动，并同说话正常时的运动做对比，从而提高随意调节言语运动的能力。这是克服说话结巴的基本功，也是上面所谓的逆向训练法的主要依据。

具体的做法：慢慢地口吃，细心体验这时的言语肌肉运动情况。在接电话时可以对着镜子观看自己的口部运动情况，还可以把自己的话录下来，放出来细听。通过对比分析，自己就能知道言语肌肉运动有什么需要纠正和改变的，应该能够回答我是怎样做的，为什么会这样，还可以如何做。

（8）设法改变或消除异常的肌肉抽搐现象，这需要使用阻塞排除法，包括三种方式。

①阻塞后排除法。矫治阻塞的最佳时间是阻塞刚发生后，这时便于患者准确体会肌肉运动错在哪儿，如何改变。患者在结巴出一个声音后立刻稍停一会儿，回忆一下：是什么做错了才引起口吃，确定相应的改正方法。然后，再缓慢、安闲地拖长音把该声音重复出来，纠正结巴时做错的地方。

②阻塞中排除法。当阻塞发生时不停顿，继续结巴下去，但要放慢速度，让阻塞顺其自然，并有意拖长它。这样做时可把声音稳定下来，可以是慢慢地重复，也可以由重复过渡到拖长音，或消除一次抽搐，以至排除阻塞。

③阻塞前排除法。这就是预感到在发某个声音上要抽搐阻塞时，稍等一会儿再说，以便回忆如何对付它。想想平时说它时如何发生口吃，找出改变错误肌肉活动的办法，然后再发这个声音。

（9）一开始说话，就不要反复。在说话时，只有需要强调某个词语或意思，才加以重复。如果结巴起来，仍然照样说下去，不去维持或重复任何一个声音。言语就是由一个声音向另一个声音滑动的过程。在话已经开始后，没有必要保持某个声音或重复它。这要求说话时慢慢地、坚定地、一字字地说下去，直到把意思说完，不要回头重复，并且要逐步学会抑扬顿挫、有节奏，也就是需要有适当的停顿、吸气。

（10）多考虑自己会说得流畅言语。每个口吃患者都有不口吃的时间和词语。所以，不应该把注意力着眼于自己的结巴缺点上，应多想一想自己说得好的言语，听一听自己流畅的言语声音，设法认识和牢记自己愉快的说话经验及体验，这会增强患者的信心，减少消极情绪，并提示患者克服口吃的方法。对于口吃患者不可能有"救世主"，只能靠患者自己。不要把全部希望都寄托在语言矫治师身上，只要肯发挥自己的主观积极性，坚持不懈地按以上的基本要求进行自我矫治，就一定会取得自己意想不到的成就。

学习小结

本模块主要介绍了口吃的定义、发展阶段、原因、特征及矫治等问题，重点阐述了发音法对口吃的矫治，文中列举了大量的例子，能够对学习者有较好的借鉴。

模块小结

一、选择题

1. 当阻塞发生时不停顿，继续结巴下去，但要（　　），让阻塞顺其自然，并有意拖长它。这样做时可把声音稳定下来，以至排除阻塞。

A. 放慢速度　　　　　　　　　　B. 加快速度

C. 多交流　　　　　　　　　　　D. 不发音

2. 口吃的主要表现有（　　）。

A. 重复　　　　　　　　　　　　B. 中阻

C. 延长　　　　　　　　　　　　D. 难发

二、简答题

试述发音法的主要操作方法。

模块六

听觉障碍导致的语言障碍及其矫治

>> 学习目标

知识目标：

1.了解听觉障碍导致的语言障碍的概念、原因、分类及表现。

2.理解听觉障碍导致的语言障碍的评估。

3.了解听觉障碍导致的语言障碍的矫治。

能力目标：

1.掌握听觉障碍导致的语言障碍的概念、原因、分类及表现。

2.掌握听觉障碍导致的语言障碍的评估。

3.掌握听觉障碍导致的语言障碍的矫治。

素质目标：

1.树立正确的听能训练与语言训练的观念。

2.积极探索最适合听觉障碍儿童的语言训练方法与途径。

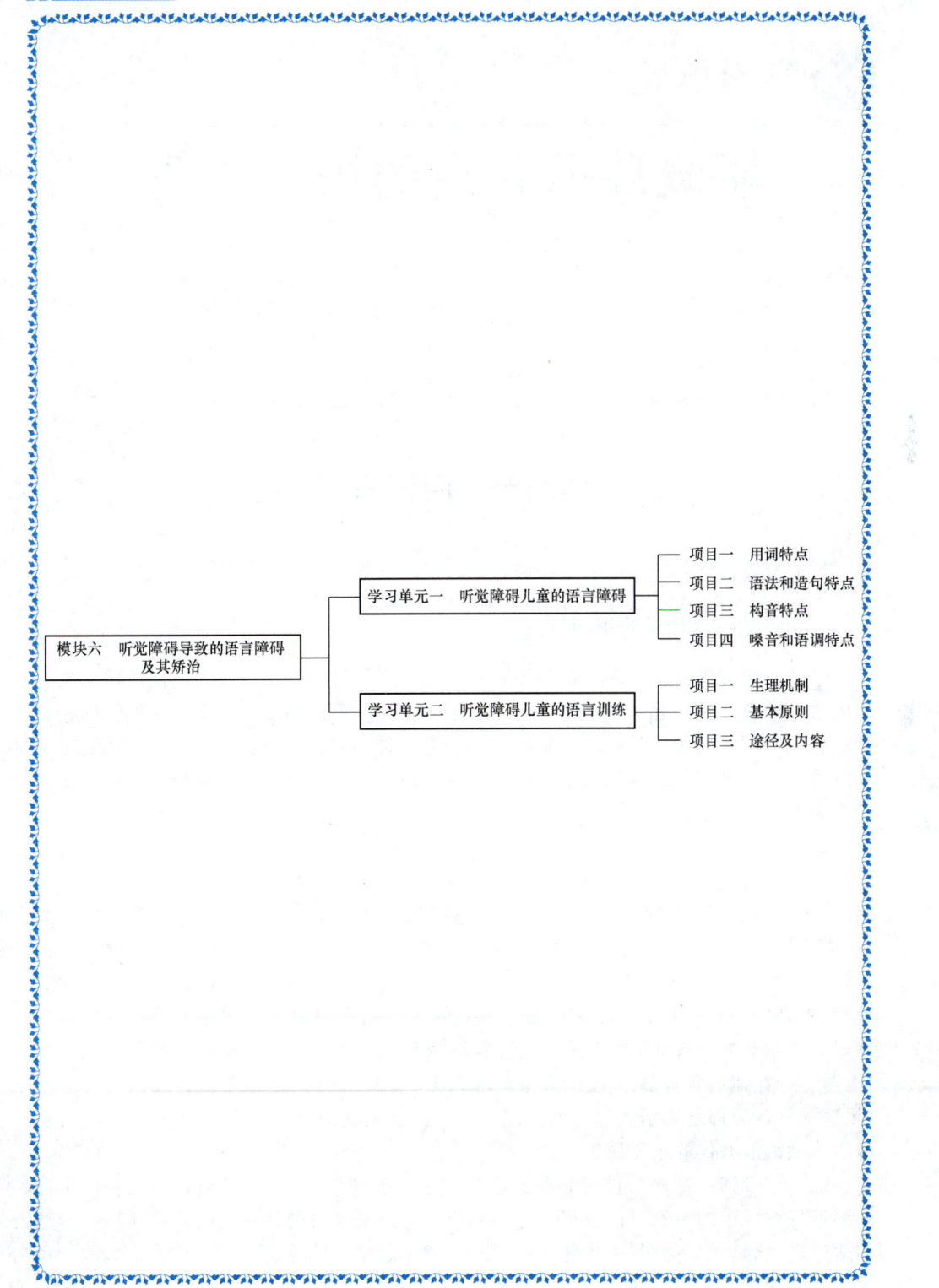

思维导图

- 模块六 听觉障碍导致的语言障碍及其矫治
  - 学习单元一 听觉障碍儿童的语言障碍
    - 项目一 用词特点
    - 项目二 语法和造句特点
    - 项目三 构音特点
    - 项目四 嗓音和语调特点
  - 学习单元二 听觉障碍儿童的语言训练
    - 项目一 生理机制
    - 项目二 基本原则
    - 项目三 途径及内容

学习单元一

听觉障碍儿童的语言障碍

听觉障碍儿童表现出的语言障碍主要表现为以下几方面。

项目一　用词特点

下面对聋校中、低年级听觉障碍儿童的用词特点分别叙述。

一、听觉障碍儿童的用词特点

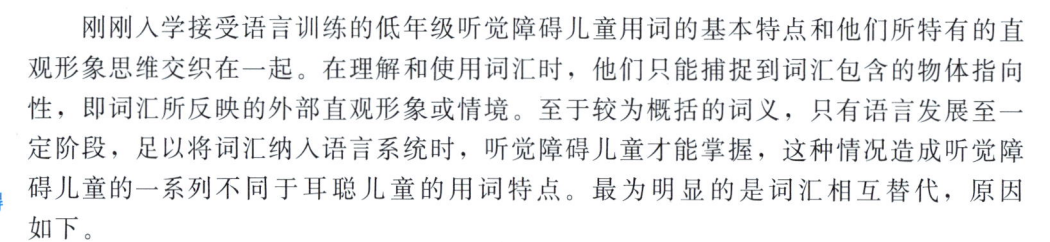

刚刚入学接受语言训练的低年级听觉障碍儿童用词的基本特点和他们所特有的直观形象思维交织在一起。在理解和使用词汇时，他们只能捕捉到词汇包含的物体指向性，即词汇所反映的外部直观形象或情境。至于较为概括的词义，只有语言发展至一定阶段，足以将词汇纳入语言系统时，听觉障碍儿童才能掌握，这种情况造成听觉障碍儿童的一系列不同于耳聪儿童的用词特点。最为明显的是词汇相互替代，原因如下。

（1）词义直观具体，常相互混淆。低年级听觉障碍儿童学习词汇时，总是根据词汇的"外在形式"来理解。例如，他们把圆形灯罩说成"西瓜"，圆形就可以说是"灯罩"的外在形式。听觉障碍儿童常以"捉"代"抢"或"抓"的原因，就在于只看到"捉"的外在形象——拿东西，而不理解其真实含义——拿住运动着的物体，"抢"则是从别人那儿把东西夺过来。有时候，他们是按照和词汇相关的直观情境来理解，因而会把具有共同情境的词汇混淆，相互替代。例如，他们分不清"倒"和"灌"——在他们看来都是把东西从一个容器里转移到另一个容器里，或以"大"代"粗"——因为都是表示大的东西。这就是说，对词义的直观形象性理解是造成听觉障碍儿童词汇替代的重要原因。

（2）首批词汇在概括程度上很少有别。对于低年级听觉障碍儿童，概括程度不同的词汇好像处于同一意思的系列。他们使用词汇总是和直观的现实图像、整体的形象相适应，说到该情境的某一成分或特征，就意味着整个的情境；说到整个情境，就意味着其中的某个成分。这也是造成他们词汇替代的一个重要原因。例如："家"和

"房屋"互代,"树"和"木"互代,"米"和"粮"互代,"冷"和"冬天"互代,"甜"和"糖"互代,"学校"和"教室"互代等。显然,这是受到听觉障碍儿童手势表达方法的影响。

(3) 词汇的多义性。由于对词义的直观理解以及对词义的理解不完全,听觉障碍儿童会把一个词汇不恰当地用于多种场合。在他们的头脑中,词汇所表达的物体总是和物体的功用及周围的环境纠缠在一起,很容易用一个词汇表达与之有关的情境中各个不同方面。例如"学习"这个词,在听觉障碍儿童尚未认识能够表达和学习情境有关的各种情况的词汇之前,"学习"的意义总是扩散的、不固定的、不概括的,既可能用它来指示学校、上学、上课、学习用品等,又可能用它表达学生、读书等意思。同样的情况如"手",听觉障碍儿童可能用它来指示一系列不同的情况,如拿东西、送东西、带东西、推车、扫地、抹桌椅等。

听觉障碍儿童另一个有趣的用词特点是直观可视性。因为他们主要是靠视觉获得事物形象。例如"小强站汽车",明确地说明乘车时没有座位。如果"站"换成"坐",听觉障碍儿童就会难以接受。又如"睡觉妈妈床",仅说"妈妈睡觉"对他们还不够直观,必须加上睡的地方。

二、重听儿童的用词特点

重听儿童是指没有受过学前教育的进入学校初期的儿童。他们总有不同程度的言语技能,掌握一定的词汇,但远远不能适应他们的表达需要。对重听儿童用词特点的分析发现,他们既有与听觉障碍儿童相同之处——词义直观,理解有误,不是太具体狭窄,就是太一般、泛化,又有明显的差别。因为两者的语言发展条件不一样,重听儿童能借助部分保留的听力习得言语,因而所获得的词汇在声音结构上是走样的,而听觉障碍儿童连这样的词汇也不具备,因为学习说话缺少听觉的参与。

词义理解上的问题导致有许多和听觉障碍儿童相似的替代现象。

(1) 物体名称及其局部名称之间的互代。如以"胡子"代"爷爷",以"水管"代"龙头"。

(2) 近情境词汇之间的互代。如以"画笔"代"颜料",以"水桶"代"洗脸池"。

(3) 以表达情境的词汇代与之相关的物名。如以"生病"或"头疼"代"体温计",以"邮局"代"邮票"。

(4) 近用途物体名称间的互代。如以"铅笔"代"圆珠笔",以"碗"代"碟"。

(5) 近形物体名称间的互代。如以"毛笔"代"画笔",以"头发"代"汗毛"。

(6) 名词和动词之间的替代。如以"吃饭"代"碗",以"刷牙"代"牙刷"。

(7) 迂回替代,即以解释代命名。如"门鼻儿"——关门、锁(用于锁门的东西),"洗脸池"——自来水、装水、洗脸、洗手(盛自来水、洗手洗脸的东西)。这里的例子主要引自重听儿童的言语,虽然替代形式与听觉障碍儿童差不多,但是替代的效果要比听觉障碍儿童好得多,因为相互替代的词汇较为接近,许多重听儿童能较适当地用迂回法表达相应的词汇,较好地利用和物体有关的情境。

重听儿童发生词汇替代现象的主要原因是词汇量少,只好以已知的词汇取代未知的词汇;而听觉障碍儿童虽然词汇量更少,但是其词汇替代原因主要是物体间的直观相似性,他们喜欢用自己熟悉的词汇去指示与其所表达的事物表面上相似的东西。

语言训练

读书笔记

另外，重听儿童还有自己独特的词汇替代形式——近音词汇的混淆替代，其原因在于听不清楚这类词汇的声音差异，特别是词汇的四声变化，无法分辨，说出来就走音了。例如，把"老鼠"说成"老虎"，把"大豆"说成"大头"，把"衣裳"说成"一样"等。

造成重听儿童用词特点的原因除以上提到的外，还有词汇和现实生活的联系及使用频率的问题，他们的词库中大多是和现实生活联系密切、使用频率较高的词汇。

项目二 语法和造句特点

一般儿童从三四岁起，已开始无意识地使用语法规则进行表达。他们主要是通过对日常交往中获得的大量言语经验进行分析对比，不知不觉地领会不同语法范畴的含义，实践地概括出造句规则，学会遣词造句。听觉障碍儿童就不具备这种可能性，他们的语言发展及认知发展上的偏常给他们习得语法知识、正确造句造成严重的困难。

一、词类特点

就词类发展来看，低、中年级听觉障碍儿童积累的词库中主要是名词和动词。而且，他们也尚未掌握本义上的名词和动词，他们往往把名词理解为物体的名字，把动词理解为动作的名字，就像每个人都有自己的名字那样。不仅如此，听觉障碍儿童还往往不能区分动词和名词，以物体名称代换动作名称。他们的物体名称既可指示物体，又可表达与该物体相连的动作或行为。例如，"妈妈西瓜刀"意味着"妈妈切西瓜"，"小妹妹哭声"意味着"小妹妹在哭"。

形容词和副词是反映事物特征的词类，一般可以脱离物体本身，所以较为抽象，听觉障碍儿童掌握起来就较名词和动词困难，所以他们掌握得也较晚。他们最早使用的都是日常生活中常见的简单词汇，如"好""坏""冷""暖""许多""很少""今天""明天""现在"等。当然，他们对这些词汇的使用也非常直观，不和这类词汇的本质相一致。例如"小花睡许多家里生病休息"，这句话的意思是小花生病了，在家休息了很久。"许多"用来修饰"睡"，用睡的次数表示"很久"，这和他们对现实的直观反映有关。他们实践地觉察到每一天都以睡眠为结束，所以就以睡眠的次数表示天数。听觉障碍儿童的手势就是这样表达的：头向一侧微倾（有时还要闭上眼睛），同侧的手伸出食指，在太阳穴处点一下离开，就表示一天；用两个指头点就表示两天；用三个指头点就是三天；如果用一个指头在太阳穴处一连点几下，就意味着很久（很多天）。

入学后不久，听觉障碍儿童就接触到"明天""后天"（其手势表达分别相应于一天和两天的表达方法）等。他们对这类词汇的理解和掌握仍是相当具体直观。例如"一个明天妈妈接来"，意思是再过一天妈妈来接我。这里的"明天"不是表达时间的运动，而是对时间的度量。

代词的掌握对听觉障碍儿童也是一道难关。他们很少使用代词，即使用到代词，也常常不符合要求。例如，"少先队我们帮助一定应该……"意思是"少先队员们应该帮助……"这句话里的"我们"指示的"他们"或"全体",并没有包括他自己。在说到自己时,他们往往直接用自己的名字。即使高年级的听觉障碍儿童也不善于使用代词,例如,一个九年级毕业生作文中的几句话就说明这一点:

我告诉小女孩:"妈妈到什么地方去?"

小女孩好像说:"妈妈到菜场去买菜。"

我说:"好的,我帮助小女孩的。"

至于连词、方位词、量词等,听觉障碍儿童用得更少了。这些词类对他们过分抽象,难以接受。

二、句子特点

1. 句子不完整

重听儿童在刚开始上学时,大多不会使用完整的句子,往往使用单词句或双词句,一个词就代表一个句子。他们很难连贯地表达思想。如在看图叙述时,一个重听儿童说:"东东花瓶破,东东哭。"另一个说:"明明掉花瓶哭。"确切的意思是:一个儿童玩球时打破了花瓶,吓哭了。

随着年级的升高和语言及生活经验的积累,听觉障碍儿童的句子会不断地改善,句子的主要成分都会在他们的陈述中得到反映。但是,真正完整的句子还是很少见,经常缺少一定的成分,特别是谓语和宾语。即使到高年级也是如此。例如:"女孩手帕口袋"(女孩口袋里有手帕),"我继续自行车"(缺少"骑"字)。

2. 句子成分颠倒、混乱

句子成分颠倒、混乱对于听觉障碍儿童特别典型,和他们的手势语关系密切。听觉障碍儿童根本听不到正确的语句,所谓看话在很大程度上靠的是思考推测。在语言发展的低级阶段,他们造句叙述时总是先用手势语想好,再译成汉语,说的和写的句子必然带上手势语的构句特点,出现成分颠倒现象。再加上他们的词汇有限,用词直观可视,有的句子成分会被替代或遗漏,或者多出无用词汇,这些都加重了听觉障碍儿童造句的混乱。例如:"妈妈吃饭洗"(妈妈洗碗。以"吃饭"代"碗"),"姐姐咸买"(姐姐买盐。以"咸"代"盐"),"我身上满头大汗"(多了"身上"二字)。

3. 不会使用复句

复句用来表达事物间的因果、先后、依从等关系,和听觉障碍儿童的直观形象思维相抵触。再者,听觉障碍儿童连简单句都造不好,他们自然很难理解和掌握复句,即使到中、高年级也是这样。尽管如此,他们常常爱用复句,造出的句子谬误百出。例如:"米吃没有,小鸟死了"(因为没有米吃,小鸟饿死了),"小英没有告诉妈妈,所以妈妈没有骂我"(小英没有告诉妈妈,让她不要骂我),"你有困难骑车,我不想"(你骑车太累,所以我不想坐你的车了)。

三、聋校学生书面语言表达举例

在高年级听觉障碍儿童中词语颠倒的情况还有明显表现,下面是听觉障碍儿童毕业会考时写的作文,和其他会考作文相比,属于中等水平。

语言训练

读书笔记

放学路上（命题作文）

一天下午，我马上放学回家路上。突然，我在马路上发现一位小女孩正在哭着。小女孩心里很不高兴，着急找妈妈。小女孩想：妈妈现在已经走了，到菜场买鱼给小孩吃。我连忙三步并作两步往马路的转弯处走去。原来是一个五岁左右的小女孩，找不到妈妈，正在着急。我连忙跑过去对小女孩说："你哭什么？"小女孩说："妈妈呢？到什么地方去了？"我耐心地对她说："你不要哭，不要着急。"我告诉小女孩，妈妈到什么地方去？小女孩好像说："妈妈到菜场去买菜。"我说："好的，我会帮助小女孩的。"小女孩心里很高兴，心还是怦怦直跳，谢谢我。我高兴地说："别急，不要哭。"我陪小女孩寻找，终于在菜场买鱼的人堆里找到了她的妈妈，妈妈看见我，一边说，一边泪下水谢谢我，我关心小女孩，我说："不用谢，以后，我会帮助小女孩。"小女孩高兴地对我说："你真是一个懂事的好儿童。"我高高兴兴地对小女孩说："再见！回家了。"

从这篇作文来看，由入学时的不会说话、不认字到写出这样的作文，听觉障碍儿童在九年学习时间里的进步应该说是巨大的。但是，他们仍然保持着自己所特有的语言理解和表达特点，例如，不适当的词汇替代，不善使用代词，句中成分的颠倒、遗漏或增添，叙述连贯性差等。

项目三　构音特点

听觉障碍儿童掌握构音技能的不利条件必然造成许多构音问题，使他们的言语声音明显地有别于一般人。目前，我国聋校大部分听力损失严重的听觉障碍儿童的构音状况相当差，他们的话就连教师也听不清、弄不明，对他们的构音状况很难进行分析。还有一部分重听儿童，基本上可以靠剩余听力学得一定的构音说话技能。有的儿童佩戴上助听器，在很大程度上改善了学习构音的条件。但是，这类儿童的构音发展也不正常。我们这里主要分析他们的构音特点。

重听儿童的构音困难和错误不是起因于自己构音器官的运动问题，而是因为听不清言语声音，既缺少正确的模仿典范，又缺少对自己声音的有效听觉调控。一般来说，听得清的声音就发得出，发得好些；听不清的声音就发不出，发不好。例如，汉语音节中的韵腹他们一般都能发得出，而韵尾却常常被他们漏掉，因为韵腹在音节中最为响亮。但是有时候，情况也未必如此，容易听到的声音严重歪曲，难以听清的声音却发得较好。例如，辅音 sh 是容易听清的声音，许多重听儿童却发不好。这种情况仍然和听不清语音有关。因为有些声音听不到或听不清，儿童就难以把他们同听得到的近似声音做比较、相区分，在发这些声音时就把握不准，因而导致构音错误。这种情况既涉及发单个的声音，又涉及词汇的积累。除了许多的歪曲发音无法记录分析，可以认得出的构音障碍主要有：声音的替代，既有声母的替代，又有韵母替代；声音的遗漏，既有声母的遗漏，又有韵尾的遗漏，间或也有韵头的遗漏。这两种构音障碍在重听儿童中最为普遍，在记录到的 70 余项构音障碍中它们分别为 33 项和 30 项。另外的构音错误有添加、替代加遗漏、替代加添加、双重替代（声母和韵母同时发生替代），这些错误可能累及词汇的一个音节，也可能累及词汇的全部音节，也可能同时累及声母和韵母。

下面是听觉障碍儿童听觉语言康复评估过程中记录的几种构音障碍（评估对象是六到九岁的受训重听儿童，也有部分是听觉障碍儿童，都配有助听器）。

1. 声音替代

（1）声母替代。皂—dao，在—dai，送—dong，鸡—di，脏—dang，声—deng 或 heng，猫—bao，摸—bo，公—bong，哭—tu，告—kao，鞭—pian，锁—shuo，施—ji，纸—chi，嗽—cou，东—wong，红—wong，娃娃—fa fa，蜡笔—na mi，木—fu。看来，d 较易发，用它做替代的情况也最多。

（2）韵母替代。红—heng，熊—xiou，铅—qie，木—mou，女—ni，做—ze，餐—cai，东—dou 或 du，窗—chuo 或 chun。

（3）双重替代。鞭—zhuan（zh 代 b，uan 代 ian），盒—wo（w 代 h，o 代 e），手—jiu（j 代 sh，iu 代 ou）。

2. 声音遗漏

（1）声母遗漏。公—ong，高—ao，狗—ou，瓜—ua，锅—uo，果—uo，西—i，子—i，和—e，鸡—i，纽—iu，扣—ou，老—ao，鸟—iao。g 是最难发的声音之一，占 14 项中的 6 项。

（2）韵尾遗漏。篮—la，苹—pi，因—yi，裙—qu，饭—fa，明—mi，英—yi，青—qi，香—xia，象—xia，鸟—nia，奶—na，叠—di，街—ji，鼻韵尾对于听觉障碍儿童特别困难，被漏掉的情况较普遍。

其他的遗漏如：鞭—bi（韵腹和韵尾都漏掉），球—qu（漏掉韵头 i），巾—i（漏掉声母和韵尾，仅剩下韵腹）。

3. 其他构音错误

其他类型的构音错误还有替代加遗漏，例如：小—gao（g 代 x，漏韵头 i），钮—lou（l 代 n，漏韵头 i）。

有些音听觉障碍儿童发得不稳定，在有的地方发得对，在另一地方发错，例如："纽扣掉了，小明缝纽扣"，听觉障碍儿童第一个"纽"说对了，而第二个"纽"却说成 lou。同一个音节错误也有变化，例如"明"，有时说成 mi，有时说成 bing。

项目四　嗓音和语调特点

儿童的嗓音和语调对听力损失的反应相当敏感。特别是低频区的损失，很容易影响儿童的嗓子。儿童注意到自己听力不好，又缺少自我听觉反馈，结果，说话声音非强即弱。当然，听力损失的状况及时间在很大程度上决定着儿童嗓音的性质。通常，听力损失较轻、失听较晚的儿童具有较为自然、响亮的嗓子和语调；先天或早期（一两岁时）失听的儿童、没有多少剩余听力的儿童，会表现出较为突出的嗓音和语调问题。

1. 音量太小

儿童说话声音很轻很弱，难以让人听见。通常，这种嗓音和传导性听力损失关系较大。患者听到的自己声音要比别人对它的感受响一些，在他们觉得自己说得足够响时，别人听起来仍然音量太小。

2. 音量太大

儿童说话声音很重很强，让人听起来太响，这种嗓音一般和感觉神经性听力损失

语言训练

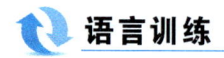

关系较密，患者需要大声说话以便别人能听见，自己能获得声音反馈。

3. 音量时大时小

重听儿童说话时容易音量时大时小。例如患中耳炎的人，开始说时可能声音较大，说着说着会慢慢减弱，之后突然又高起来；或者声音先弱，再强，又变弱。这样的周期会反复下去。

4. 汪汪叫的嗓子

汪汪叫的嗓子在有点残余听力的儿童中较为常见，他们的构音本来就含糊不清，只是由喉中发出的一种响声，一顿一顿，就像狗的"汪汪"叫声。

5. 尖叫嗓子

尖叫嗓子主要见于听觉障碍儿童，他们说话时声带绷紧，以提高它的振动频率，结果发出刺耳的尖叫声音。有的儿童一开口就是尖叫声；有的儿童发声时而尖叫，时而低沉。

6. 鼻音障碍

有的儿童说话时软腭不上升，让空气全由鼻腔呼出，发出的声音都带有浓浓的鼻音，如把"爸爸"发成"妈妈"，这就是前面说过的敞开性鼻音障碍；还有的儿童说话时总是让软腭上升把鼻咽通道堵死，空气全由口中呼出，造成前面说过的封闭性鼻音障碍，如把"妈妈"发成"爸爸"，把"摸"发成 bo。

7. 嘶哑嗓音

以上 1~5 类嗓音障碍都可能造成声带的过度疲劳和紧张，使之出现病变，导致声音嘶哑。

8. 近似耳语的嗓子

儿童说话时声门收拢不够，发出的声音带喘息声；或者声门敞开，声带一点也不振动，出现有气无声现象。这两种情况下，空气流失快，呼气短促，难以连续发音或一口气连说几个音节。

9. 喉音嗓子

喉音嗓子多见于有残余听力的或晚聋的儿童，他们为了获得明显的运动和振动感觉，便强化全部喉部肌肉的运动，发出的声音便具有强烈的喉音色彩。

10. 颤抖嗓子

儿童说话时每个字都要抖动。例如："西——瓜——""皮——球——""刷——牙——"（——表示颤抖）。

11. 语调异常

有的儿童说话一字一顿，结尾声音上扬。例如："妈—妈—洗—脸↗""小—明—上—幼—儿—园↗"（字后的短线表示顿，箭头表示上扬）。有的儿童一句话中声调有几次上扬，如"早上↗爸爸送↗我去幼儿园↗"。还有的儿童无论是说词汇还是句子，最后一个音节总是上扬，例如："自行车↗""排队↗""幼儿园↗有六位↗老师"。

我们从用词、造句、构音、嗓音及语调等方面讨论了听觉障碍儿童的言语特点。这些特点必然影响听觉障碍儿童的言语清晰性。就大多数聋校学生来看，他们的言语都模糊得难以让人理解。只有少数重听儿童说话尚具有不同程度的清晰性。

学习单元二

听觉障碍儿童的语言训练

项目一　生理机制

语言分为外部语言和内部语言，外部语言又分为口语和书面语。教听觉障碍儿童学习书面语似乎较为容易，因为他们能够用眼看、用手写，教他们学习口语就要困难得多。听觉障碍儿童学习发音说话生理机制的作用可以从以下四个方面来考虑。

一、剩余听力

听力损失超过110分贝的全听觉障碍儿童是少数，大多数听觉障碍儿童都或多或少有一定的残余听力。残余听力虽然不足以使听觉障碍儿童在言语交往条件下学会说话，但是对他们的言语学习仍然有不可忽视的作用，听力损失很重的听觉障碍儿童能够听到离耳朵很近很响的声音。听力稍好点的听觉障碍儿童能听到大声的言语，区别出某些元音和词汇，有的甚至能分辨一些辅音和短句，若能合理地借助声音扩大设备，就可以把残余听力充分地发挥出来。

对于重听儿童来说，剩余听力对于习得言语的作用就更大了。大部分重听儿童尤其是二级重听儿童，在配备适当助听器的条件下，基本上可以依靠听觉渠道通过言语交往活动习得必要的语言理解和表达能力，即使一级重听儿童，若能恰当地把听觉和视觉功能结合起来，也能独立地习得一定的语言能力。

二、视觉

视觉是听觉障碍儿童学习发音说话的主渠道。视觉可以使听觉障碍儿童看到教师构音器官的某些动作及变化，借助镜子还可以使他们观察到自己的相应动作。在发音时把火苗、纸片等物置于口前，或借助于发音显示仪器，儿童可以间接地了解和掌握发音要领，并获得视觉反馈。在学习词汇、句子与别人进行交流时，听觉障碍儿童主要借助于视觉感知来判断对方的言语含义，即"看话"。

然而，尽管正常的视觉给大多数听觉障碍儿童学习口语的可能性，但这种可能性是很有限的。视觉无法完全代替听觉学习说话，这是因为说话的声音取决于发音器官的活动，语音的每个音素都和一定的发音动作相对应，而通过视觉只能看到一少部分的发音动作，而且看到的发音动作也不一定看得清、认得准。例如，声带、软腭等的

语言训练

动作就看不到，舌部的动作只能看到一部分。由于对发音动作的视知觉不完整，所以对与之相应的语音要素的视知觉也是不完整的。另外，单纯依靠视知觉无法分辨一些发音动作看起来完全一样的音素，无法分辨同音异义词。

视觉对重听儿童发音说话同样具有不可忽视的作用。他们所获得的视觉信息能弥补听觉感知的不足。所以，大部分重听儿童和成人在各种言语交往活动中都是耳眼并用的，他们的听觉感知困难越大，越要寻求视觉的帮助。

三、皮肤感觉

皮肤感觉的种类很多，对于听觉障碍儿童学习发音说话有帮助的主要是其中的振动、接触和温度感觉。皮肤感觉不是用于感知别人的言语，而是在发音训练时帮助儿童对发声时的一些伴随现象的感受，间接地领会某些声音的发音要领，并控制自己的发音活动。

例如，用手指能触摸到发鼻音时鼻腔的振动，发元音时声带和胸肋的振动。发 i 和 u 时用手除能触摸到声带和胸腔的振动外，还能感受到头顶皮和口腔底部肌肉的振动。把手背放在口前能感受到呼出气流的性质和力量变化；发送气音时气流较强，带有冲击性质，发不送气音时气流较弱，其冲击力也弱；发擦音时气流由口均缓呼出，没有冲击性质；发有些声音时（如 a、sh），气流是温的，发另一些声音时（如 s），气流则有点冷。为了发挥皮肤感觉的作用，人们已经研制出专用的电声仪器，用于帮助听觉障碍患者借助触觉和振动觉接受言语信号。教重听儿童学习正确发音时，常常也要借助于其皮肤感受性。

四、肌肉感觉

肌肉感觉主要是指运动感觉。运动感官的外围感受器（细胞）散布于身体的肌肉、筋腱和关节处，借助于这些细胞，可以感受到身体在空间中的位置及各种器官的运动，所以运动感觉又称本身感觉。

借助运动感觉直接感知别人言语的可能性微不足道。谈论运动感觉对听觉障碍儿童学话的作用，主要是指语言运动感觉的作用。发音说话时构音器官的运动能引起复杂的语言运动感觉，如各构音器官的位置、运动的方向和速度、肌肉的紧张度等。语言运动感觉可以作为听觉障碍儿童调节自己言语活动的重要手段。当儿童学会正确地发某个声音时，大脑中也形成对这个声音的正确运动感觉形象。再发这个声音时，凭着产生的运动感觉就能判断自己是否发对了。会说话的人丧失听力后，言语虽然会发生退化，但不会完全丧失，因为可以借助已形成的语言运动感觉控制言语运动。

语言运动感觉还可以成为听觉障碍儿童学习新音的生理基础。利用外力（手指、压舌板等）帮助儿童摆正舌位、唇位或软腭位置，以习得新的声音或矫治顽固发音错误的做法，依据的就是这种生理基础。在听力损失的情况下，更需要使用这样的训练方法。

听觉障碍儿童具有学习发音说话的一定可能性及手段，只要善于利用这些因素，利用各种适当的辅助手段，通过各种适当的途径和方法，总能把他们的构音器官发动起来，使之发挥说话的功能。

项目二　基本原则

一、早发现早训练

五岁前是儿童习得言语的关键时期。只有及早地发现儿童的听力损失，及时地进行言语训练，方能取得理想的结果。只要对听觉障碍儿童进行早期语言康复训练工作，儿童在言语发展上就会获得很大成绩，突出地表明了早发现早训练的重大意义和作用。所有的听觉障碍儿童都需要早期训练，训练开始得越早越好。

二、把语言作为交往工具进行训练

说到言语训练，人们容易就事论事，按照编排的内容进行训练，而不顾及儿童生活实践的需要。对于一般儿童，言语是在同周围人们的生活交往中发生发展的。语言一开始就产生于交往实践，服务于交往实践。儿童习得的是能满足其交往需要的语言工具，而不是孤立的语言。

对于听觉障碍儿童的语言训练，也必须考虑到儿童语言发展的这个基本特点。一开始就应该根据语言的根本功能，训练他们的语言能力，着眼于培养他们的语言交往能力。这就意味着必须围绕着每日的生活实践进行语言训练。在生活交往实践中需要什么词语就结合具体的对象出示什么词语。由于生活中的事物是反复出现的，所以反映它们词语也有许多再现的机会，听觉障碍儿童就能不知不觉地、相当牢固地掌握这些词汇。久而久之，他们就能知道许许多多每天吃的、喝的、穿的、戴的、用的、玩的、做的东西叫什么，尝到的味道、嗅到的气味、看到的颜色、体验到的情感叫什么，能正确地称呼家中成员及亲友。这样，听觉障碍儿童就能较快地借助语言理解周围的事物，表达自己的思想、愿望和要求，较为流畅地进行交往。

三、综合发挥各种生理机制的作用

剩余听力、视觉、皮肤感觉和肌肉感觉为听觉障碍儿童提供的学习口语的可能性是有限的。仅靠其中的某一种无法使他们学会发音说话，重要的是综合发挥它们的功能，特别是耳和眼的综合利用。

试验研究表明，听觉障碍儿童在同时依靠听和看的条件下对语言声音的感知效果会大为提高。例如，让听力损失在90分贝以上的听觉障碍儿童分别在不同的条件下感知言语：只借助看话、只用听觉（戴助听器）和视、听并用。结果，在前两种情况下，儿童几乎无法感知口语，而在第三种情况下的效果要比第一种情况下好得多，对于重听儿童也是如此。综合使用有关感觉功能的优越性在于它们之间的相互强化和互补。对于听觉和视觉都能感受到的语言成分，利用两种感官感知时就更有把握；许多听觉难以感受到的语音成分，可以借助视觉反映；而许多视觉感受不到的语音成分，则可以由听觉来补充。

语言训练

读书笔记

四、充分发挥助听器的作用

助听器是能够扩大声音响度，以便使听觉障碍患者能够听到声音的电声装置。助听器有个人用的，也有团体用的。助听器主要包括话筒、放大器和耳机三个组成部分。话筒把声能转化为电能，在话筒和耳机之间是放大器——它能提高输出信号的水平，耳机又把电能转化为声能传到患者耳内。另外还有电池、导线和耳膜。现在用得最多的是耳背式助听器，提高了信号处理能力和存储能力，可提供精密的反复的调控功能，从而排除环境噪声的干扰（图6-1）。

另一种先进的助听装置是电子耳蜗。它根据仿生学原理、借助电子工程技术研制而成，通过手术将部分电子元件植入内耳，刺激听觉障碍患者耳蜗内残存的听神经，从而部分地恢复其听力。

利用助听器能在很大程度上促进听觉障碍儿童的语言学习。经验证明，只要在婴幼时期配以合适的助听器，并给其父母以适当指导，即使儿童的残余听力很少，也能使其学会一些言语。对于已习得言语后失听的儿童，若能及时配以助听器，就能使其语言得到较好的保存和发展。

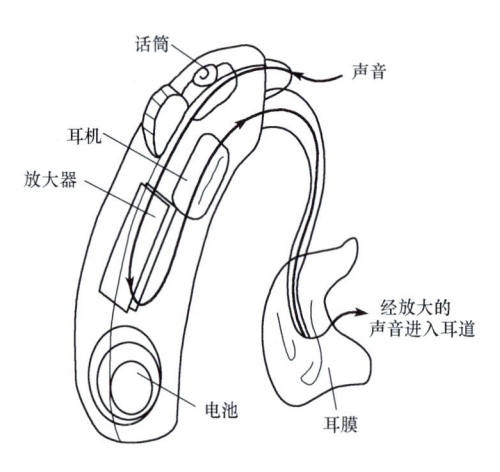

图6-1 耳背式助听器主要组成

要在语言训练过程中充分发挥助听器的作用，首先是要根据每个儿童的听力损失具体情况选配助听器。助听器不是随便买一个戴起来就可以，而是要像配眼镜那样，按照医生的检查处方选配。

其次，要估计到戴上助听器后，儿童要有一个适应过程，有一个在听到的声音与其含义之间建立联系的过程。要经过一步步的听音和语言训练，才能使儿童学会区分环境中的各种声音，区分不同的语音，听懂越来越多的词语。这样循序渐进地进行训练，助听器的作用会日渐明显、日益增加。

当然，要使助听器发挥作用，应该随时随地保持其良好的功能状态，这要求儿童、家长、教师都能掌握助听器的基本使用和保护要求及方法。

五、正确发挥手语的作用

手语中的手指语本身就是我们通用语言的一种特殊形式，是专门为帮助听觉障碍儿童学习语言而设计的。在语言训练过程中，应该充分地利用这些便利，发挥手指语的作用；国内外的听觉障碍教育实践早已证明了手指语对听觉障碍儿童（包括视听同时损失的儿童）的重要作用。例如，有些重视利用手指语的听觉障碍儿童语言康复机构及聋校里，语言训练工作的进展就较为顺利，效果也较好——儿童的词汇较丰富，言语表达较完整。因为，可以随时随地用手指语配合口说给儿童出示新的词汇和句型，让他们视听兼用，获得完整的感知效果。而若是仅靠口说，绝大多数听觉障碍儿童都难以完整感知，只能捕捉到词语的一部分结构。

　　手势语作为听觉障碍患者的一种交流手段，对于听觉障碍儿童学习发音说话不无积极作用。不应该把两种表达系统相互对立起来，应该辩证地看待一般言语和手势语之间的关系。在语言训练过程中如能恰如其分地利用手势符号，也能产生促进的效应，例如，在给听觉障碍儿童出示某些新的词语时，若听觉障碍儿童已有相应的手势符号，帮听觉障碍儿童把两者联系起来，就很容易使其初步理解词汇的意思，关键是应该自觉地有计划地利用手势语。这需要牢记手势语为语言训练服务的宗旨，不能喧宾夺主；深入了解听觉障碍儿童的手势语状况，找出可以利用的手势符号，经过精心的考虑和安排，避免手势语的消极影响。

项目三　途径及内容

　　听觉障碍儿童的语言问题首先属于语言发展迟缓的范畴。所以，先要致力于发展听觉障碍儿童的一般语言能力，特别是语言理解能力。语言训练不应局限于某种固定的训练活动及时间，而应贯穿于听觉障碍儿童的各种生活实践活动中。各种生活实践活动既能激发听觉障碍儿童的语言交往动机，又为其词汇及整个语言发展提供丰富的源泉。必须把它们用作促进听觉障碍儿童语言发展的重要途径。

一、听觉障碍儿童语言训练的途径

1. 日常生活活动

　　日常生活活动首先是指与儿童的基本生存与需要密切相关的饮食起居和休息活动。一般儿童的语言发展就是从饮食起居、大小便、衣着、卫生和安全等这些活动出发的；听觉障碍儿童的语言训练也必须和它们结合进行。在安排听觉障碍儿童的这些活动、培养他们的这些生活能力时，要有的放矢地使听觉障碍儿童知道所涉及的有关东西和举动的名称，并逐步扩大词汇的范围，教给他们一些必要的句子。为了便于听觉障碍儿童理解和掌握，还应该给听觉障碍儿童生活环境中的各种东西贴上标签。让他们借助整体认读初步认识物体的名称，这就是"依文学语"。听觉障碍儿童的视觉由于强化使用，显得非常灵敏，认识字形对他们是最容易的事情。

　　以后，听觉障碍儿童的生活圈子扩大到哪儿，发展词汇、提高语言能力的工作就跟到哪儿。应该尽量使听觉障碍儿童的认知发展及其他方面的发展和语言统一起来。

2. 文体娱乐和休闲活动

　　文体娱乐和休闲活动是儿童基本生存活动的延伸，同样是促进听觉障碍儿童语言发展的重要途径。无论是家庭还是学校，都要开展这方面的活动。有的活动是在家里或校内进行，有的活动是要走出家门或校门进行，如生日节庆、参观旅游、体育锻炼及比赛、游戏、串亲访友、看戏、看电影、看电视等。在开展这些活动时，成人应该把一些基本的词语以一定的方式出示给听觉障碍儿童。尤其是看电视，它是丰富听觉障碍儿童词语的极好时机，应该围绕电视节目内容与听觉障碍儿童进行必要的交谈，

语言训练

给他们出示一些新词语。靠打手势开展活动，或无声地组织活动，都是与聋校形成和发展听觉障碍儿童语言能力的宗旨背道而驰的。

3. 各种教学活动

在听觉障碍教育机构里，语文教学当然是发展学生语言能力的主要阵地，因为语文课的宗旨就是通过精心选择的材料和安排的环境，借助特别的教学方法，从语言的各个方面对听觉障碍儿童进行训练，以加快他们语言发展的进程。但是，绝不能把听觉障碍儿童的语言训练作为语文一门学科的任务。根据聋校特殊任务的要求，其他各门学科教学除完成各自特定的教学任务外，都应该为促进听觉障碍儿童的语言发展作出应有的贡献。各门学科都蕴含着发展学生语言能力的极大可能性，弃之不用，实在是对听觉障碍儿童的重大损失。就词语而言，课堂教学活动涉及的词语范围相当广泛，包括组织教学活动的用语、同具体的知识和技能相联系的词语、学习过程中使用的各种物体的名称和它们的组成部分的名称及利用它们完成的动作的名称，以及听觉障碍儿童向教师或其他人请求帮助、提问题、陈述某件事情等所需的词语等。每位教师都要结合所授学科教学过程的需要，把有关词语逐步交给听觉障碍儿童并在教学实践过程中加以运用。

学科教师重视听觉障碍学生的语言训练，实际上也是为提高自己的教学质量创造条件。因为教和学的活动主要是以语言为媒介而进行。直到如今，聋校学生的语言水平低下仍然是妨碍各科教学顺利开展的主要绊脚石。

4. 专门的语言训练活动

尽管通过以上的途径可以使听觉障碍学生获得很多词语材料，但是还不足以保证他们语言的健康发展。还需要有专门的语言训练活动，来帮助听觉障碍儿童对所获得的新词语进行加工整理，找出它们之间的联系和特点，使之条理化、系统化。这样不仅能够加深听觉障碍儿童对所习得词语的理解，而且也便于他们的记忆和在需要时顺利提取。

显然，这种专门的训练活动属于语言矫治师的工作范围。每周至少安排一次，可以放在周一或周五，以便以周为单元进行上述的回顾总结。为此，语言矫治师必须熟悉听觉障碍儿童每周的活动安排，随时了解他们的词语积累情况，做到心中有数。每次训练之始，先有的放矢地启发听觉障碍儿童把一周中新习得的词语回忆罗列出来，然后引导他们进行分析对比，加工整理，最后在此基础上开展一些实践应用练习。每次训练活动不仅要引导听觉障碍儿童在词语之间、在词语和现实生活与认知活动之间建立联系，而且还要同以往训练过的词语材料建立联系。联系建立得越广泛，听觉障碍儿童掌握得越牢固，用起来也越方便。

这样的训练以小组形式进行效果较好，每次的训练时间约一个小时，中间安排一定的休息活动。

二、听觉障碍儿童的听觉能力训练

1. 听觉能力训练的意义

辨音训练也就是听觉能力训练，是指通过适当的练习发展儿童感知和辨别声音的能力，简称听能训练。听能训练对于听觉障碍儿童具有特别重要的意义。一般都把听能训练作为他们语言训练不可缺少的环节。听觉障碍儿童虽然大多保留有一定的听力，特别是许多听觉障碍儿童配戴助听器以后，听力显著提高，但是往往不能分辨和理解所听到的声音。在这种情况下，听力对他们的生活和成长就发挥不了实质性的作用。所以，必须开展听觉能力训练，培养听觉障碍儿童使用听觉的技能和习惯，发展他们感受和认识周围环境中各种声音的能力，尤其发展他们分辨言语声音的能力（语音听觉）。同时，听能训练也有助于发展听觉障碍儿童的空间定向能力，丰富和改造其事物表象。所有这些综合起来，对他们包括语言技能在内的各方面发展都有很大促进作用。

2. 听能训练的注意事项

为了确保听觉训练的效益，需要注意一定的要求。首先，要按照大脑皮质形成分化反应由粗略到精细的规律，循序渐进地开展工作，从分辨明显不同的声音开始，再分辨不同的声音，最后是分辨略有不同的声音。其次，根据儿童的听力损失程度选择训练方法。对于重听儿童和有较多残余听力的听觉障碍儿童，基本上是依靠听觉进行声音辨别，必须时才辅以视觉、触觉或振动觉。对于听力很少的听觉障碍儿童，则需要经常用后几种感觉来协助听觉感知活动。再次，应尽量采取游戏方式，多使用有声玩具及实物、录音及录像资料，以诱发儿童的兴趣及积极性。最后，严格控制训练的时间。单纯的听能训练不宜时间太长，一次三五分钟即可，并应放在其他语言训练活动之初。尤其是语音听辨能力训练，应主要穿插于各种语言训练之中。各种语言训练活动不仅要利用儿童听觉能力，同时也在促进后者的发展。

3. 听能训练的内容

从听能训练内容上看，大致可分为非言语声音训练和言语声音训练。

非言语声音训练主要是指利用日常生活环境中常见的各种声音进行的训练。这些声音大致可归为以下几类。

（1）动物叫声：猫、狗、鸡、鸭、羊等的叫声。
（2）交通工具声音：火车、汽车、飞机等的声音。
（3）乐器声音：铃声、鼓声、琴声、笛声、号声等。
（4）自然界的声音：雨声、雷声、风声、浪涛声等。
（5）各种信号声音：门铃、电话铃、闹钟等的声音。
（6）生活活动中的声音：开关门窗声、移动桌椅声等。
（7）非言语人声：哭声、笑声、咳嗽声、哈欠声等。

非言语声音训练首先是训练听觉障碍儿童知道它们的有无，对它们有反应，逐步认识它们是什么声音，也就是训练听觉障碍儿童的声音觉察能力。其次是训练听觉障碍儿童辨别这类声音的能力，使听觉障碍儿童了解不同的声音特征，学会区别两种和两种以上声音的差异。声音辨别能力训练包括以下内容。

（1）分辨不同类型的声音，如鼓声和雨声、琴声和火车声、鸭叫和雷声、公鸡叫和自行车铃声等。
（2）分辨近似的声音，如铃声和锣声、汽车声和拖拉机声、母鸡叫和公鸡叫、号声和喇叭声等。
（3）分辨声音的方向，如声音来自前面还是后面，来自左边还是右边，来自上方还是下方等。

(4) 分辨声音的长短，如辨别喇叭声的长短、锣声的长短、公鸡叫声的长短等。

(5) 分辨声音的快慢，如分辨鼓声节奏的快慢。

(6) 分辨声音的强弱，如分辨雷声的强弱。

(7) 分辨声音的高低，如分辨琴声的高低。

(8) 分辨声音的次数，如数拍手的次数、汽车鸣喇叭的次数等。

言语声音训练的目的就是发展听觉障碍儿童的语音听觉，使他们能够辨认各种言语声音之间的差别，从而提高其语言理解能力和表达能力。言语声音训练也相应分为语音感知训练和语音辨别训练。

语言感知训练是要培养听觉障碍儿童认知常用音节及声母与韵母的能力。它包括以下内容。

(1) 词汇认知训练：给听觉障碍儿童听常用的生活词，要他们指出相应物体、图片或词汇卡片。

(2) 音节认知训练：出示常用的音节表，语言矫治师说一个，让听觉障碍儿童指一个。

(3) 韵母认知训练：出示韵母表，语言矫治师说一个，让听觉障碍儿童指一个。

(4) 声母认知训练：主要用几个浊音声母做训练，因为不能读声母的呼读音，用呼读音练习变成了音节练习，而本音多是不带音，听觉障碍儿童听不到，更听不清。为增加训练的材料，可以把 b、d、g、i、z、zh 等都发成浊音（带音）。加上声音的振动，它们的音色基本不受影响。

语音辨别训练也是从词汇开始，最后过渡到声母，具体如下。

(1) 辨别声音差异大的词汇。例如：大象—老虎，刷牙—拍球，小白猫—大黄狗。

(2) 辨别近音词汇。例如：妈妈—爸爸，兰花—南瓜，十四—四十，西瓜—丝瓜。

(3) 辨别单音节词汇。例如：桌—椅，碗—筷，吃—喝（声、韵母均不同）；大—马，鸟—小，山—蛋（同韵母）；白—杯，猫—妹，眼—羊，三—扫（同声母）。

(4) 辨别韵母。辨别的顺序是：单韵母和单韵母、复韵母和复韵母、单韵母和复韵母、前鼻韵母和前鼻韵母、后鼻韵母和后鼻韵母、前鼻韵母和后鼻韵母、复韵母和鼻韵母。

(5) 辨别声母。这项练习应在上面的声母认知训练基础上进行，也就是在 m、n、l、r 或再加上 b、d、g、j、z、zh 等声母之间进行分辨，例如：m—l、l—r、m—n、n—r、b—d、b—q、z—j、j—zh 等。

(6) 辨别四声。例如：操—草，香—象，点—电，矮—爱，毛—帽，长—唱，穿—船等。

以上举的例子都是二择一，即语言矫治师说出其中的一个，让听觉障碍儿童在两者当中辨认。为了增加难度，可以编排三择一甚至四择一进行辨别练习。这里的练习顺序可以根据每个听觉障碍儿童的具体情况适当改变。

三、语言呼吸和嗓音训练

语言呼吸和平静呼吸有很大区别。由于听觉障碍儿童言语实践相当有限，语言呼吸缺少锻炼，往往不能适应发音说话的要求。尤其是刚开始学说话的听觉障碍儿童，更加难以支配自己的呼吸肌肉，不会协调呼吸器官和构音器官的活动。听觉障碍儿童语言呼吸训练的目的在于使他们通常的不随意呼吸变为随意呼吸，掌握短而深地吸气、缓而匀的呼气技能，以适应说话的连贯性。

听力损失给儿童嗓音造成了多种问题，使他们不能正常地使用嗓子，保持必要的音高、音强、音长和音色；也不能正确地保护好嗓子，往往发生嗓子误用或滥用现象。所以，必须通过嗓音训练矫正他们的嗓音障碍，改变不良的用嗓习惯。当然，听觉障碍儿童嗓音上的有些障碍也和不适当语言呼吸密切相关。

语言呼吸和嗓音训练方法的关系相当密切。特别是借助于声母、韵母、音节和词语进行的呼吸练习（唱音练习），完全可以用作嗓音练习。嗓音练习的主要形式就是唱音练习。

（1）词语连读：一口气把同样的词语连说几次，次数由少到多，逐步增加。

（2）数数：从指定的一个数说到另一个数，先正数再倒数。一口气说的数目范围可逐渐扩大。

（3）数出一周的日子（由星期一数到星期四、五或六、日）或一年中的月份。

（4）扩句游戏：从简单的句子开始，每说一遍就增加一个修饰成分。例如：

我看过电影。

我昨天看过电影。

我昨天晚上看过电影。

我和妈妈昨天晚上看过电影。

听觉障碍儿童的嗓音训练涉及两方面的问题：一个是如何矫治他们的嗓音障碍问题，关键是要估计到这类儿童的特点，适当地辅以视觉及振动感觉；另一个是如何帮助听觉障碍儿童把嗓音发出来，特别是先天听觉障碍儿童。对于他们，关键是培养操纵声带振动的能力。有些机灵的听觉障碍儿童，只要借助于手摸喉结和胸部的振动，模仿语言矫治师的示范，就能发出嗓音。对于较为困难的听觉障碍儿童，要设法创造欢快热烈、激动人心的游戏情境，配以直观和形象的动作与表情，诱发他们发声。一般情况下，这样做能够取得预期的效果。例如，"喊醒老师"游戏：教师假装睡觉，请听觉障碍儿童用声音把他叫醒。起初，只要听觉障碍儿童喊出声音，教师就"醒"来，然后逐步提高要求，要听觉障碍儿童发出响亮的声音，才会"醒"来。

很可能，经过各种努力听觉障碍儿童的嗓子仍不正常，不是很轻就是完全听不见。这时，语言矫治师也不能灰心，应表现出很大的耐心和毅力，坚持训练。听觉障碍儿童的嗓音迟早会出现，先是很弱，但慢慢会响亮起来。

通过游戏引出听觉障碍儿童的嗓音后，或在听觉障碍儿童的嗓音障碍基本矫正后，可以选择适当的唱音练习来巩固矫治效果，提高听觉障碍儿童的嗓音质量。

呼吸和嗓音练习都要把握一定的分寸。在做呼吸训练时，不应要求儿童做过深的吸气、把肺鼓得太胀，也不能把肺内空气全挤出来，不留点剩余，因为这两种情况都不符合正常言语的要求。在做嗓音训练时，千万不要让听觉障碍儿童声嘶力竭地喊叫。这是刚开始语音训练时听觉障碍儿童容易犯的毛病，它会使声带过分紧张从而导致更严重的嗓音缺陷。

四、构音器官操练

听觉障碍儿童的构音器官一般无器质性问题，只是由于长期弃之不用或很少使用，才显得不灵活或很不灵活，不能适应构音活动的复杂要求。为把他们的构音"机

语言训练

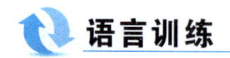

器"发动起来，发挥言语功能，必须先要进行适当的构音器官操练。通过操练，听觉障碍儿童应学会自如地运用几个会活动的构音器官。

五、构音训练

构音训练的目的是使听觉障碍儿童尽可能把声音发准确，或尽量减少严重的发音错误，以提高其言语清晰度。因为在各种语言障碍中，对言语清晰度影响最大的是构音障碍。

就语言状况而言，听觉障碍儿童基本上有两大类。一类是重听儿童和有一定语言能力的听觉障碍儿童。另一类是从头开始学话的听觉障碍儿童，主要是先天听觉障碍儿童和出生后一到三年里丧失听力的听觉障碍儿童。两类听觉障碍儿童的构音训练既有共性，也有差异。

1. 有一定语言能力的听觉障碍儿童的构音训练

对于这类儿童，需先进行构音障碍评估，根据评估结果制订计划，开展矫治训练。如果有些声音发得不稳定，时而说对，时而说错，应该进行相应的练习，使正确的发音稳定下来，牢固掌握。如果有的声音被替代或严重走音，就说明儿童不会发，应该重新教他们正确的发音方法，这类声音既有声母，又有韵母，主要是复韵母。从听觉障碍儿童构音障碍来看，韵母的替代和遗漏要比一般儿童突出，主要原因是他们的复韵母掌握不好，这又和他们听和说的实践太少密切相关。所以，要十分重视复韵母，特别是三复韵母和鼻韵母的矫治训练。

矫治这类儿童的构音障碍时，必须找出错误的原因：构音器官哪个地方活动不对，错在哪儿？语言矫治师应善于向听觉障碍儿童演示其错误情况，使其认识到错误的原因，以利于纠正。当然，更为重要的是设法向听觉障碍儿童示范正确的发音动作，鼓励他们跟着模仿。通过对两者的对比，让听觉障碍儿童分清正确发音和其错误发音的区别，一般可以取得较好的效果。

2. 从头开始学话的听觉障碍儿童的构音训练

这类儿童的构音训练，实质上就是聋校新入学儿童的发音教学。传统的发音教学包含于语文教学中，是由语文教师实施的。发音教学是一年级上学期前两三个月的主要语文教学内容。这时主要是教听觉障碍儿童学习汉语拼音，而一般的语言（词语）学习是受制于拼音教学的，只有声母和韵母都已教过的词才可出示给听觉障碍儿童，这种安排显然是和发展语言交往能力的原则不相符的。因为，听觉障碍儿童一旦结合为集体，其交往需要就急剧增加，若不及时提供他们用于满足交往需要的词语，他们必然寻求另外的手段——学习手势交往。手势交往用不着专门的训练，是听觉障碍儿童在彼此的生活交流过程中自然发展起来的，这和正常儿童通过日常的语言交往习得言语交往能力的情况是一个道理。在这几个月当中，给他们的词语极少，从而促进了他们手势语的飞速发展，这对于他们语言发展不能算是一种好现象。

与此同时，两三个月的时间不可能使听觉障碍儿童学好全部的语音，因为他们掌握发音技能的速度十分缓慢。拼音学习的时间结束后，他们习得的构音技能仍然很差。

较为合理的方法是先把语言训练分为两条线进行。一条线是词语的发展，借助于手指语（听觉障碍儿童用两个星期的时间就能熟练地掌握全部手指字母符号）或汉字

（先是整体认读），及时地给听觉障碍儿童提供交往所需的词语。另一条线就是汉语拼音训练——培养他们学习发音和拼音技能，这也是以听觉障碍儿童初步掌握手指字母为基础。根据构音结构先易后难的原则和进行音节拼读训练的需要，穿插进行声母和韵母构音训练。一个音一个音、扎扎实实地进行练习，尽量做到每一个音都能让听觉障碍儿童掌握好。根据每个听觉障碍儿童的接受能力，构音训练需要多少时间，就安排多少时间。一般来说，总要一两年时间。在词语训练时，只要求听觉障碍儿童把已经掌握的音正确发出来。随着掌握声音的增加，词语训练中要求发好的声音也日益增多。到听觉障碍儿童把所有的声音都学完后，两条线就合二而一，学到任何的新词语，都要说正确。

无论训练这类儿童学习构音技能，还是矫正前一类儿童的构音障碍，都可参照正音训练方法的三个步骤进行，即导出正确的发音、巩固正确的发音和分辨相似的发音。

在构音训练过程中，要善于利用各种方法提供反馈，让听觉障碍儿童了解自己的发音是否正确。在听觉障碍儿童发对时，以点头、微笑、抚摸等予以肯定和表扬，以激发其练习的积极性。在听觉障碍儿童未发对时，可以摇摇头，脸上显出略为不满的表情，对于幼小的听觉障碍儿童使用否定反馈表示应十分谨慎。表示过分夸张、表情过分强烈，容易使他们丧失信心，发拗脾气，拒绝练习。

对听觉障碍儿童的构音状况要求要适当，不能要求十全十美，与一般儿童一样，特别是对于听觉障碍儿童。一般可在使用频率较高、儿童较容易掌握的声母韵母上多下功夫。只要掌握了这类声音，就能保证听觉障碍儿童言语的一定清晰性，允许他们在言语中有一定的声音替代现象。

学习小结

本模块主要介绍了听觉障碍导致的语言障碍的概念、分类及表现，讲述了听觉障碍导致的语言障碍的评估与矫治方法，学习后能够将听觉障碍患者的语言障碍进行科学的评估，掌握听觉训练和语言训练的基本内容与方法。

模块练习

一、选择题

1. 构音训练的目的是使听觉障碍儿童尽可能把声音发准确，或者尽量减少严重的发音错误，以提高其（   ）。

A. 言语清晰度　　　B. 言语准确　　　C. 语法清晰度　　　D. 词汇数量

2. 试验研究表明，听觉障碍儿童在同时依靠听和看的条件下对语言声音的感知效果会大为（   ）。

A. 提高　　　　　B. 降低　　　　　C. 无变化

二、简答题

听觉障碍儿童语言矫治的主要方法有哪些？

模块七

声音障碍及其矫治

学习目标

知识目标：

1. 理解声音障碍的概念、原因、分类及表现。
2. 认识声音障碍的评估方法。
3. 了解声音障碍的矫治方法。

能力目标：

1. 掌握声音障碍的概念、原因、分类及表现。
2. 掌握声音障碍的评估步骤与方法。
3. 掌握声音障碍的矫治步骤、内容与方法。

素质目标：

1. 关心并热爱声音障碍儿童。
2. 自觉学习最新理念与技术，不断强化自己的专业技能，帮助更多的语言障碍患者。

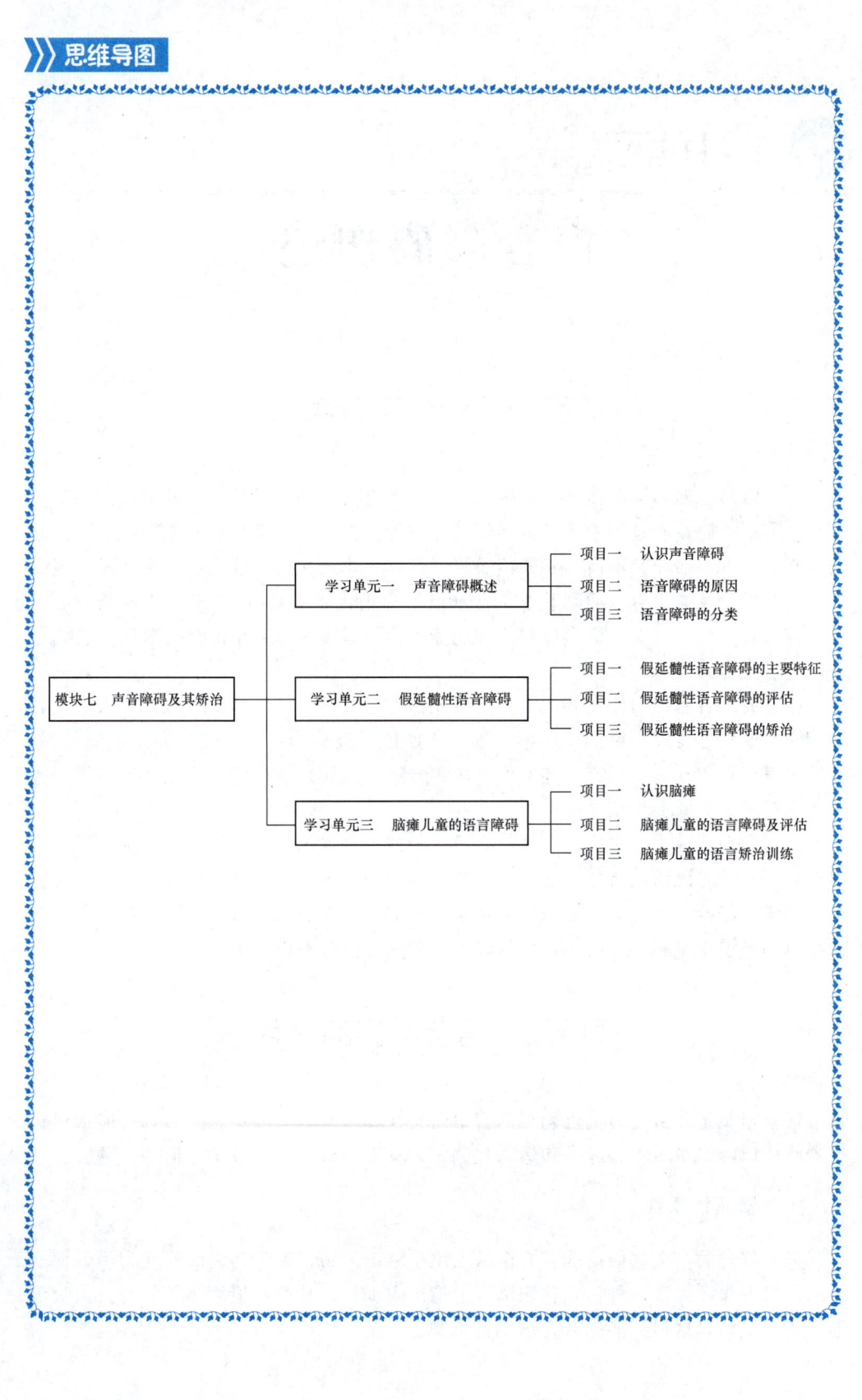

思维导图

```
模块七 声音障碍及其矫治
├── 学习单元一 声音障碍概述
│   ├── 项目一 认识声音障碍
│   ├── 项目二 语音障碍的原因
│   └── 项目三 语音障碍的分类
├── 学习单元二 假延髓性语音障碍
│   ├── 项目一 假延髓性语音障碍的主要特征
│   ├── 项目二 假延髓性语音障碍的评估
│   └── 项目三 假延髓性语音障碍的矫治
└── 学习单元三 脑瘫儿童的语言障碍
    ├── 项目一 认识脑瘫
    ├── 项目二 脑瘫儿童的语言障碍及评估
    └── 项目三 脑瘫儿童的语言矫治训练
```

学习单元一

声音障碍概述

项目一　认识声音障碍

声音障碍也称为语音障碍，是因与言语运动有关的神经系统器质性损伤而导致的运动性言语障碍，或是因中枢神经系统的器质性损伤而导致的发音和发声等方面的复杂障碍。患者说话吐字不清，发声困难，音调单一，语速迟缓或急促，鼻音过重或缺失，而在词汇及语法等方面则基本正常（以下称语音障碍）。语音障碍患者具有必要的语言符号系统，具有言语形成和接收的能力，只是在言语输出的最后阶段（言语运动）上发生障碍。

严重的语音障碍叫作发音无能。它主要是由言语运动肌肉麻痹所致。病人的发音能力完全或局部丧失，说话似哞叫。发音无能的程度分为：重度——完全不能说话，发不出嗓音；中度——只有一些噪声反应；轻度——能发少许的声音及音节。发音无能常和轻度智力低下相结合。

中枢神经系统的许多疾病都伴随有语音障碍。例如帕金森氏综合征，患者说话音响很差，开始时说话尚清楚、响亮，但速度很快慢下来，拖长音，声音轻，变为含糊的喃喃语；停顿之后，又重复一样的情景。再如舞蹈症病人的言语变得含糊不清，有的音节和词说得很响，有的则说得很轻，有的则完全听不出。

项目二　语音障碍的原因

任何损及位于由皮质到延髓核的言语器官及其联系的大脑病患者，都可能造成构音器官肌肉麻痹、肌张力异常和运动失调等，从而导致语音等各个方面的问题。

一、器质性原则

（1）软骨病，又称佝偻病。它由缺乏维生素D，肠道吸收钙、磷的能力降低而引起的。患者头颅由于这种新陈代谢障碍可能严重变形，从而压迫大脑，妨碍其血液流通和营养供给，这很可能损及言语中枢机制。

（2）先天性脑积水。由于脑积液大量积压在脑膜腔内或脑室内，严重压迫大脑组织，儿童往往开始说话较晚，其发音活动不可能正常地发展。

（3）脑炎、脑膜炎、脑损伤、脑肿瘤及脑梅毒等，都可能破坏或切断患者的言语听觉系统，从而影响到儿童对言语声音的正确感知及再现。

（4）舞蹈病、痉挛性抽搐等，可能导致左半球皮质言语中枢的病变。由于听觉和言语在解剖和生理上的密切联系，即使患者的外围听觉器官完好无损，也不能正确地再现言语声音。这种感觉性中枢起因的语音障碍的典型特点：患者能听到所有的非言语声音，但是对于许多言语声音却听不到。如果不让他们看到别人的构音情况，他们就不可能进行重复再现。

（5）延髓麻痹。

（6）假延髓麻痹。

（7）小脑损伤。

（8）脑性瘫痪。

（9）中枢性重听。由于不能正确地感知言语声音及非言语声音，在语音的各个方面必然会有不同程度的问题。

二、功能性原则

语音障碍也可能是功能性的。如儿童的错误构音动作积久成习，或者构音技能没有得到发展，这可能与儿童周围不良的言语环境有关。另外，语音听觉、听觉注意、动觉分析能力差，以及身心疾病等，都可能引发语音障碍。

项目三 语音障碍的分类

语音障碍的原因复杂多样，语言障碍的表现也不相同。研究者可以从不同的角度对语音障碍进行分类。

一、根据语音障碍的症状分类

1. 痉挛型语音障碍

痉挛型语音障碍是上运动神经元的损伤所致，上运动神经元是组成锥体束皮质区的巨大锥体细胞（Betz细胞）及其他锥体细胞。它们发生病变时会引起痉挛性瘫痪，可能使构音肌肉群张力增高、肌力减退。患者说话缓慢费力，有时词语拖长，常伴有面部扭曲及话语短暂，构音不准确，鼻音较重，音高和音强少变化，语调异常。舌和唇的运动能力差，软腭抬起有困难。有的患者常伴有吞咽障碍和强哭、强笑等情绪失调现象。

2. 弛缓型语音障碍

弛缓型语音障碍主要是下运动神经元损伤所致，下运动神经元就是脊髓的前角运动细胞和脑神经运动细胞，这些细胞体、前根或周围神经病变时会产生弛缓性瘫痪。

语言训练

患者的咽肌、软腭麻痹，呼气压力导致舌、唇肌肉活动遭破坏，从而发生言语障碍。说话鼻音色彩带喘息声，语句短暂，音调低，音量减弱，辅音和元音都发不好。

患者还有吞咽困难、进食易呛、食物由鼻孔流出等现象。双唇闭合差，常流涎，舌难以抬高，其平静状态反常，两侧运动能力差。

3. 运动失调型语音障碍

运动失调型语音障碍是由小脑损伤所致。小脑对人体运动起着调节作用，能对每个随意运动做出"修正"，从而保证肌肉运动的必要精确性。小脑因病变而受损害时必然殃及运动协调能力，反应在患者的言语上就是呼吸、发声和构音动作明显地不能同步；说话慢，跳动式地一字一顿；不会控制重音变化，句尾嗓音变低；构音器官灵活性很差，有鼻音化现象，很难保持构音的方式。

4. 运动过少型语音障碍

运动过少型语音障碍是由锥体外运动系疾病所致。锥体外运动系是指锥体以外的控制骨骼活动的结构，临床上常指以纹状体为主的数个灰质核团，也可包括发出下行通路影响前角运动细胞的核团，这个系统的损伤可使患者的构音肌群不能自由运动，肌张力异常，呈强直状态，因而说话时发音低平、单调，可能伴有颤音及首字的重复发音，语调差，有时语速加快，难以控制音强，声音往往很轻。舌的运动不当，隆起困难，唾液多。

5. 运动过多型语音障碍

运动过多型语音障碍也是由锥体外系疾病所致。言语的特征是发音高低、长短、快慢不一致，可能突然开始或中断，和运动失调型语音障碍相似，主要是由于疾病破坏了构音肌肉群的自主运动能力所致。嗓音发哑、紧张，语速缓慢。

6. 混合型语音障碍

混合型语音障碍是由于上下运动神经元病变所致。患者隆舌和舌交替运动能力减弱，唇运动差，语调不好，发声时间缩短，语速缓慢。由于病变部位不同，可能出现不同类型的混合型语音障碍。多发性硬化可产生痉挛型与运动失调型语音障碍，脑干肿瘤可能造成痉挛型、弛缓型与运动失调型三者混合的语音障碍。

语音障碍是一组很复杂的症状，许多患者可能是以一种类型为主，伴有一种或更多的其他类型语音障碍。

二、根据病变部位分类

根据病变部位可把病变分为皮质性、皮质下性、脑干性和传导性四种形式。

1. 皮质性语音障碍

皮质性语音障碍可能是传入性的，也可能是传出性的。前一种的典型特点是运动失语症，构音肌肉群不能完成任何随意的有目的的言语运动；后一种的主要特点是不能由一种构音结构转换为另一种构音结构，但是，嗓音、呼吸无障碍，唾液不过多。运动性失语症和无语症中的皮质性言语障碍就属于皮质性语音障碍。这种障碍可视为患者言语恢复到一定阶段上的症状。患者的所有声音都发生混淆，这说明言语的高级分析综合活动出了问题。

2. 皮质下性语音障碍

皮质下层是整个高级神经活动的能量源泉。皮质对皮质下层的盲目活动起着调节管理作用。当皮质下层受到损伤时，这种作用就遭到破坏。患者的运动就要发生复杂障碍——运动过度或运动不足和无力，可能伴有语速障碍。纹状体的苍白球系统损伤所造成的语音障碍就属于这个类型。患者言语障碍的典型特点就是音调及语速异常，较多的是语速变慢。也有患者说话快，往往带着痉挛型口吃的特征。这种语音障碍多见于累及皮质下层的传染性脑炎后期及激动，爱发怒，食欲和性欲极盛，或极易发渴。

3. 脑干性语音障碍

延髓性语音障碍发生在延髓区域脑神经核受损伤时（如延髓麻痹），参与言语活动的脑神经都始自延髓或脑桥。第七对（面神经）管理面部肌肉运动；第九对（迷走神经）和第十对（舌咽神经）支配软腭、咽及喉部肌肉运动；第十二对（舌下神经）支配舌肌运动。在进行性延髓麻痹情况下，这些神经管理的肌肉组织会渐渐萎缩，从而导致语音障碍。患者说话声音很弱、单调、带着嘶哑，所有的元音及辅音都带鼻音，发唇音和舌尖音极为困难，有时几乎不能发，语速慢，面无表情，口半张，唾液多，呼吸不均衡。进行性延髓麻痹是一种很严重的疾病，在儿童中很少发生。

4. 传导性语音障碍

传导性语音障碍主要是指假延髓性语音障碍，是在假延髓麻痹的情况下发生的一种症状。假延髓麻痹是相对于延髓麻痹而言的，它是由延髓以上的两侧锥体束病变所致，并没有延髓本身的损伤，两者都有严重的一般运动障碍及嚼咽困难，还有严重的呼吸及言语问题。对于假延髓性语音障碍，言语运动方面的问题起因于参与言语运动的神经核和皮质中枢之间通路的破坏，言语运动器官的外围终端和皮质终端联系的切断。

各种类型的语音障碍多发生于从少年到老年的不同年龄段。只有假延髓性语音障碍多发生在幼小儿童当中，是由于语言开始形成之前（两岁到五岁很少出现这种情况）的疾患所致，例如脑膜炎性产程创伤等，这类患者的外部表现令人非常沉重，致使有的教师和医生常常把患假延髓性语音障碍但智力正常的儿童错误地判断为智力低下儿童。

学习单元二

假延髓性语音障碍

项目一 假延髓性语音障碍的主要特征

假延髓性语音障碍是假延髓麻痹在言语运动方面表现出的症状，比较常见的是由于前期假延髓麻痹造成的语音障碍，比较少见的是言语多少形成以后（两岁到五岁）患假延髓麻痹造成的语音障碍。其一般表现为儿童的构音活动发生很大困难，所有的构音动作都迟缓、不准确。

一、言语运动特点

1. 弛缓性

言语器官肌肉群麻痹、萎缩、弛缓无力。它们的积极运动少而弱，肌张力减退。舌头软瘫、扁平、静躺于口腔底部，舌前伸动作缓慢无力，往往不能到位，仅触及牙齿；即使在这个位置上也不能保持多久，让他们重现原来位置时困难更大。在平静状态下，嘴也总是张着，唾液不断。患者的言语动作缺少力量，发音很慢，并会逐步变弱，以至衰竭。发塞音的困难最大，难以保持构音动作的架势。

2. 强制性

有的患者的构音动作表现出强制性的特点。整个构音器官都会发生强制性运动，这是构音肌肉群不能自主运动的结果。当患者想要构音时，唇、舌、齿及其他器官就开始不随意地活动起来。

3. 痉挛性

由于构音肌肉群的肌张力增高、肌力减退，构音、发声和呼吸器官处于紧张的痉挛状态，构音肌肉灵活性很差，较为精细的单独运动受到伤害，肌肉难以随意放松，发舌尖音时的障碍最为严重，常有联带运动现象。

这些运动特点的任一种都可能占据主导地位。根据它们的表现情况又可把假延髓性语音障碍分为麻痹型的——弛缓现象占优势；痉挛型的——强制性和痉挛性运动占优势；混合型的——三种运动特点都具备。

二、一般运动特点

在这种语音障碍情况下，运动障碍不仅局限于言语运动，而且具有较广泛的性质。通常，患者的一般运动都不灵活、笨拙，有的患者可能左半边身体突出，有的患者则可能右半边身体突出。他们的生活自理能力很差，不会穿、脱衣服鞋袜，不善于跑和跳；需要舌、唇等参与的非语言性运动功能也很差，嚼食、咽食感到困难，不会及时地把唾液咽下去，总是看到他们在流口水。

引人注意的是有些动作在随意完成时做不好，而在进食和其他生活活动中做起来却很顺利。例如敛唇动作，无论如何给患者做解释，怎样做示范，他都做不对，但在发笑时唇就自然地敛开了。伸唇动作对于有些患者极为困难，但是，当把一块糖果放在其口前时，其唇就会前伸把糖夹住。随意完成动作的困难之大，有时候让周围的人难以相信。一位音乐教师抱怨说一个男孩的脾气很犟，叫他把嘴张开，他就是不肯张。医生检查后说，他不是不肯张，而是不会张。教师感到很奇怪，因为她看到这个儿童在吃东西，在喊叫时都能张口。患者脸上部（眼、眉）的动作也受牵连，脸上往往很呆板，毫无表情。

三、言语发展特点

由于言语运动机制的损伤，这类患者的言语发展一开始就遇上不正常的条件。许多资料证明，他们没有咿呀学语阶段。很多做母亲的会发现，患者对周围人的言语理解发展了，但是自己的言语从出现第一个词"妈妈"之后，到两三岁，甚至四五岁还没有什么发展。他们在词汇和句子理解的发展过程中稍晚，可能达到一定的水平能够较容易地学会认字。而他们的发音，虽然随着年龄的增加有所改进，但总是明显地模糊、鼻音重、无生气，不仅是构音有问题，其他的语音要素——嗓子、语速、节奏及语调等都有障碍。

总之，在假延髓性语音障碍情况下，言语的发展总是不协调、不均衡，语音的发展明显不能和其他方面的发展相适应。如果能及早地发现这些问题，及时地施以矫治训练，尽管他们的一般言语发展可能稍有迟缓，但是还可以补救，在语音方面则需要长期系统地进行治疗工作。

四、其他方面的特点

言语障碍和一般的运动障碍必然影响到假延髓性语音障碍患者的智力发展及其他心理活动的发展。他们的智力发展受到局限，很容易导致轻度智力落后。由于交往活动中的困难和失败，患者的个性特征更容易受到影响。很多人变得羞怯懦弱，不爱交往，离群索居，优柔寡断，消极被动、畏惧退缩。有的患者往往还表现出严重的情绪障碍——易激动、爱啼哭、情绪低落等，这在智力发展较为正常的患者当中表现特别明显。

项目二　假延髓性语音障碍的评估

任何语言障碍的矫治都建立在对它的全面评估上。但是近期研制的一系列评估

声音障碍的评估

读书笔记

语言训练

读书笔记

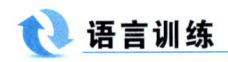

语音障碍的方法，都是针对大龄儿童或成人的，而且专业性较强、比较复杂。例如我国医学界推荐的弗朗蔡构音障碍评定法，它力求通过解剖、生理和感觉特征的检查对这一合并症进行全面描述。它分为反射、呼吸、舌、唇、颌、软腭、喉和言语可理解度八个部分。每个部分又分为二至五个项目进行评估：评估呼吸和颌都是借助于观察分析在静止状态及言语中的活动情况；评估反射是借助于观察分析咳嗽、吞咽和流涎的情况；评估软腭是借助于观察分析进食流质食物、抬高和言语时软腭的情况；评估言语分为读词、读句、会话和语速四个方面；评估喉（实质是嗓音）分为时间（发声可持续的长度）、音高、音强和言语四个方面；评估唇分为静止状态、敛唇、圆唇、敛圆交替、言语五个方面；评估舌分为伸舌、抬高、两侧运动、前后交替运动和言语五个方面。每个项目又都分为 a、b、c、d、e 五个等级。同时，还要对与言语相关的影响因素——听力、视力、语言和情绪体验等进行评定，甚至还有唇和舌尖的触感觉（两点阈）。

对于假延髓性语音障碍，可采取简单易行且可靠的评估方法，就是按两条线进行。一条线是构音器官检查，主要是查看患者的唇、颌、舌、喉、软腭、呼吸、吞咽等功能状况，这要由有专业技能的医务人员进行。另一条线是言语声音状况的检查。为了做到尽可能客观、准确，可把小组评定和个别评定结合起来进行。

小组评定法是语音障碍研究领域常用的一种方法，主要是由几位语言矫治师共同对患者的言语样本录音做分析，按照障碍的程度，对某些症状做概括分级。之所以要对言语录音做分析，是因为不能让患者同时面对几个检查人员，以免引起他们的情绪紧张或违拗表现。但是，听录音又排除了视觉观察的可能，无法看到儿童发音说话时的一些伴随现象，可能造成误断，因此，要辅之以个别评估。在小组评定的基础上，由矫治人员再单独地对患者进行评估，在正式或非正式场合下了解患者的语音状况及与构音器官活动的关系，对小组评估的结论进行验证。

对儿童的言语样本录音的分析可从以下几个方面考虑。

（1）构音状况。构音状况就是构音的一般情况，即有哪些构音障碍（替代、遗漏、添加、歪曲），累积哪些声母和韵母，最主要的障碍是哪种形式，对言语清晰度的影响如何。

（2）嗓音状况。嗓音主要从音高、音长和音强等方面进行分析。音高是指人的耳朵听到声音的高低；音长是指声音持续的时间长度；音强是指耳朵感知的声音大小。我们耳朵所感觉的高低是由物体的振动频率决定的；物体振动频率越快，我们听到的声音就越高。而音高只有在一定时间内规律振动的时候才能被感觉到，如果没有规律，听到的则是没有音高的噪声。

（3）音调状况。音调状况即言语的情感色彩如何，四声能否把握住，语调是否贫乏，言语清晰度如何。

以上三个方面主要涉及语音的构成要素，也就是言语的技巧问题。除此之外，还需要了解儿童的一般言语状况，即言语理解能力和表达能力。言语样本录音仅能提供有关这方面情况的线索，为获得更多的材料就应该以个别方式进行补充检查。同时，以上言语技巧方面的检查结果也须通过补充检查来验证和充实。

（1）言语理解能力。可以通过以下方式检查言语理解能力。

①图片认知：语言矫治师说出常见事物的名称，请儿童指出相应的图片，以此说明儿童的理解能力。

②听话做事：语言矫治师说出一定的指令，请儿童执行，以此来说明儿童的理解能力。

③听故事：语言矫治师给儿童讲个有趣的故事，观察其行为表现，特别是面部表情，以确定其理解情况。

（2）词汇量及言语表达能力。可以利用以下方式检查词汇量及言语表达能力。

①看常见的东西及动作说词语：语言矫治师出示一定的物品或演一定的动作，请儿童说出相应的名称。

②看图说词语：语言矫治师出示图片，请儿童说出相应的名称。

③看动作说话：语言矫治师完成一定的操作动作，请儿童用句子来表达。

④看图说话：给儿童看一张有情节的图画或简单的连环画，请儿童把主要内容说出来。

这个项目的检查主要注意儿童用词语表达事物的能力，只要儿童能说出大概的词语轮廓，就算是正确。

对于以上各个项目的检查结果要作详细记录，以便进行综合分析，找出主要的言语障碍。

项目三　假延髓性语音障碍的矫治

假延髓性语音障碍的各种症状决定着矫治工作的具体目标、任务和体系。

一、矫治工作的目标和任务

矫治工作的基本目标就是全面矫正假延髓性语音障碍患者语音方面的问题，以及言语的其他方面和个性方面的问题，这种言语障碍的基础是中枢神经系统的严重器质性损伤。所以，矫治工作不可能轻而易举、一帆风顺。关键是要有针对性地进行系统、细致、耐心的工作。正如生理学家巴甫洛夫所说，任何东西都不是固定的、不可改变的，只要创造适当的条件，所有的事情都可以办得到，都会向着好的方向发展；许多神经学方面的任务乍看起来很难完成，但是只要能循序渐进，谨慎从事，最终能够圆满完成。

为达到这个基本目标，矫治假延髓性语音障碍的工作必须努力完成以下四方面的具体任务。

（1）克服儿童的言语运动障碍。

语言训练

(2) 克服和消除患者已形成的错误言语技能。

(3) 形成和发展新的正确言语技能。

(4) 巩固新的言语技能，使之自动化。

假延髓性语音障碍矫治工作的实践证明，矫治能够获得很大成效，但是需要很长的时间和不同于矫正一般的构音障碍的工作方法。

二、矫治工作的体系

在假延髓性语音障碍情况下，矫治工作的体系基本上是指向言语的音素方面，途径是影响言语运动。矫治工作的重心应放在言语运动训练上。言语运动训练包括按摩、被动操练和主动操练三个环节。训练的出发点是不随意的动作和被动操练，但是重点是主动的随意动作。这类动作要通过对舌、唇、咀嚼肌肉、软腭等的反复训练及预先的按摩做准备。每天训练两次，每次的时间，开始时约5分钟，以后渐渐增加至15～20分钟（视儿童的疲劳情况而定）。先是和语言矫治师一起做，往后过渡到患者独立做。训练具有构音器官操的形式，只要有可能，就应该把动作同相应的音素、词或短句结合起来，这是最好的训练方式。

按摩是为了激发对言语及面颜肌肉组织的神经支配。在训练之前用温暖的手进行，主要是对有关的肌肉（颊、唇、舌面和软腭）轻轻地拍、按、推、捏、揉等。用洗干净的食指或中指对软腭进行前后按摩，时间约2分钟。

通过按摩，构音器官的运动会变得较为自由，较少紧张。

按摩后，可以先做不随意动作。如对着镜子做微笑时的敛唇、舔棒棒糖时的伸舌、弹响舌的舌尖上升等。让儿童注意观察语言矫治师及儿童自己的动作，并让儿童感受一下相应器官的紧张情况（如发声时声带的振动），听一听伴随动作的声音。

不随意的动作先让患者和语言矫治师一起反复地练习，之后让患者按语言矫治师的示范做，最后是按语言矫治师的指令独立做。

被动操练就是借助外力（手指、压舌板等）的帮助完成构音器官的操练动作。几经重复后，尝试着让患者在排除外力帮助下完成这些动作，从而将被动的运动变为有意的运动。

主动操练是指每日两次在语言矫治师指挥下完成的构音器官训练。语言矫治师可以借助于喊节拍指挥动作的慢、快。但是要注意：儿童的动作一定要做正确、准确。在通过练习习得某些运动技能后，可以要求儿童在家里每天做一两次。起初应在成人的观察监督下做，到儿童做得有把握时，再独立地做。但是，必须要儿童借助小镜子调控自己的动作。

不同构音器官的训练可以同时交叉进行，以便尽快地从"空车"练习过渡到结合言语材料做练习。

整个言语运动训练工作可分为三个阶段。

第一阶段：其任务在于使患者的心理和言语摆脱那些有碍于按计划开展系统工作的派生的、不是很稳固的现象。例如，强制性动作和流口水对于按摩、被动操练及主动操练都有妨碍。儿童的消极被动、缺少自信心、听觉注意不足、言辞少、爱哭泣等现象，对于训练工作的妨碍也较大。在第一阶段，首先要克服这些现象。

第二阶段：其任务在于解决假延髓性语音障碍的基本问题——语音方面的各种困难和缺陷。学校里的教学及休闲活动的组织安排都要在很大程度上服从于这个任务。

第三阶段：这时患者的言语已能为周围的人所理解，应该让儿童进入集体中。达到学龄阶段的患者应该入学——根据其能力水平或进入普通学校，或进入智力落后儿童学校，这个时期，发音训练工作占有很大比重，但已经是辅助性的，可以在很大程度上渗透到学校教学过程中。

矫治这类患者的言语问题特别需要语言矫治师和其他教师的密切合作。大家一起就儿童的言语发展提出必要的，但同时又是力所能及的要求。

三、矫治工作的主要内容及方法

1. 克服妨碍矫治训练的附带现象

（1）流口水。口水不断是假延髓性语音障碍儿童的明显特征。它不但影响外观，而且妨碍儿童的构音说话。克服流口水现象实质上已经是言语运动的训练。儿童对其目的易于理解，所以最好从这项工作开始。应该给儿童说明，经常地把口中的唾液咽下去，不让它往外流，尤其是在开始说话或进行某种构音练习之前。当儿童吞咽有困难时，可以让其头稍向后仰，做几次咀嚼动作，再咽唾液。

另外，还要教会儿童把嘴闭起来，并能保持这种状态。家庭里也要做这方面的提醒。给儿童说过后，立刻让儿童对着镜子做，并把一定的器官位置保持一会儿。一般来说，效果是立竿见影的。初见成效后，母亲可以去掉儿童的围嘴，换上好看的衣服，以激励儿童抑制口水的流出。

（2）构音器官紧张性和强制性运动。有的患者的构音器官高度紧张，妨碍其作出适当的构音动作。例如把舌头缩成一团，很紧张。语言矫治师可在镜子前做对比，让儿童看看正常放松的舌头——平躺在口腔底部、宽而薄，和自己的情况有什么不同。利用压舌板轻轻压在缩成一团的舌头上，它会暂时放松、平躺。通过计数，控制舌头放松的持续时间，并鼓励儿童尽量增加放松的时间。

当患者表现出强制性不随意动作时，需要开展抑制这类动作的训练。这时语言矫治师注意的不是动作的动态，而是动作的静态（维持所达到的姿势）及平静状态。例如，让儿童张开口，并抑制住唇和舌（在口内）的抽动，或者伸出舌头，使之处于平静状态、不抖动。儿童可借助镜子控制自己的动作。语言矫治师借助数数来计算儿童对强制性动作抑制的时间长度，保持的时间应逐步延长。

不仅要注意抑制构音器官的不随意运动，使它们的肌肉群放松，而且还应该训练其他部位的肌肉活动，达到全身松弛。因为构音器官肌张性损害是和肢体张力增高密切相关的。当全身的肌肉放松时，构音肌群的紧张性会随之下降。例如：

①取坐姿，双脚平放，用力向下踩三秒，然后放松，重复数次，儿童应感觉到腓肠肌的紧张和松弛。

②双膝关节伸直三秒，然后放松，反复几次，儿童应感到膝关节的紧张和放松。

语言训练

读书笔记

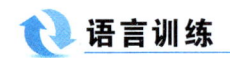

③紧握拳，再放松，重复几次。

④两臂前平举，保持三秒，然后放下，重复数次。

⑤双肩向上耸，保持三秒，再放松，重复数次。

⑥收腹，使腹肌收缩、紧张，保持三秒，然后放松，反复做几次。

这类练习还有许多，要根据患者的实际情况进行编制。重要的是做每种练习时让儿童通过身体各部位紧张和放松的对比，体验到松弛感，学会使随意肌群完全放松，从而使躯体非随意肌群也跟着放松，这样就可以达到抑制强制性运动的目的。

在对患者进行这种训练时，以及下面将要介绍的其他训练时，要十分注意选择训练环境。训练矫治处所应安静、无外界干扰。语言矫治师的言语要缓慢，语调平稳，声调要低，保持平静、松弛的气氛。

（3）心理障碍。有些患者为自己的言语缺陷感到特别伤心，说话时总带着泪水。在这种情况下难以正常地开展训练工作。语言矫治师要向教师和家长交代一个很重要的方法，就是及时发现和表扬他的点滴进步。不应该讥笑儿童，同时不能对儿童持怜惜的态度。应该鼓励儿童克服自己的缺陷，培养其信心，使儿童相信经过自己的努力能够把话说好。

2. 必要的构音器官运动训练

在进行训练时，先要训练运动的力量、幅度及准确性，然后进行速度、重复和交替运动练习，这样的运动对于准确、清晰的发音非常重要。所有的训练要在语言矫治师的调控下进行，主要的方法是数数。

（1）下颌。一是口的开合，尽可能把嘴张大，使下颌下降，然后再合上。缓慢重复3～5次，休息。以后加快速度，但要使下颌保持最大的运动幅度。二是维持张嘴或闭嘴的状态。为了把嘴合起来并维持一段时间，可借助于嚼食的动作，利用视觉（对着镜子）进行调节。通过练习把嘴的闭合变为随意动作。要施加外力时，用手按压儿童的头顶和下颌。

可以让儿童把一块餐巾咬紧，再往外拉出，并用手感触下颌的运动，这可以加强肌肉的紧张度和运动力量。

（2）唇。一是在计数调节下交替地圆唇（似吸吮东西）及敛唇（似微笑）。需要外力帮助时，可用手指捏儿童的嘴角，使之前凸。为训练唇肌的力量，可让儿童用双唇夹直径不同的纸筒（直径逐步减小）、圆的橡胶（或塑料）棒等。这个动作对于发 a、o、e 很重要。二是使唇前伸、呈喇叭状。这个动作较难做，开始时可用手指按压儿童的双颊。三是双唇闭紧再松开，或双唇闭，鼓腮数秒，突然排气，也可在鼓腮时用手指按压双颊，帮助排气，这个动作有助于发 b 和 p。

（3）舌。一是舌头尽量伸出，然后缩回，重复4～5次，稍事休息，再练习。可逐渐增加运动次数。可在儿童口前置一棒棒糖，让儿童伸舌舔一下，再缩回，反复几次。二是把舌尖抵在上门齿背后，离开，连续几次；把舌尖抵于上齿龈，离开，连续数次；把舌尖抵于齿龈与硬腭交界处、离开，反复几次。三是使舌面隆起接触硬腭、再离开，连续数次，休息后再做。四是左、右运动，舌尖伸出，由一侧嘴角移向另一侧嘴角，着重练习受损的一侧，这个动作较难做。开始时可借助于外力——用压舌板协助或抵制舌的一侧运动。

（4）软腭。先要对软腭进行系统的按摩。用压舌板或干净的手反复地把软腭推至后咽壁。可多使用咀嚼、打哈欠、吞咽（先用水，后只是咽的动作）、咳嗽、叹气等自然动作做训练。它们都能使软腭上升，接触后咽壁；还可以用毛刷等物直接刺激软腭，或者用冰块快速擦软腭（对于软腭轻瘫者），数秒后可增强肌张力。

为避免舌根与软腭的接近，开始训练时，可让儿童把舌头伸出口外，在儿童能够连续咳嗽后，可让他练习在咳嗽时随意地停顿。在停顿时应使软腭继续靠于后咽壁上，并渐渐增加其时间。在此之后，才让儿童在语言矫治师指令下练习随意地升降软腭。有时候，儿童的软腭损伤较轻微，只要让儿童大声、准确地发音话，就能够使软腭活动趋于正常。以后，学习发元音和辅音的训练工作都有助于发展及巩固软腭的升降灵敏性。做的时候应尽可能准确有力，这要求儿童注意力集中，因而也容易使儿童疲劳。因此，语言矫治师要谨慎从事，当发现儿童产生疲劳的迹象时，应让儿童转移到别的活动上。

（5）喉。喉部运动训练主要是指声带的运动，实际上是一种发声训练。必须通过训练使假延髓性语音障碍患者的声带活跃起来。练习时，可让患者一手摸着自己的喉部，一手摸着语言矫治师的喉部，同时注意听自己发出的嗓音，这样能使儿童将声带振动和嗓音联系起来。重要的是设法引出儿童比较自然的不带多余紧张的嗓音。还须使儿童感触胸腔的共鸣。发声时让儿童将手置于胸部，体验一下发声靠的是呼气（胸部会内收缩），一旦感到空气不够，胸部就应停止送气（胸肌不再向内收缩）。发声的持续时间可逐步增加。语言矫治师可用数数来调节发声的持续时间。

用鼻辅音 m 开始进行喉部训练较好，因为 m 的构音简单方便，发音部位最靠前；也可以从元音 a 或音节 ma 开始训练，大多数儿童一般都会发。嗓音练习的形式多种多样，例如：

①持续发音和短暂发音。m——，m——，m—m—m—（m 后的长线表示吸一口气拖长音发一次 m，短线表示吸一口气连发几次 m）。

②小声发和大声发，一小一大地发。m——M——；mMmM——（m 小声发，M 大声发）。

③一轻一重地发。mmmmmm——（带线的 m 重读，不带线的 m 轻读）。

唱歌对于发声活动很有好处，它不但有助于形成言语呼吸，增加其长度，加大发声的力度，而且有助于儿童学会变换自己的嗓音。

3. 言语表达技能训练

在构音器官运动训练过程中包含着许多言语表达技能的内容。当构音器官的运动状况基本适应学习发音说话的需要之后，就要集中力量进行发音技能训练。言语表达技能涉及语音的各个方面，但主要是音素方面的训练。言语的清晰度在很大程度上取决于各个音素的状况。只要通过训练，假延髓性语音障碍患者掌握正确的音素发音和拼读技能，他们的言语清晰度就能够满足交往活动的需要。只要在校内校外、课内课外的各种交往活动中，给以有的放矢地引导和帮助，就能克服患者语音的其他障碍。

语言训练

读书笔记

假延髓性语音障碍儿童的言语矫治工作在很大程度上是与教学教育活动相结合的。虽然这项工作大体上分为三个阶段，实际上从第一阶段起，就在进行发音训练工作（如对着镜子练习发音素），识字教学准备工作，用字母卡片拼词汇及学习拼读词语的工作等。所有这些工作都会促进儿童听觉感知能力的发展，使其很快达到水平。而且，在专门的言语训练和一般教学工作的同时，也在顺便开展词汇教学。

为言语表达技能训练选择材料需要十分慎重和灵活，使用的音节和词汇应该尽量和患者的年龄特征、接受水平及兴趣爱好相适应。选择言语材料时需至少估计以下两点。

（1）构音难度应逐渐增加，包括词汇的长度及声、韵母的构音情况等。

（2）在词义上，应从具体的生活常用词汇到抽象词汇。

训练中使用的词语应要求患者抄到练习簿中，可能的话加上简图。练习簿是儿童复习巩固和进行家庭练习的依据。音素发音训练是假延髓性语音障碍儿童言语矫治工作的主要方向。这类患者学习发每个音素所需的时间比一般构音障碍儿童多得多，因此不能急于求成。在进行发音训练时，还要注意以下事项。

（1）不立刻要求让患者把音发准确，因为他们的构音器官的肌肉无力，运动范围受限。允许儿童使用替代音素或接近的构音动作。以后在整个言语训练工作及教学工作的背景下，再对每个音素做进一步加工。

（2）不要同时教患者学习属于不同音素组的音素，因为不同组的音素对构音器官的运动要求差异大，患者难以同时适应它们。在同一时间内只能教他们学习同组音素的发音。

（3）音素训练的安排顺序应遵循先易后难的原则。难易程度取决于每个音素的发音方法和发音部位。例如，s 的构音动作和 m 的构音动作相比要复杂得多。发 s 时的每一种动作对于假延髓性语音障碍患者都比较困难。显然，m 应属于教他们优先掌握的声音之列，而 s 要经过长期预备训练、打好各个动作的基础后，再教患者学发音。

按照各个元音和辅音的具体情况，可由易到难把它们分为以下四组。

① a、o、m、p、b。
② e、u、t、d、f、n、l、s、c、z。
③ i、ü、k、g、h、x、sh。
④ r、ch、zh、q、j、ng。

学习复韵母的顺序应该是：先复韵母，再鼻韵母；在复韵母内部先前响复韵母，再后响复韵母，最后是中响复韵母；在鼻韵母内部先前鼻韵母，再后鼻韵母。这种顺序只是建议性的，完全可根据每个儿童的具体情况加以调整。为便于学习拼读和识字，往往需要把辅音及元音穿插起来进行训练。

在假延髓性语音障碍患者中，较为普遍的是语速过慢，因为他们完成构音动作有困难。如果有的患者说话速度快，很可能预示着其言语的退步。因此开始时，应该教他们用慢速说话。过渡到快速说话阶段时应该非常小心。要记住：语速的加快不能以牺牲发音的清晰性和准确性为代价。

4. 游戏训练方法举例

要使患者把学会的正确发音技能熟练地用于言语活动中，须经过长时间的训练，这要求矫治双方都有耐心、有毅力，肯花时间。

练习要长时间系统地进行，容易使患儿感到厌倦。语言矫治师应该富有创造精神，应该掌握许多技巧和策略，善于变换练习方法。许多游戏都可用作训练的方法。下面介绍几个能使儿童发生兴趣的游戏。

（1）"不说话"游戏。6~12名儿童，坐成半圆形。语言矫治师就儿童所熟悉的题目进行讲述。讲的过程中突然给某个学生或全班提个问题，而儿童听到问题后，应紧闭嘴巴，不回答。谁开口说话，谁就是输家。这种游戏对于话多、说话快、对自己的话缺少批判性的儿童很有帮助。

（2）"吹气球"游戏。5~10名学生围成一圈。语言矫治师念儿歌："吹气球、吹气球；吹吹吹，吹大了；小心些，别吹破。"儿童在这时吹鼓自己的双颊，当听到"别吹破时"，双手拍一下双颊，"噗"，气球"破了"。这个游戏有助于儿童学习发双唇音。

（3）"吹小船"游戏。4~8名儿童站在桌子周围。桌上放一盆水，水中放几个小船（纸折的或塑料的）。儿童们对着小船吹气，可以吹自己的小船，也可以吹别人的小船，力争使自己的小船到达"对岸"，以赢得游戏。

（4）"开火车"游戏。5~10名儿童，在地面上划出"铁路""桥""山洞""车站"，儿童排成纵队，排头是"火车头"，后面的是"车厢"。

"火车头"发出笛声：u—u—，放气：sh— sh—，火车开动。儿童们有节奏地说："开动了，开动了……"然后加快速度："开快了，开快了……"过"桥"时，说："过桥了，过桥了……"过"山洞"时，说："别说话，安静些。"接近"火车站"时，"火车头"说："我要休息了，我要休息了。"并放慢速度，儿童齐声说："啊哟，累坏了；啊哟，累坏了。"

游戏有助于儿童在词汇中巩固学得的音素，有节拍的动作可以使他们发音准确。可以按照以上的游戏创造出所需的其他游戏。许多常见的儿童游戏都可以改变一下，以适应言语运动技能训练的目的，也可以自己另外设计出新的游戏。

学习单元三

脑瘫儿童的语言障碍

语音障碍是脑瘫儿童语言障碍的重要形式之一，这类儿童除语言问题外的一系列症状，也酷似假延髓性语音障碍患者，所以我们把脑瘫儿童的语言障碍和语音障碍放在同一单元里讨论。

项目一 认识脑瘫

一、脑瘫的定义和原因

脑瘫的全称是脑性瘫痪，又称脑性麻痹。一般认为：脑瘫是由大脑成熟前所受损伤造成的一种综合征，具有麻痹、虚弱、共济失调或其他运动障碍等特点。脑瘫的症状可能轻到难以让人觉察，也可能严重到完全残废。

脑瘫是一种发育性残疾，是一种远比单纯的运动障碍复杂得多的病症。当大脑受损伤时，感觉能力、认知功能、情感反应及运动操作等，都会受到影响。很大比例的脑瘫儿童还会有听力障碍、视力障碍、感觉失调、言语缺陷、行为异常、智力低下，或者结合其中几种障碍，再加上运动困难。他们可能表现出言语错乱或脸部歪扭等特点。

脑瘫的原因多样复杂。无论是什么原因，它必然是损害或妨碍了参与运动的大脑中枢的正常发展。在大脑发育过程中，任何造成脑伤的疾患都可能引起脑性瘫痪。如出生前，母亲的传染病、慢性病、物理伤害、X光照射等，可能损及胎儿大脑的正常发育；在出生过程中，尤其是遇到难产，需要人工助产时，大脑会受到损伤；早产、缺氧症、高热病、中毒、出血及其他一些造成出生后大脑伤害的因素等。总之，任何能够导致大脑缺氧、中毒、脑内出血或直接损伤大脑的疾患，都可能造成脑性瘫痪。

因遗传因素所致的脑瘫很少见。在有些由遗传决定的、引起智力低下的生物化学障碍病例中，儿童可能具有脑伤或脑麻痹的症状。虽然，造成脑性瘫痪的原因很多，但是许多案例的病因往往不明，能够找准原因的病例约占 60%（BaShaw 和 Perret，1986）。也有资料表明，能够找到病因的病例占 80%，只有 20% 的病例原因不明。

二、脑瘫的分类

照理说，可以根据脑伤发生的时间（出生前、出生过程中、出生后）进行分类。但是，很难确定每个案例情况下脑伤发生的时间。比较普及的脑瘫分类有按运动障碍累及的部位分类和按运动障碍的特征分类两种。

1. 按运动障碍累及的部位分类

这种分类方法不仅适用于脑瘫，也适用于其他的运动障碍或麻痹。按运动障碍累及的部位区分出的主要类型及它们各自在病例总数中所占的比例大致如下。

（1）单侧瘫。一侧肢体（包括躯干甚至头颈）运动有困难，通常上肢障碍重于下肢。一般来说，单侧瘫对言语的发展影响不大。单侧瘫患者占 35%～40%。

（2）双侧瘫。运动障碍不对称地影响到两侧肢体，且下肢障碍重于上肢。双侧瘫在不同程度上影响到言语的正常发展。双侧瘫患者占 10%～20%。

（3）四肢瘫。运动障碍不对称地影响到两侧肢体和躯干，上肢运动障碍一般重于下肢。四肢瘫对言语发展的影响较大。四肢瘫患者占 10%～20%。

（4）截瘫。双侧下肢发生运动障碍，言语发展基本正常。截瘫患者占 10%～20%。

有的研究者还划分为单肢瘫和三肢瘫。

2. 按运动障碍的特征分类

（1）痉挛型。患者的自发运动减少，肌张力亢进，部分关节可动域缩小，被动动作的抵抗增加。在做随意动作时出现痉挛性的或暴发性的动作。在严重情况下，若让患者从一个点向另一个点划直线，患者会做出抽动性的、无规律性的运动。患者的运动障碍必然波及面与口、脸、口腔、舌头等的肌肉痉挛，往往导致重度构音障碍，可能使儿童无法发音说话，即使在中度构音障碍情况下，由于随意性言语呼气期短促，发音也有困难，声音轻，言语连贯性差〔图 7-1（a）〕。

（2）手足徐动型。患者不能随意地控制自己的肢体，表现出明显的不自主性运动。在完成一定动作时，会出现一系列多余的、无目的的动作。若让患者从一个点向另一个点划直线，患者很难控制手指的动作〔图 7-1（b）〕。

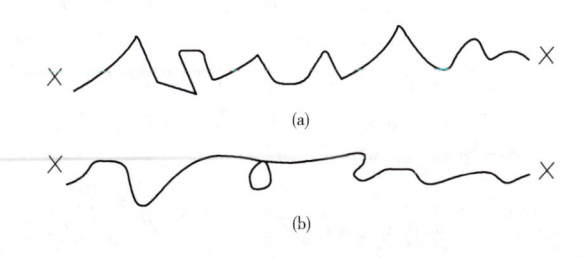

图 7-1　脑瘫患儿的两点连线
（a）痉挛型；（b）手足徐动型

语言训练

由于不自主的肌肉收缩，患者的构音、发声器官受到牵连，出现呼吸和发音异常，难以完成适当的构音动作、协调呼吸活动。情绪越紧张，这类困难也越严重。例如，有的患者能呼喊妈妈，但当妈妈出现在患者面前时，患者却因激动而无法发音。

（3）共济失调型。这是由于小脑、脑干的损伤造成的平衡功能障碍。患者的肌张力低，肌肉收缩的调节不准确，因而不能完成准确的动作。在完成运动时，自我调控很差，运动在时间范围和方向上均发生障碍，反映在发音说话上，就是辅音发不准确，元音变调，音量变化大等。

（4）混合型。混合型是以上病型的结合。一般较难分清单纯的一种障碍型，经常是以一种为主，再混有另一种或两种病型。

三、脑瘫合并症

脑瘫是一种远比单纯的运动障碍复杂得多的病症，许多脑瘫患者都同时表现出许多其他的问题。

1. 智力低下

不少脑瘫儿童在智力发展上都明显低下，即使利用的智力测验工具较少要求言语反应或不要求言语反应，而以较大的肌肉运动来取代，这类儿童中智力落后发生率也要比一般儿童中大得多，估计约为25%。但是，从整体上说，脑瘫儿童也像其他儿童一样，智力水平高低不同，其中不乏高智商的人（图7-2）。

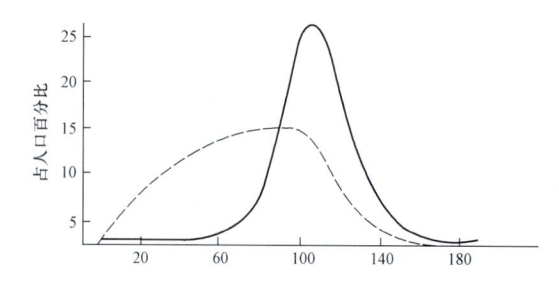

图7-2 一般人口和脑瘫人口的智商分布
——：一般人口；----：脑瘫人口

2. 情感和行为障碍

许多脑瘫儿童都具有明显的情感和行为问题。有的问题是源自对自身多重障碍的反应，有的问题则起因于父母和同辈对脑瘫儿童的反应。很可能造成情感及行为问题的最大原因是社会交往方面的频繁失败。其不良的后果就是将交往中的挫折变为行为模式。所以，脑瘫儿童往往表现出固执、任性、多动、冲动、情绪波动大、易怒、不合群、孤僻、注意力不集中等特点。

3. 感觉障碍

造成运动障碍的脑伤可能波及儿童的不同感觉神经中枢，造成他们的感觉障碍，例如：

（1）视觉障碍。研究发现，脑瘫患者中30%~35%的人伴有斜视；屈光不正的发生率也比较高，在痉挛型脑瘫儿童中的发生率约为手足徐动型脑瘫儿童中的两倍；手足徐动型儿童易患远视眼，而在痉挛型儿童中远视和近视都可能发生；约25%的单侧瘫患者的视野缩小。视觉障碍对儿童的平衡能力、运动、手眼协调性造成不良影响。

（2）听觉障碍。脑瘫儿童中的高频听力损失相当普遍，特别是对于手足徐动型的儿童，听觉障碍对他们的言语发展很不利。

（3）触觉障碍。有的脑瘫儿童可能伴有触觉障碍，痉挛型儿童中多见。

4. 癫痫

在脑瘫儿童中癫痫的发生率相当高，为25%～35%（一般人口中的发生率仅为0.5%），痉挛型中的发生率高于手足徐动型中的发生率，约为3∶1。癫痫的反复发作对于儿童的智力发展及言语发展都有消极影响。

项目二　脑瘫儿童的语言障碍及评估

一、脑瘫儿童的语言障碍

1. 脑瘫儿童语言障碍的成因

在脑瘫情况下，儿童的语言发展必然受到影响。多数患者（有的研究结果是80%，有的研究结果是50%～75%）具有不同程度不同类型的语言障碍。例如，林宝贵（1986）对特殊教育机构和教养机构里的173名4～22岁的脑瘫患者做了调查，发现男、女患者均有严重的语言障碍，其中构音障碍为83.24%，语言发展迟缓为57.23%，嗓音障碍为46.26%，口吃为26.59%。

虽然脑瘫儿童中流行语言障碍的原因相当复杂多样，但是也相当容易理解（图7-3）。

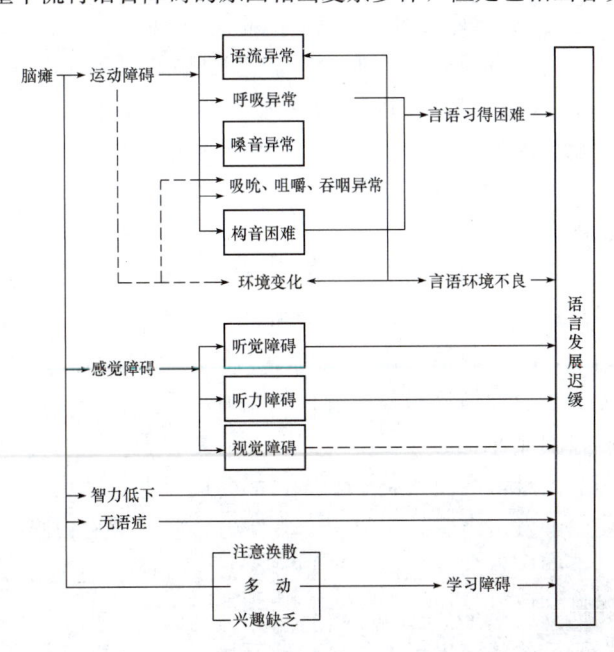

图 7-3　脑瘫儿童语言障碍示意

语言训练

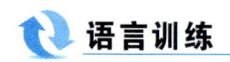

首先，脑瘫情况下的运动障碍必然反映到构音器官的运动上，使运动的幅度、力量、速度、准确性及稳定性等要素发生困难，仅仅不随意的运动障碍就使呼吸不规则，难以随意调节，使声门开合不自由，唇、舌、软腭等的动作不能自主调节。

其次，脑瘫合并症，特别是听力障碍、智力低下、情感与行为障碍，都明显地、直接地或隐蔽地、间接地影响着患者的言语正常发展。以上问题不但影响到儿童言语本身的发展，而且还影响到言语获得所需的情感因素（交往需要和言语积极性）的发展。因为这些问题使患者不仅言语能力差，而且表情和手势表达也发生困难；在交往活动中经常遭遇挫折和失败；受到教养人的过分保护或歧视不管。

在这种情况下，脑瘫儿童往往陷入一种无能为力的困境，逐步对周围的人和物丧失兴趣，漠不关心，不愿也不会表达自己的想法和要求，不肯与人接触和来往。这种境况反过来又加剧了儿童的语言障碍。

2. 脑瘫儿童的语言障碍表现

言语发展背景必然导致脑瘫患者的各种不同的语言障碍，儿童当中的各种语言问题都可能在他们身上发现。

（1）言语发展迟缓。这种问题是脑瘫儿童最主要的问题，可见于各种类型的脑瘫患者，因而也是矫治的主要对象。各种各样的不利因素都会妨害脑瘫患者言语的正常发展，使他们开始说话晚，词汇积累慢，词义理解差，不善用词造句，言语理解和表达能力发展都滞后于其年龄水平。美国的伯赫（Byrhe，1959）对74名2～7岁的脑瘫儿童进行调查发现，从整体上说，脑瘫儿童到15个月时才说出第一个词（比一般儿童晚3个月），36个月时才开始说用两个词组成的短语（比一般儿童晚12个月），78个月时才开始说由三个词组成的短句（比一般儿童晚48个月）。

（2）构音障碍。这是脑瘫儿童中最为普遍的一种言语问题，约累及他们中间70%的人，或者更多。构音障碍可能起因于持续的喂食反射（如探索、张口、吸吮等），构音肌肉群的麻痹，不自主的强制性运动，或运动的幅度、力量、方向等的局限和不平衡，也可能起因于不良的肌肉运动协调性。患者最难发的声音是塞音、塞擦音及h、f、r、sh、s、x等擦音，有些患者连元音也发不好。对于不同的脑瘫类型，构音障碍的表现也不同。

（3）语流障碍。语流障碍也称作流畅性障碍。脑瘫儿童不能随意地调节呼吸运动，特别是言语呼吸运动。他们说话的节奏和速度必然受到影响。有的患者说话很慢（多见于痉挛型患者），有的说话太快（多见于手足徐动型患者），还有的说话结结巴巴，类似口吃患者，缺少抑扬顿挫，或者少气无力。

（4）发声障碍。脑瘫儿童的呼吸不规则，调节差，表浅，不善于由平静呼吸转为言语呼吸；声带调节困难，声门闭合不紧等，都会造成发声困难。严重患者可能发不出声音；有的即使能够发出声音，也显得非常费力，导致皱眉锁眼，音量小，声音轻且短促，语词单一少变；有的可能声音沙哑，鼻音重，说话上气不接下气，可能突然中断，或者声音颤抖，怪声怪气。

（5）无语症。严重的脑瘫患者不能自然地习得言语，成为无语儿童。这类患者可能被错误地送进听觉障碍儿童学校或智力落后学校。其中有的人虽有一定的言语理解能力，但是不会说话，不会进行口语表达；另外的人虽有一定的构音能力，但往往不能理解听到的言语（包括他们自己说的词语），他们的知觉和行动明显异常。有的研究者把这种情况称作"小儿失语症"或"发展性失语症"。

除此以外，脑瘫儿童还可能有许多其他语言问题，如起因于听力损失的口语理解障碍，起因于情绪障碍的孤独症，起因于腭裂的特殊语言障碍等。

二、脑瘫儿童语言障碍的评估

脑瘫儿童的语言障碍评估和假延髓性语音障碍的评估近似，较为复杂和专业化，需要专科医生的参与。

评估一般要包括以下几项内容。

1. 呼吸检查

（1）脑部和腹部的构造是否正常，发育情况是否与儿童的年龄相称。

（2）平静呼吸的类型（胸、腹或锁骨式），节律、速度、方式（经口还是经鼻）等。

（3）随意性呼吸。让儿童做深呼吸，持续地吸气呼气或吹气等。

2. 进食检查

进食的基本动作吸吮、咬唇、咀嚼、吞咽等，与发音说话的关系十分密切。下颌、口唇、舌、软腭等构音器官同时也担负着进食的功能。它们在进食过程中习得的协调性运动，乃是更为复杂的构音说话运动的基础。可以认为，如果进食功能发展不好，那么就难以形成言语所需的复杂而灵巧的运动。

脑瘫儿童与正常儿童相比，在进食功能发育方面要迟缓些，下颌、口唇、舌、软腭等的活动往往不正常。例如：舌头可能突然、不随意地伸出、缩回或侧向移动；下颌的运动稳定性差；咬合反射残存，咬肌强力收缩，牙关紧闭；吞咽动作不协调，缺乏口唇关闭的同步动作；软腭运动功能差。

进食功能主要是指吸吮、咬唇、咀嚼和吞咽。另外，还要就进食的食物种类、餐具种类、姿势等进行观察分析，找出他们的进食功能发展水平。

3. 构音器官结构和功能检查

（1）构音器官的构造是否正常，在静止情况下，观察儿童的颜面、口唇、下颌、牙齿、舌头、硬腭、软腭、咬合等是否有异常。

（2）检查活动性构音器官的活动是否受到限制，例如唇的圆敛，口的开合，舌头的上下、前后、左右运动，软腭的升起和下降等。

4. 听力检查

鉴于听力和言语的密切关系，听力检查也是评估脑瘫儿童语言障碍的必要环节。可以利用简易的测听方法观察儿童是否会主动探索声源（叫声、击掌声、击鼓声等）测定一般听力状况，还要利用实物或图片评估其语音听辨能力。

5. 发声检查

（1）生理性、反射性发声。主要是哭声、笑声和咳嗽声等。通过直接观察和询问家长，分析这类声音的大小、强弱、音色等情况。

（2）随意发声。主要是检查儿童的声音是否流畅。若儿童感到紧张或不能理解指令，则应借助于其他项目时的观察。可以从三个水平进行分析：想要发音就能发出声音；由想要发音到发出声音稍许时间间隔；由想要发音到发出声音的时间间隔较长。

（3）嗓音的持续时间。让儿童拖长音发 a，并计算儿童能够持续的时间，最好能进行录音分析。

（4）嗓音的随意停顿。让儿童吸口气后断续地发 a，即 a—a—a……

（5）共鸣。在儿童发声时，用小镜子置于鼻孔前，看有无水珠凝结。当然，这时不能用带鼻音的音节或词语做检查。

6. 言语检查

脑瘫儿童的言语检查和假延髓性语音障碍的评估方法相近，主要就是从构音、嗓音、音调、一般言语能力四个方面进行观察分析，既要查清患者言语技巧存在的问题，又要揭示其一般的言语发展水平。

7. 智力检查

智力既是影响脑瘫患者语言障碍表现的重要因素，又是影响言语矫治进程的重要因素。为了制订行之有效的矫治训练计划，必须确定患者的智力发展水平。

智力检查使用一般的智力检查工具。但是要注意脑瘫儿童的特点，在实施过程中采取一定的变通措施。为此，在测试前，应与患者进行充分的接触，彼此熟悉，建立好信任的关系，消除儿童的紧张情绪。

（1）对于言语和操作都不受限制，只是在理解、回答问题准确性上有差距的脑瘫儿童，主要采取诊断性检查方法，在回答题目的时间上适当放宽，可以比一般情况下放宽二分之一。一旦检查不能顺利进行时，可改用筛选性方法。

（2）对于语言好、操作受限制、无法完成操作性题目的儿童，可只测言语性试题部分，再根据手功能障碍情况，适当做些操作性题目，并酌情给分。

（3）对于言语功能差、手功能较好的儿童，可以只作操作性题目。如果患者虽然不能说话，但能理解语言，可以分步做演示，以使患者理解操作意图；如果患者实在不能理解操作意图，或操作不正确，严重超时，可补充该项题目。

（4）对于言语和手功能都受限的儿童，在进行智力检查时，应充分考虑到他们的受限程度。

项目三　脑瘫儿童的语言矫治训练

对于脑瘫儿童来说，有的言语障碍可以明显改观，有的只能略有改善。他们的言语进步相当缓慢，不是每天都能看得见。在制订言语训练的目标时，应保持现实的态度，目标应该与患者的感觉、运动能力和智力发展状况相一致，对他们的言语要求是适当的清晰程度，不要求在构音方面很精练、很准确。实际上，许多脑瘫儿童的言语发展可能严重滞后。对于他们的言语训练目标应该是先让他们认识一定数量的字（100~500个），然后期望他们会说由两个词构成的话，在清晰性和准确性上要求要低。

对脑瘫儿童进行的语言矫治训练，应该适合于他们所伴有的特殊情况。例如，若儿童的听力有障碍，就可以借助助听器及扩音设备，提高言语输入信号的水平。

脑瘫儿童的语言矫治训练和假延髓性语音障碍的矫治训练有许多相同之处。针对脑瘫儿童具体情况的方法在一定程度上也可用于假延髓性语音障碍的矫治，脑瘫儿童语言矫治训练的内容和方法大体如下。

一、构音肌肉放松和随意控制训练

这是脑瘫儿童语言矫治训练的第一环节，只有使肌肉组织的紧张度适当放松，才能完成各种活动。构音肌肉的松弛和随意控制是脑瘫儿童说话的一个重要条件。但是，这种训练不能就事论事，必须考虑到全身的状况。只有全身趋于稳定，排除了大肌肉群的紧张性，才能使构音器官肌肉得到松弛，能随意控制，正常发挥构音说话的作用。

克服肌肉组织紧张状态的有效方法，就是根据儿童的仰、卧、坐、站、屈膝等姿势的异常表现，在相反的位置上帮助儿童运动，这就叫作"抑制异常反射姿势"。首先是要抑制与构音活动关系密切的异常反射，使肌肉的张力渐渐接近正常。通常可以从头、颈、肩等大运动开始进行抑制训练，然后逐步过渡到下颌（管口的开合）、口唇、舌头等器官的精细运动。这种训练方法多种多样，可进行有的放矢地选择。例如：

（1）让患者仰卧床上，帮助弯曲患者的髋关节、膝部、脊柱和肩，头向后仰。

（2）让患者仰卧床上，帮助患者把膝关节弯曲，使小腿垂于床边，髋关节和脊柱伸展，肩放平，头向前屈曲。

（3）语言矫治师呈跪姿，并坐于自己脚跟上，从背后把患者抱住，使其坐在自己大腿上。然后轻轻转动其躯干，以缓解骨盆的紧张度。最后把患者的双手平伸于前边的桌面上，双脚平放于地上，以使全身放松。

在进行这类控制训练时，必须使患者的心理放松，无紧张恐惧情绪，才能取得良好效果。直接促进构音肌肉功能发展的是进食训练。构音器官同时也负担着进食功能。颌、口唇、舌、软腭等通过吸吮、咀嚼、吞咽等进食活动的锻炼，可以习得协调性运动，改进构音功能。幼小脑瘫儿童的进食功能发育不良，残留的口腔器官原始反射（吸吮、咬唇、呕吐等）妨碍随意运动。为顺利完成进食训练，必须让儿童采取抑制原始反射的姿势，席地而坐，髋关节弯曲90度，骨盆与脊柱保持正常状态。轻轻活动头部，以缓解颈部紧张，使头能稳定于身体的正中央。

二、言语呼吸训练

许多脑瘫儿童的呼吸对于说话来讲，不是太深，就是太浅。他们往往靠吸气构音说

语言训练

话。所以，进行适当的呼吸训练，使他们的呼吸适应发声和构音的要求，也是脑瘫儿童构音训练的一个重要环节。虽然，儿童的年龄越小，呼吸训练的效果越好；但是，也必须估计到儿童的发育水平。从智力上说，以达到三岁智龄开始训练为好。呼吸训练的方法非常多样，不同的训练目的需要不同的方法，有些方法用于克服平静呼吸节奏和速度的异常，有些方法用于矫正胸腹部的呼吸不协调，有些方法用于促进儿童的深吸气及深呼气，还有些方法用于帮助使鼻、口呼吸分离，或促进呼气的持久及均缓性。当然，也有许多练习方法可以用于不同的目的，只是在训练时矫治双方都要牢记所追求的目的。

三、构音器官调控训练

脑瘫儿童的构音障碍主要是由于不能随意调控构音器官活动的结果，在构音肌肉群的紧张性得到基本缓解的基础上需要对唇、舌、软腭、喉等构音器官进行大量的训练，这类训练完全可以借用假延髓性语音障碍患者的言语器官训练方法。

四、发音训练

脑瘫儿童的一个显著构音障碍特点是歪曲音很多，并缺少稳定性。他们经常发错的一些音素都要求舌尖的精确运动，这正是他们的弱点。对于许多脑瘫儿童，不能指望他们具有正常的构音技巧，对他们提出的要求只能是对音素进行适当的模拟，说话虽有构音障碍，但尚能为人听清楚。

加强听觉刺激对于脑瘫儿童学习发音很重要，因为能帮助他们搞清楚要发的是什么声音。开展发音游戏，让儿童重复自己能够发出的声音，有助于儿童及早地获得成就感，激发说话的动机。

对于脑瘫儿童的构音训练，可以通过抑制异常反射的姿势进行构音训练。

1. 唇音训练

唇音包括 p、b、m。训练时采用仰卧位反射控制姿势。语言矫治师用手指轻轻地帮助患者把唇合上，然后一起练习发音［图 7-4（a）］。

2. 舌根音训练

舌根音主要是 g、k、h，训练时采取仰卧位反射控制姿势［图 7-4（b）］。躯干后倾，头向后伸展，由这种姿势转向图 7-4（c）的姿势，语言矫治师轻按儿童的下颌（相应于舌根的位置），在手指离开的同时让儿童发音，也可以请儿童模仿发音。

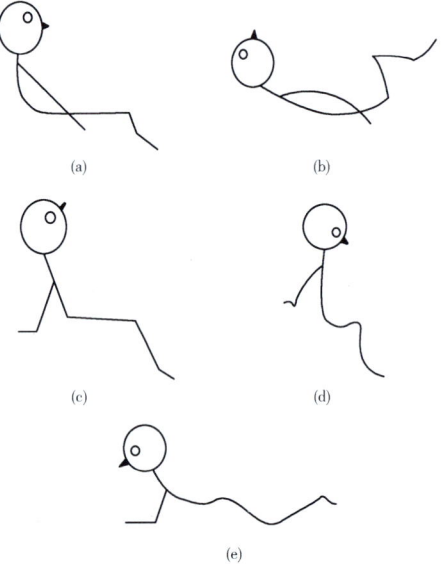

图 7-4　发音训练姿势
（a）唇音训练姿势；（b）、（c）舌根音训练姿势；
（d）、（e）舌尖音训练姿势

3. 舌尖音的训练

这里的舌尖音是指 d、t、n、z、c、s。训练时采取坐姿，两手支撑躯干，头部前屈 [图 7-4（d）]，或用图 7-4（a）的姿势，或用胳膊支撑躯干、头部前屈 [图 7-4（e）]，下颌被动地从下向上推，让儿童发音，也可以和训练人员一起发音，或模仿训练人员发音。

五、词语训练

从单个地发音过渡到连贯的言语，对于许多脑瘫儿童相当困难。他们说词语时经常突然中断，特别是当词汇中含有塞辅音或其他的需要快速变化构音活动的音素时，应该鼓励儿童努力保持构音器官的连续活动，不使声音中断，即使最终的结果不是很准确，也要做这种努力。对于这种训练可广泛地采用唱音练习，例如，吸一口气，连续发一连串音节或词汇，如 la la la，na na na，妈妈 妈妈，你好 你好。

学习小结

本模块主要讲述了声音障碍、假延髓性语音障碍、脑瘫儿童的语言障碍，重点分析了其原因、表现、评估与训练方法等，学习后要求能够按照相应的方法和步骤对声音障碍进行训练。

模块小结

一、选择题

1. 克服肌肉组织紧张状态的有效方法，是根据儿童的仰、卧、坐、站、屈膝等姿势的异常表现，在相反的位置上帮助儿童运动，这叫作（　　）。

A. 抑制　　　　　　　　　　　B. 兴奋
C. 兴奋异常反射　　　　　　　D. 抑制异常反射姿势

2. 进食的基本动作吸吮、咬唇、咀嚼、吞咽等，与（　　）的关系十分密切。

A. 运动　　　B. 发音　　　C. 说话　　　D. 发音说话

二、简答题

发声障碍的矫正方法有哪些？

模块八

语言障碍的矫治

>> 学习目标

知识目标：

1. 理解韵母的发音指导。

2. 了解声母的发音指导。

3. 了解拼音的教学指导。

能力目标：

1. 掌握韵母的发音指导内容和方法。

2. 掌握声母的发音指导内容和方法。

3. 掌握拼音的教学指导内容和方法。

素质目标：

1. 提高语言文化修养，不断强化语言能力。

2. 具有针对各类语言障碍，快速地制订语言训练方案的能力。

思维导图

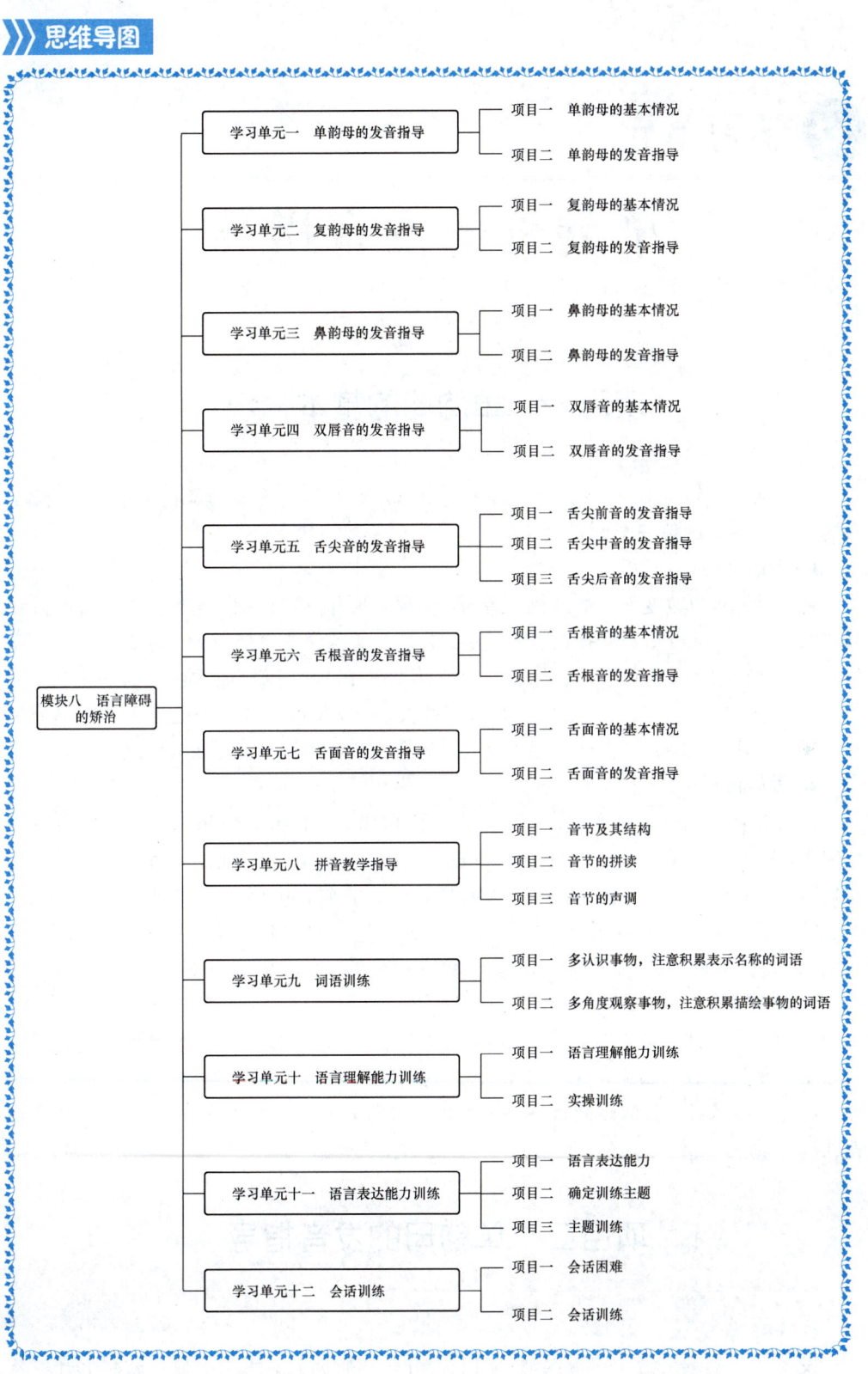

模块八 语言障碍的矫治
- 学习单元一 单韵母的发音指导
  - 项目一 单韵母的基本情况
  - 项目二 单韵母的发音指导
- 学习单元二 复韵母的发音指导
  - 项目一 复韵母的基本情况
  - 项目二 复韵母的发音指导
- 学习单元三 鼻韵母的发音指导
  - 项目一 鼻韵母的基本情况
  - 项目二 鼻韵母的发音指导
- 学习单元四 双唇音的发音指导
  - 项目一 双唇音的基本情况
  - 项目二 双唇音的发音指导
- 学习单元五 舌尖音的发音指导
  - 项目一 舌尖前音的发音指导
  - 项目二 舌尖中音的发音指导
  - 项目三 舌尖后音的发音指导
- 学习单元六 舌根音的发音指导
  - 项目一 舌根音的基本情况
  - 项目二 舌根音的发音指导
- 学习单元七 舌面音的发音指导
  - 项目一 舌面音的基本情况
  - 项目二 舌面音的发音指导
- 学习单元八 拼音教学指导
  - 项目一 音节及其结构
  - 项目二 音节的拼读
  - 项目三 音节的声调
- 学习单元九 词语训练
  - 项目一 多认识事物，注意积累表示名称的词语
  - 项目二 多角度观察事物，注意积累描绘事物的词语
- 学习单元十 语言理解能力训练
  - 项目一 语言理解能力训练
  - 项目二 实操训练
- 学习单元十一 语言表达能力训练
  - 项目一 语言表达能力
  - 项目二 确定训练主题
  - 项目三 主题训练
- 学习单元十二 会话训练
  - 项目一 会话困难
  - 项目二 会话训练

学习单元一

单韵母的发音指导

项目一　单韵母的基本情况

普通话语音里有 a、o、e、i、u、ü 6 个单元音韵母。它们的音色是由舌的升降、舌的前后、唇的圆敛三个因素决定的。

1. 舌的升降

舌的升降可以改变元音的音色。舌面离硬腭近叫作升，离硬腭远叫作降。舌的升降和口的开合相一致。口越合拢，舌面越接近硬腭，舌的位置也越高；口越张开，舌面和硬腭的距离越大，舌的位置也较低。口的开合叫作开口度。发 i 时舌位最高，开口度最小，i 是高元音；发 a 时舌位最低，开口度最大，a 就是低元音。一般把舌的升降分为升、半升、降、半降四种情况，把开口度分为合、半合、开、半开四种情况。

2. 舌的前后

舌的前后也能决定元音的性质。舌面升降可以从口的开合看出来，而舌的前后变化则很难从口型上看出来，只能看并细心体会。如果连续不断地念 u 和 ü（嘴唇不要动），就会感觉到舌位的前后移动，这说明 u 和 ü 的差异主要是舌的前后位置变化所致。按照舌的前后位置区别，可以把元音分为三类：发音时舌位在前的叫作前元音，如 u；舌位在后的叫作后元音，如 ü；舌位在中央的叫作央元音，如 o。

3. 唇的圆敛

唇的形状有圆与敛之分，也直接影响元音的音色。发元音时有的圆唇，有的不圆唇，很容易从外表看出来。念 i 时不圆唇，呈敛唇，i 就是不圆唇音。发 u 时唇向前伸，合成一个圆孔，ü 就是圆唇音。不停地发 u—i，就会感觉到舌头并不动，只是唇在前后移动。

项目二　单韵母的发音指导

1. [a]

发 a 时，咽喉用力，声带振动；口腔大开，双唇放松；舌头平放；软腭上升，鼻腔通道堵塞；上下齿之间的距离约等于自己拇指的宽度。

发 a 时，若对着镜子看，能看到嘴大开，牙齿全露出来，上下齿间的距离较大；还能用手背置于口前，可以感受到呼出的气流微弱且温暖（图 8-1）。

2. [o]

发 o 时，咽喉用力，声带振动；口腔半开，唇略圆；舌尖离开下齿龈，舌根稍隆起；软腭上升，鼻腔通道堵塞，空气由口腔出；上下齿之间的距离比发 a 时小些，约等于自己食指的宽度。

发 o 时要特别注意唇形。两个嘴角稍收拢，但不能太紧，以免发成 u。也可以借助视觉及动觉让儿童观看圆唇情况及上下齿之间的距离，感受声带的振动（图 8-2）。

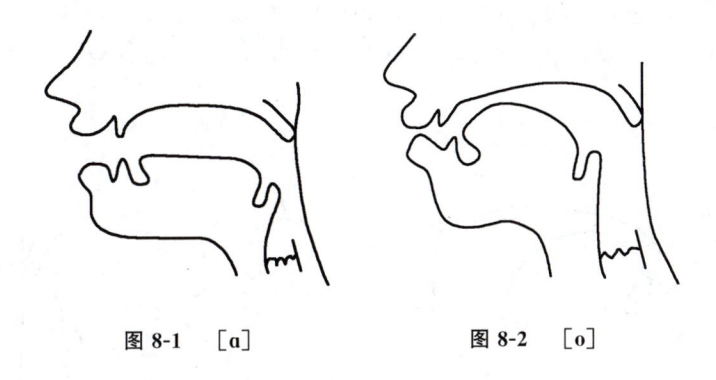

图 8-1 [a]　　　　图 8-2 [o]

3. [u]

发 u 时，咽喉用力，声带振动；上下唇向前凸出，尽量收缩成圆形，中间只留一个小孔；舌尖远离下齿龈，舌面后部高隆；软腭上升，堵住鼻腔通道，气流由口腔出；上下齿间的距离比发 o 时再小些。

发 u 时，儿童能看到圆起来的双唇，抬起的下颌，口内的舌位看不到；用手能感到声带的振动及呼出的强气流（图 8-3）。

4. [e]

e 是和 o 相配对的不圆唇音。发 e 时除嘴唇不圆外，其他要点均和发 o 时相同，舌位都在后，半升。儿童所能看到和用手感触到的也均与发 o 时相同（图 8-4）。

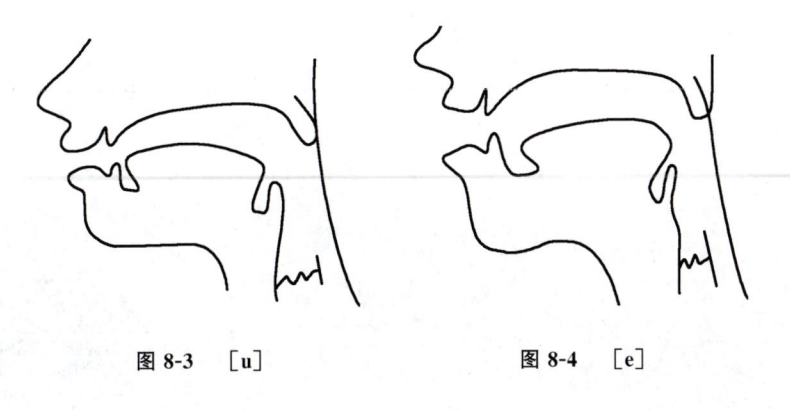

图 8-3 [u]　　　　图 8-4 [e]

5. ［i］

发 i 时，咽喉用力，声带振动；闭拢口腔，双唇紧张，嘴角展开似微笑状；上下齿间的距离为 1～2 mm；舌面隆起，接近硬腭，留下一条缝隙，整个舌头肌肉紧张，舌两边抵在上齿犬牙背后；软腭上升，堵住鼻腔通道。

儿童在发 i 时借助镜子可以看到：似微笑状的口型，上下齿之间的细缝隙及显露于外的外齿沿，贴在下齿背后的舌尖及隆起的舌面前部；用手能感触到喉、胸肋、头顶及下颌软肌肉的振动（图 8-5）。

6. ［ü］

ü 是和 i 相配对的圆唇音。发 ü 时，构音器官的动作除唇形外，均与发 i 时相同。发 ü 时，上下唇收缩到一块，中间留下一条扁平的缝隙。儿童看到的唇形是圆的。牙齿边沿隐约可见，用手背感触到的气流较发 i 时要强些。其他情况均与发 i 时相同（图 8-6）。

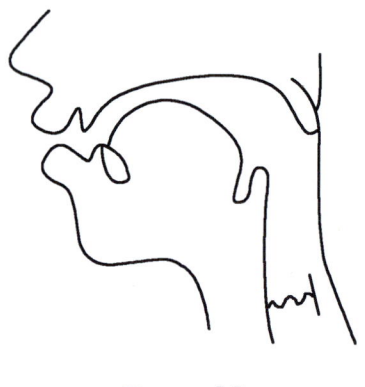

图 8-5　［i］ 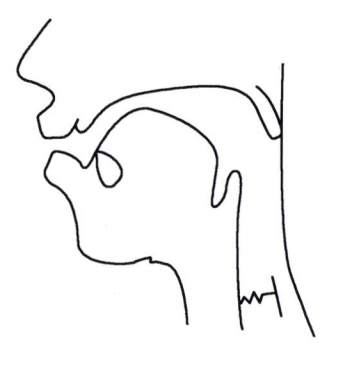　　　　图 8-6　［ü］

学习单元二

复韵母的发音指导

项目一 复韵母的基本情况

复元音韵母简称复韵母，是由两个或三个元音构成的韵母。汉语中共有13个复元音韵母，即 ai、ei、ao、ou、ie、ia、ua、uo、ue、iao、iou、uai 和 uei（图8-7）。

复韵母的发音要领

读书笔记

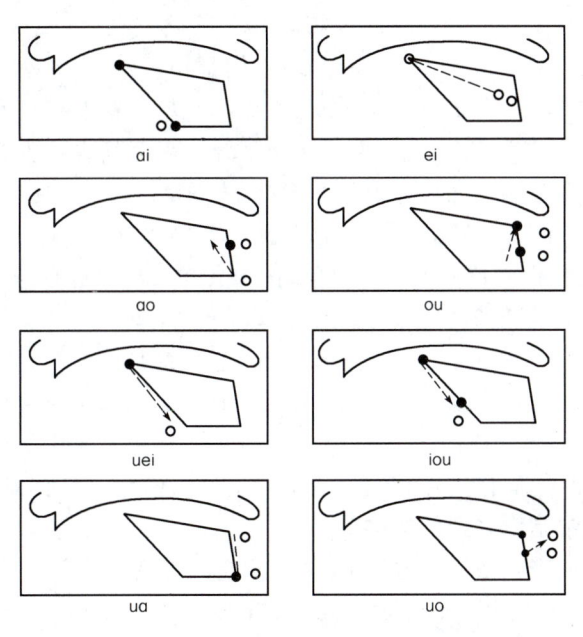

图 8-7 复韵母

复元音韵母和单元音韵母在构音上很是不同。学习复韵母时必须注意它们的发音特点。

1. 复韵母不是几个元音的简单相加

复韵母不是几个元音的简单相加。在发音过程中，各个元音之间相互影响、相互适应，因而都要发生变化，都与单独存在时不一样。ai、ei 绝不等于 a 和 i、e 和 i 的简单结合，ao、ou 也绝不等于 a 和 o、o 和 u 的简单结合。复韵母是一种新的声音，

语言训练

读书笔记

复韵母在普通话中的使用率很高，在很大程度上决定着言语的外观。如果发不好复韵母，就会明显影响言语的清晰性。

复韵母要比单韵母难发得多。因为，单韵母发音时，舌头、嘴唇、口开合的大小，在整个发音过程中始终保持不变，而复韵母在发音过程中，无论是舌头、嘴唇，还是口的开合程度都有变化，尤其是舌头的变化最为活跃：或是由一个元音的舌位向另一个元音的舌位方向做直线运动，ai、ei、ao、ou等就是如此，或是做由高到低再到高的曲线移动，如 iao、iou、uai 等就是如此。所以，在儿童的言语发展过程中，复韵母也出现得较晚，它们的发音错误较多，矫正也较为困难。

2. 每个元音在复韵母整体中的分量不相等

每个复韵母中总有一个元音是重心。起重心作用的元音在韵母和整个音节中比较响亮、清晰，占的时间也长些，读起来重些。按照重心元音的位置变化，可把复元音韵母分为前响、中响和后响三类。

项目二　复韵母的发音指导

前响复韵母有四个：ai、ei、ao、ou。它们都由两个元音构成，发音时前面的 a、e、o 要响亮、清楚，后面的 i、o、u 要轻些、短些，甚至模糊些。ai 由 a 和 i 合成，但 a 比单发时舌位靠前，i 比单发时口腔稍开，甚至只表示舌头移动的方向，终点不太稳定。ei 是由 e 和 i 合成，因相互影响，e 的舌位比单发时靠前，i 比单发时口腔稍开。ao 是由 a 和 o 合成，但 a 的舌位比单发时靠前，o 比单发时口腔稍开。ou 是由 o 和 u 合成，但 o 比单发时口腔稍闭，u 比单发时口腔稍开。从整体上看，前响复韵母的舌位都是由低到高地移动。

后响复韵母有五个：ie、ia、ua、uo、ue。它们都是由两个元音合成，前面的发音较短，后面的发音清晰、响亮。ie 由 i 和 e 合成，e 比单发时舌位稍前。ia 由 i 和 a 合成，a 比单发时口腔稍闭。ua 由 u 和 a 合成，a 比单发时舌位靠后。uo 由 u 和 o 合成，o 比单发时舌位靠前。ue 由 u 和 e 合成，e 比单发时口腔稍闭。从整体上看，后响复韵母的舌位都是由高到低地移动。

中响复韵母有四个：iao、iou、uai、uei。它们都由三个元音合成，是元音舌位曲线移动的结果，iao 是由 i 降到 a，再由 a 升向 o；iou 是由 i 降到 o，再由 o 升向 u；uai 是由 u 降到 a，再由 a 升向 i；uei 是由 u 降到 e，再由 e 升向 i。中响复韵母的发音特点是中间一个元音清晰、响亮，是韵母的重心。

iou、uei 在拼音时作为韵母（和声母相拼）可省去中间的 o、e，简写成为 iu、ui，小学拼音教材采用三拼连读教学，又把 y、w 当声母教。这样，以 i 和 u 起头的复韵母 ia、iao、uua、uai 都可单独教学，iou 和 uei 可直接教省略式，而 you、wei 两个音节可以用 y、w 拼合而成。

学习单元三

鼻韵母的发音指导

项目一 鼻韵母的基本情况

带鼻音韵母简称鼻韵母，鼻韵母是由一两个元音加上鼻辅音构成的韵母。鼻辅音只有两个，即 n 和 ng。n 做声母和做韵尾时的发音略有不同：做声母时气流要保持到阻碍排除，并带出声音；做韵尾时只在排除阻碍之前发出声音。ng 作为尾音，除部位不同外，发音方法和尾音 n 完全一样。

汉语语音中由尾音 n 和元音组成的韵母有八个：an、en、in、un、ian、uan、üan、uen。n 的发音部位在前，所以它和元音组成的韵母叫作前鼻韵母。由尾音 ng 和元音组成的韵母也有八个：ang、eng、ong、ing、iang、iong、uang、ueng。ng 的发音部位在后，所以它和元音组成的韵母叫作后鼻韵母（图 8-8）。

鼻韵母的发音指导

读书笔记

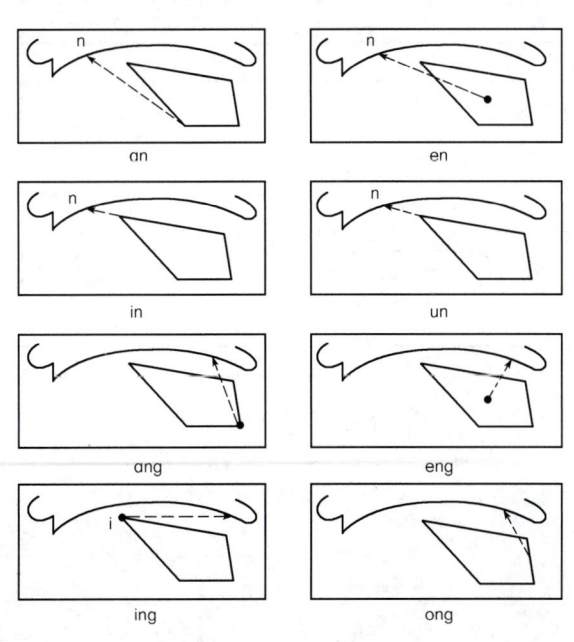

图 8-8 鼻韵母 1

项目二　鼻韵母的发音指导

鼻韵母与复韵母一样，不是元音和鼻辅音的简单相加，而是它们的复合，是舌位由元音的位置向鼻辅音的位置移动的结果，听起来浑然一体，它们的界线已经不清楚。例如：an、en、in、un，它们的舌位分别是由 a、e、i、u 的位置朝着 n 的方向做直线运动；ang、eng、ing、ong，它们的舌位分别是由 a、e、i、o 的位置朝着 ng 的方向做直线运动；而 uan、uen、üan、ian，它们的舌位分别是由 u、u、ü、i 的位置降到 a、e、a、a 的位置，再升向 n 的位置；uang、ueng、iang、iong，它们的舌位分别是由 u、u、i、i 的位置降到 a、e、a、o 的位置，再升向 ng 的位置；也就是说，这两组鼻韵母的舌位完成的是高到低再到高的折线运动（图 8-9）。

复元音韵母和带鼻音韵母统称为复韵母。它们的固结性较强，成了独立的语音单位。诗词、歌曲、歌谣、戏曲等的韵脚多是复韵母，唱起来很顺口，听起来十分和谐，谁都不再认为它们是几个元音或加上鼻辅音而成的复合音。

uan　　　　　　　　uen

üan　　　　　　　　ian

uang　　　　　　　　ueng

iang　　　　　　　　iong

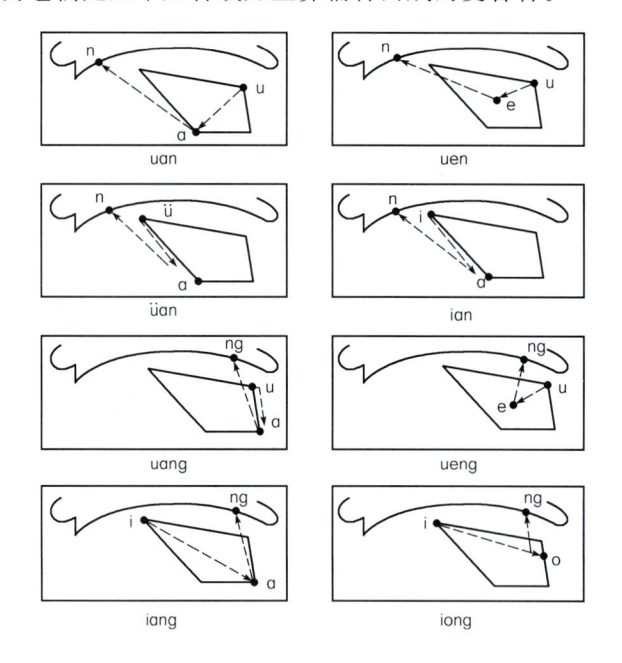

图 8-9　鼻韵母 2

学习单元四

双唇音的发音指导

项目一 双唇音的基本情况

双唇音是指发音时双唇靠拢并产生摩擦或闭合产生爆破的音素。双唇音包括 p、b、m 三个音素。

把自己的嘴巴平均地划分为三段，发双唇音时需要力量集中在嘴巴中间这一段，也就是双唇音的用力点都闭拢集中在双唇中央的三分之一处。这样发双唇音，能使发音力量集中，有效提高字音的清晰度，使发出的声音集中又响亮，听起来特别的清脆动听。

注意不要双唇抵起，否则会影响音准，使字音发闷；注意不要咧嘴角，否则会影响口腔开度，发音时的力量就会分散，使字音不清晰。

项目二 双唇音的发音指导

1. [p] 的发音指导

发 p 时声带不振动。成阻时，双唇紧闭，气流不能从口腔出；软腭上升，气流也不能从鼻腔出。舌头处于自然平放状态。持阻时，气流停在紧闭的双唇后面。除阻时，双唇突然打开，有一种爆发的声音。由于声门大开，自口腔冲出一股强气流。拼音时，气流之后紧跟着就是韵母。借助视觉可看到双唇紧闭，后来突然打开，用一张纸片置于口前，可见纸片在气流冲击下的强烈抖动。把手背置于口前，能感触到呼出气流的冲击力（图 8-10）。

成阻　　　　持阻　　　　除阻〈不送气 b／送气 p

图 8-10　[b] 和 [p]

语言训练

2. ［b］的发音指导

b 是和 p 相配对的不送气塞音。普通话里两者都是清音，它们的区别只在于发 b 时声门有些紧张，口腔中空气压力较小，没有明显的气流冲击。除阻后紧跟着就是韵母。

3. ［m］的发音指导

发 m 时，声门收缩，肺里出来的气流鼓动声带，使之振动；双唇紧闭，气流不能由口腔出；软腭下降，鼻腔通气；舌头处于自然平放状态。从鼻腔里呼出的气流很弱（图 8-11）。

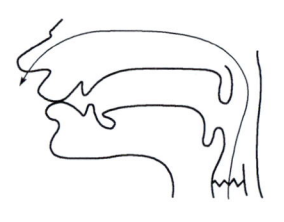

图 8-11　［m］

若用小镜子或光滑的金属片置于鼻孔下面，上边会有水蒸气凝结。鼻腔、双唇、双颊、咽喉等处均有振动，可用手感触。

学习单元五

舌尖音的发音指导

项目一　舌尖前音的发音指导

1. ［s］的发音指导

发 s 时，声门大开，声带不振动；舌尖贴在上门齿背后，中间留一条小缝，让空气从中挤出；上下齿对齐，中间距离很小；软腭上升，堵住鼻腔通道。s 可以任意拖长。将手放在口的前下方能感触到口中挤出的明显冷气流（图 8-12）。

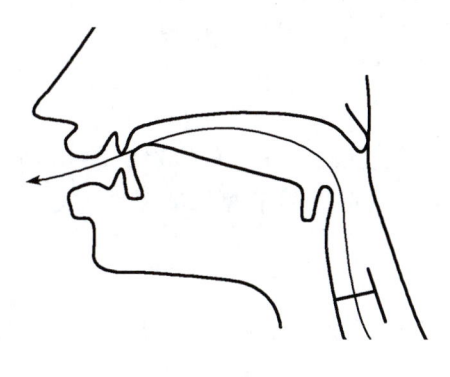

图 8-12　［s］

2. ［c］的发音指导

c 是送气塞擦音。发 c 时，声门大开，声带不振动。成阻时，舌尖顶住上门齿背后，气流不能从口腔出；软腭上升，堵住鼻腔通道，气流也不能由鼻孔出。持阻时，气流被堵在口腔里。除阻时，舌尖突然离开齿背一点，让气流从小缝中挤出，又成擦音。

若把嘴稍张开一点，能看到舌的位置及动作；用手背可感受到气流的性质，先是有一股冲击力，然后均缓呼出，气流是冷的。

3. ［z］的发音指导

z 是和 c 相配对的不送气塞擦音。z 与 c 的不同就在于声门有些收缩，没有明显的气流呼出。发 z 时能看到的情况和发 c 时一样，只是手能感到的气流较弱。

项目二　舌尖中音的发音指导

1. ［t］的发音指导

发 t 时，声门大开，声带不振动。成阻时，舌尖顶住上齿龈前沿，空气不能从口腔呼出；软腭上升，空气也不能从鼻腔出。持阻时，空气停留在封闭的口腔内。除阻时，舌尖突然离开齿龈，有一种爆发的声音，气流有一股较强的冲击力。t 音很短，拼音时气流之后紧跟着就是韵母。

借视觉可观察到上下齿之间的小缝、舌尖的位置、除阻时下颌的弹动；用手背或纸片置于口前，能感触到口腔中突然冲出的较强气流（图 8-13）。

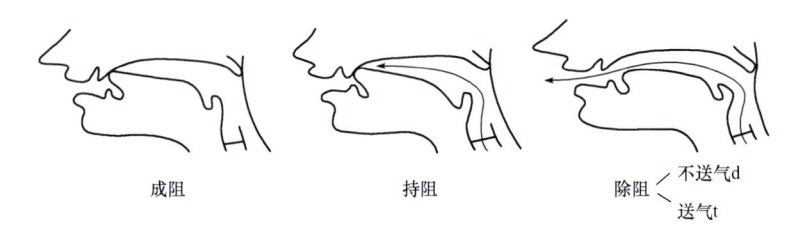

成阻　　　　持阻　　　　除阻〈不送气d / 送气t

图 8-13　［d］和［t］

2. ［d］的发音指导

d 是和 t 相配对的不送气塞音。d 和 t 的区别仅在于除阻时声门稍有收缩，冲出的气流没有发 t 时那样有力，可以用手背或纸片来感触两种情况下气流冲击力的不同。

3. ［n］的发音指导

发 n 时，声门靠拢，声带振动；舌尖顶住前齿龈，但不像发 t、d 时顶得那样紧，气流不能由口腔出来。软腭下垂，鼻腔通道打开，气流从中呼出。

发 n 时，眼睛能看到的和发 t、d 时相同，但是用手能感触到的则不一样，能感受到由鼻腔出来的微弱气流及鼻腔、咽喉等处的振动（图 8-14）。

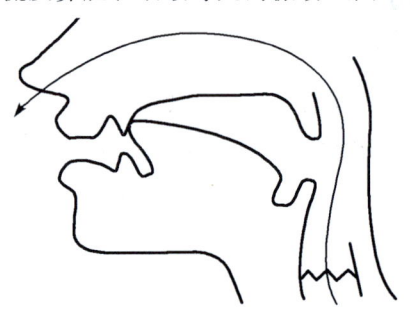

图 8-14　［n］

4. ［l］的发音指导

l 是唯一的边音。发 l 时，声门靠拢，声带振动；舌尖顶住前齿龈，但不顶满，在一边或两边留有缝隙，空气可以从中挤出来；软腭上升，鼻腔通道堵塞。

借视觉可看到口半开、上下齿边沿露于外边，透过牙缝可看到舌头是上抬的。用手背可以感触到从舌的一边或两边挤出的暖气流，以及咽喉和胸肋的振动（图 8-15）。

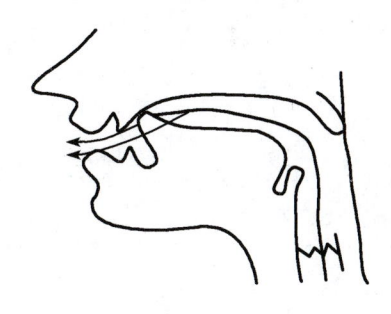

图 8-15　［l］

项目三　舌尖后音的发音指导

1.［ch］的发音指导

ch 是送气塞擦音。发 ch 时，声门大开，声带不振动。成阻时，舌尖卷起，顶住齿龈和硬腭前部之间，口腔不通气；软腭上升，鼻腔也不通气。持阻时，空气被堵在口腔里。除阻时，舌尖离开一点缝，让气流从中挤出，成为擦音。

2.［zh］的发音指导

zh 是和 ch 相配对的不送气塞擦音。它和 ch 的区别仅在于声门稍稍收缩，口中送出的气流较弱，其他情况均与发 ch 时相同（图 8-16）。

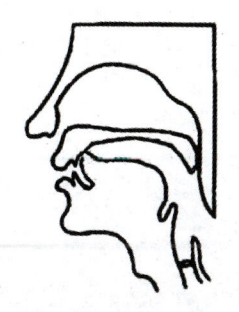

图 8-16　［zh］和［ch］

3.［sh］的发音指导

发 sh 时，声门大开，声带不振动；舌尖卷起，和上齿龈与硬腭前交界处靠近，

语言训练

读书笔记

但是不接触,而是留下一条缝隙,让空气从中挤出;软腭上升,鼻腔不能通气;上下齿之间的距离很小。

发 sh 时,能看见的和发 ch、zh 时相同,但是能感触到的空气流一开始就是均缓的,也没有任何冲击性质。

学习单元六

舌根音的发音指导

项目一　舌根音的基本情况

舌根音有三个，分别是 g、k、h。

g 在发音时，舌面后部抬起抵住硬腭和软腭的交界处，形成阻塞，空气蓄积在口腔后部和咽腔内，当舌面离开软腭时，气流爆发成声，声带不振动。

k 在发音时，发音的状况与 g 相近，只是发 k 时有一股较强的气流冲开双唇；两者的差别在于 g 为不送气音，k 为送气音，声带不振动。

h 在发音时，舌根接近硬腭和软腭的交界处，形成间隙，软腭上升，堵塞鼻腔通路，声带不振动，气流从窄缝中摩擦出来。

舌根音的发音指导

读书笔记

项目二　舌根音的发音指导

1. [k] 的发音指导

发 k 时，声门大开，声带不振动。成阻时，舌根靠拢软腭，软腭上升，鼻腔通道堵塞。持阻时，气流被堵在喉头。除阻时，舌根突然离开软腭。有一种爆发声音，从口腔冲出一股强气流。k 音很短，拼读时气流之后紧跟着就是韵母。

用手能感觉到强气流的冲击力，甚至能看到咽喉和口腔下部的轻微振动。

2. [h] 的发音指导

发 h 时，声门大开，声带不振动；后舌高高隆起，靠近软腭，但不是接触到一起，而是留下一条小孔，气流从中挤出；软腭上升，鼻腔通道堵塞（图 8-17）。

3. [g] 的发音指导

声母 g 是舌根音，发音时舌根抵住软腭，软腭上升，堵塞鼻腔通道，声带不颤动，较弱的气流冲破舌根和软腭形成的阻

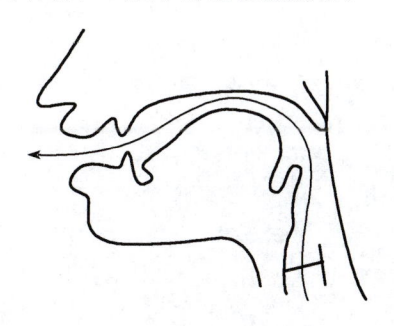

图 8-17　[h]

203

语言训练

碍，迸发而出，爆破成声（图 8-18）。

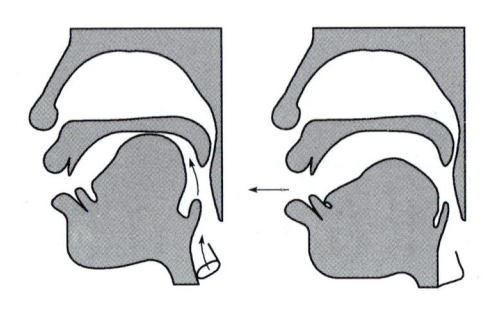

图 8-18　[g]

学习单元七

舌面音的发音指导

项目一　舌面音的基本情况

舌面音是指舌面前部抵住或接近硬腭前部，气流在这一部位受到阻碍后形成的音。舌面音主要有 j、q、x 三个，它们的发音部位是相同的，而且它们的舌面也都是与上颚进行摩擦，包括它们的唇部形态及下颌形态都是一样的，双唇都是微微张开，下颌也是上抬形成牙齿的一个对齐的形态，它们只是发音的方法不同：j 是没有送气，q 的送气是又强又急，x 的送气是轻缓绵长。

项目二　舌面音的发音指导

1．[q] 的发音指导

q 是送气塞擦音。发 q 时，声门大开，声带不振动。成阻时，舌面前部抵于前硬腭，舌尖向下，口腔不通气；软腭上升，鼻腔也不通气。持阻时，气流被堵在口腔里。除阻时，舌面不是完全离开硬腭，而是只离开一点缝，让空气从中挤出，形成一种塞擦音。

发音时能看到嘴形很自然，上下齿对齐，把口略张一点，可看到舌头的位置。用手背能感受到口中呼出的明显气流，开始时带点冲击力（图 8-19）。

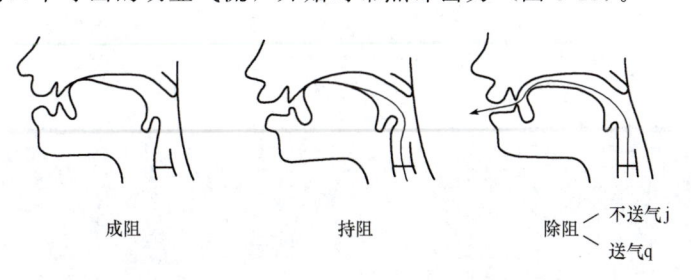

图 8-19　[j] 和 [q]

语言训练

2. [j] 的发音指导

j 是和 q 相配对的不送气塞擦音。它和 q 的区别仅在于除阻时声门有一些紧张，没有明显的气流呼出。凭视觉感受到的均与发 q 时相同。

3. [x] 的发音指导

发 x 时，声门大开，声带不振动；前舌面接近硬腭前部，留下一道缝隙，让气流从中挤出；软腭上升，堵塞鼻腔通道，空气由口呼出。

发 x 时，能看到的与发 q 时相同，手背感触到的气流缺少开始时的冲击性质，始终是均缓的（图 8-20）。

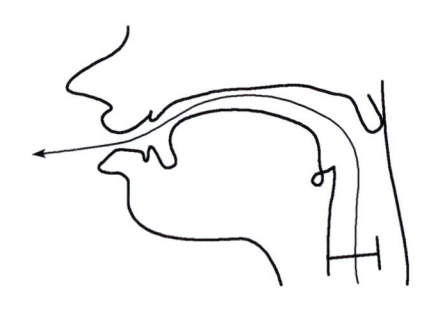

图 8-20　[x]

学习单元八

拼音教学指导

项目一 音节及其结构

一、音节的概念

音节是最自然的语音单位。语音是按照一个单位一个单位发出的。

每个最容易辨别出来的语音单位就是一个音节。音节又是由一个或几个音素组成的最小语音单位，人们可以听到它或理解它。音素则是语音的最小单位，对音节的构成进行分析，到不能再分时，便得到了音素，这是用现代语音学方法进行分析的结果。如果用我国传统的方法对音节进行分析，得到的就是声母、韵母、声调等。音素（声母、韵母等）按一定的方式组合起来就为音节。

汉语里音节相当明显、清楚。一般来说，一个汉字所代表的音就是一个音节。但这还不能把音节现象表达清楚。最简单明了的解释方法是以说话时肌肉紧松、气流强弱的变化为准。每次肌肉由紧到松，气流由增强到减弱，就是一个音节，分界线在下一次肌肉加强之前的放松、气流变弱的休息成分上。例如"改革"/gai＼/ge＼、"开放"/kai/fang＼（"/"表示开始，"＼"表示结束）。人们说话、听话总是感到一个一个的语音，气力由盛到衰，一起一落。这正是肌肉由紧张到放松，气流由加强到减弱的证明。

二、音节的结构

普通话里的音节都是由声母、韵母和声调组成，而韵母又分为韵头、韵腹、韵尾三个部分。所以，可以认为音节包括声母、韵头（介音）、韵腹和韵尾四个部分。但是，不是说每个音节都有这四部分，也有不少音节缺少其中的一个或几个部分（表8-1）。

表8-1 普通话音节结构分析

结构部分 例字	声母	韵母			声调
		韵头	韵腹	韵尾	
吴 wú			u		阳平

拼音教学指导

读书笔记

语言训练

续表

结构部分 例字	声母	韵母 韵头	韵母 韵腹	韵母 韵尾	声调
蛙 wā		u	a		阴平
爱 ài			a	i	去声
游 yóu		i	o	u	阳平
允 yǔn		i	u	n	上声
用 yòng		i	o	ng	去声
梯 tī	t		i		阴平
学 xué	x	ü	e		阳平
类 lèi	l		e	i	去声
鸟 niǎo	n	i	a	o	上声
晨 chén	ch		e	n	阳平
庄 zhuāng	zh	u	a	ng	阴平

从表中可以看出汉语音节结构有以下特点。

(1) 音节中最少有一个音素，最多有四个音素，多数由两到三个音素构成。

(2) 做声母的都是辅音，声母都在韵母前面。

(3) 韵头都由高元音 i、u、ü 充当。

(4) 韵腹是每个音节必不可少的部分。从整体上看，韵多声少。

(5) 元音韵尾由 i、o、u 充当。

(6) 韵母中的辅音 n、ng 都是韵尾。

(7) 每个音节都有自己的声调。

一般而言，元音比较悦耳，辅音属于闹音，比较刺耳。普通话里元音占绝大多数，辅音较少，音节还有四声变化。所以，汉语音节韵音乐性很强。另外，音节中每个辅音的前面或后面总有元音，就显得段落分明、结构整齐，易于掌握。

三、音节中的声母、韵母配合

普通话里，声母、韵母之间的配合有很强的规律性，基本上是以声母的发音部位和韵母的头为依据，从表 8-2 中可以看出声母和韵母之间的配合情况。

表 8-2 声母和韵母的配合

四呼 声母	开	齐	合	撮
b p m	班	编	布（限于 u）	—
f	番	—	富（限于 u）	—
d t	单	颠	端	—

续表

声母\四呼	开	齐	合	撮
l n	难	年	暖	虑
g k h	千	—	官	—
j q x	—	坚	—	捐
zh ch sh r	占	—	专	—
z c s	赞	—	钻	—
零声母	安	烟	弯	冤

由表 8-2 中可以知道以下内容。

（1）b、p、m 能跟开口呼、齐齿呼韵母及合口呼的 u 相拼，不能与撮口呼韵母相拼。

（2）f 能跟开口呼韵母和合口呼的 u 相拼。齐齿呼和撮口呼韵母都不能与它相拼。

（3）d、t 能跟开口呼、齐齿呼和合口呼的韵母相拼，不能同撮口呼韵母相拼。

（4）l、n 能跟所有的韵母相拼。

（5）g、k、h、zh、ch、sh、r、z、c、s 能跟开口呼和合口呼韵母相拼，不能和齐齿呼及撮口呼韵母相拼。

（6）j、q、x 能跟齐齿呼和撮口呼韵母相拼，不能同开口呼和合口呼韵母相拼。

四、汉语音节的使用频率

普通话的音节总数近 400 个。但是，它在语言中的实际使用很不相同，使用得比较广泛的音节只是一部分。经过统计，将汉语音节分为常用、次常用、又次常用和不常用四大类，分类情况如下。

（1）常用音节 14 个：de、shi、yi、bu、you、zhi、le、ji、zhe、ren、wo、ta、dao、li。

（2）次常用音节 33 个：zhong、zi、guo、shang、ge、men、he、wei、ye、da、gong、jiu、jian、xiang、zhu、lai、sheng、di、zai、ni、xiao、ke、yao、wu、yu、jie、jin、chan、zuo、jia、xian、quan、shuo。

（3）又次常用音节 62 个（略）。

（4）不常用音节（略）。

第一、二类音节相加只有 47 个，却占音节总使用率的 50%，若再加上第三类音节，也只有 109 个。这 109 个音节占到使用率的 75%，掌握了它们基本上就能满足说普通话的需要。

项目二　音节的拼读

一、拼读的概念

音节的拼读（或拼音）就是按照语言音节的规律，把音节中包含的音素拼合在一起，成为一个个的音节。例如，把 d—u 拼成 du（读），把 h—u—a—n 拼成 huan（欢）。具体到普通话语音的拼音，就是按照普通话音节的构成规律，把声母、韵母拼合起来，在此情况下，上例 huan 的拼合就应是 h—uan，而不应是 h—u—a—n。

如果单韵母自成音节，如"e ü"（鳄鱼），对于复韵母要能够同表示音素的声母一样，一看见就认识，能读出其音，不能临时拼读。

声母和韵母拼合的意思，就是发出一个辅音，除阻之后气流不中断，紧跟着安排适当的舌面活动，同时振动声带，发出响亮的声音（如果声母是浊辅音，声带的振动就是由声母连续下来的）。

二、拼读注意事项

掌握了音素不等于就能正确地拼读音节。为了正确地拼读音节，还必须把由元音和辅音构成的韵母自身的音值念确切，并注意拼合方法。若没有把韵母作为一个整体发准确、念熟练，到拼音时再临时进行音素的拼合，或者丢头掉尾，顾此失彼，或者生硬拼合，韵头、韵腹、韵尾的强弱、长短念不准确，自然无法把声母、韵母急速连读，拼合成一个音节。所以，把声母和韵母的音值念确切是拼读音节的基本要求。

音节拼读一定要读声母的本音，而不是它的呼读音。这是拼读音节的第二个重要要求。因为用声母的呼读音拼读音节是违背普通话音节规律的。例如"ba"和"li"，如果把 b 读作 bo，拼到一起就是 boa；把 l 读作 le，拼到一起就是 lei。而且，用呼读音拼读音节也给儿童带来额外的困难，不符合教学原则的要求。教学实践中的错误做法把"ba"拼作"bo—a—ba"，实质上不是拼读音节，而是告诉学生：ba 是由声母 b 和韵母 a 构成的。所以，最好把声母的本音读准确，以便拼读好音节。如果要用呼读音拼读，就不得不记住"前音轻短后音重，两音相连猛一碰"的办法：把声母读得轻些、短些，把韵母读得重些、长些，拼合时速度要快，中间不能停顿留间隙，这就是所谓的"额外困难"之所在。以上两个要求都是针对声母和韵母的，还有一个要求是涉及如何把两者连读到一起的，就是拼读时气流要连贯，中间不能停顿间歇。声母和韵母拼合的意思就是发出声母后，不使气流中断，紧接着安排相应的舌面及声带活动，发出响亮的声音。

三、拼读方法

1. 声韵两拼法

韵母作为一个整体，与声母相拼，就叫作声韵两拼法。例如：h—ao—hao、s—

u—su、m—o—mo 等。这种方法简便，对语言障碍患者比较适合。声母无论是擦音、塞音，还是塞擦音的音节，都可以使用这种声韵两拼法来拼读。声母是擦音和塞擦音的音节，使用这种方法最为方便。

2. 支架法

拼读时，先找好声母的发音部位——支好"架子"，然后用韵母冲开"架子"，即成音节，这就是支架法。例如拼读音节 bang：先闭双唇，憋一口气，摆好发 b 的架势，然后发 ang，把架子冲开，就成为 bang，这种方法主要适用于拼读声母是塞音的音节。塞音的第三个成素——除阻，直接被韵母取代了，不再遵循一般的发音要求；除阻后跟着发元音。这种支架法最为简便，容易掌握，在一般情况下，凡是声母是塞音的音节都应该用它来拼读。

3. 三拼连读法

三拼连读法适合有介音的音节，这种方法就是一口气由声母连介音再连韵母，由慢而快，最后连成一个音节。拼读时，声母和介音读得轻些短些，韵母读得重些长些。例如：l—i—ang—liang、r—u—an—ruan 等。声母是塞音的音节不适用三拼连读法，因为塞音不能拖音。

三拼连读法便于拼读带介音的长音节，而且可以不必学习 ia、iao、ua、uo、uai、ian、iang、iong、uan、uang、ueng、uan 12 个有韵头的复韵母，因为它们组成的音节都可以分成三段连起来拼读。这种方法学起来有一定难度，不便于语言有困难的儿童掌握。

4. 声介合母和韵母连读法

声介合母和韵母连读法是为克服儿童拼合长音节的困难而设计的。它的程序是先把做介音的 i、u、ü 按照普通话音节规律，分别和相应的声母拼合在一起作为"声介合母"，即先将声母和韵头相拼，再同一带韵母连读相拼。例如"liang"和"suo"，按两拼法是 l—iang 和 s—uo，按三拼法是 l—i—ang 和 s—u—o，而在这里则是 li—ang 和 su—o。采用声介合母和韵母连读法可以使所有的音节都成为两拼。

在语言障碍矫治过程中，注意根据音节的结构、声母的发音部位及方法、韵头的情况选择适当的拼读方法十分重要，能提高训练工作的效果。

项目三 音节的声调

声调就是说话时一个音节的声音高低。在汉语是里一个音节就是一个汉字，所以声调也称字调。声调的性质主要取决于音高。音高的变化是由发声时声带的松紧造成的，声带越紧，在一定时间里振动的次数越多，发出的声音就越高；声带越松，在一定时间里振动的次数越少，发出的声音就越低。一个音节的声音有从头至尾能维持高低的平衡的，也有前后不能保持一致的，或前高后低，或前低后高，或首尾之间有曲折，高低维持的久暂也不一样。音节声音的这种高低、曲折、长短的配合变化就构成了它的声调。

语言训练

读书笔记

声调是汉语音节结构中不可缺少的组成部分。它和声母、韵母一样，具有区别意义的作用。例如："大家"（dà jiā）和"打架"（dǎ jià）、"鼓励"（gǔ lì）和"孤立"（gū lì）、"语言"（yǔ yán）和"寓言"（yù yán）等。

声调的高低升降变化叫作调值。例如：读"芬芳""班车"这些音节时，听起来觉得它们自始至终是高而平的高平调；读"才华""茶楼"这些音节时，听起来会觉得它们是由中度上扬的，是一种中升调；读"鼓舞""反响"这几个音节时，听起来它们都好像中间拐了个弯，由较低下降到最低，而后又上升到较高，是一种降升调；读"干劲""快乐"这几个音节时，听起来会觉得和以上三种都不同，它们是由最高降到最低，是一种全降调。这里分析的高平调、中升调、降升调和全降调，就是普通话声调的四种实际读法，也就是普通话声调的四种调值。

人们用五度制声调表示法来描写汉语的调值，如图 8-21 所示。先画一条竖线作为比较线，分成中格五点，分别以 1、2、3、4、5 表示低、半低、中、半高、高。再在比较线的左侧另用横线、曲线、斜线表示声调的变化。

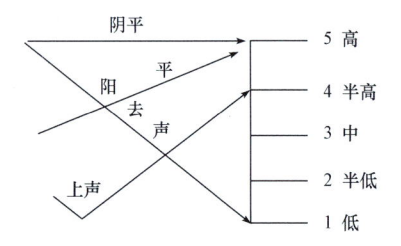

图 8-21　声调调值

根据声调的调值可以归纳出四种调类。调值相同的归为一类：凡调值为高平的归成一类，叫作阴平声，如"江山多娇""卑躬屈膝"等；凡调值为中度上扬的归为一类，叫作阳平声，如"长城""蝗虫"等；凡调值为降升的归为一类，叫作上声，如"远景美好""小手小脚"等；凡调值为全降的归为一类，叫作去声，如"背信弃义""变幻莫测"等。阴平声、阳平声、上声和去声就是普通话调类的名称。调类名称也可用序数表示，顺序称为第一声、第二声、第三声和第四声，简称"四声"。

拼读音节时确定声调的主要方法如下。

数调法：先拼出音节，读出第一声，然后顺序读到要求的那个声调为止。如"把"音，从 bā 开始，再数 bá，到 bǎ 为止，连续则为：bā、bá、bǎ，数读出 bǎ 的声调。又如读"骂"（mà），按四声的顺序数读：mā、má、mǎ、mà，数读出 mà 的声调。

韵母定调法：先确定音节的韵母声调，然后声韵相拼，直接读出带该音调的音节。例如拼读"帮 bāng"，先读准 āng 的第一声，即 āng，再让 b 和 āng 相拼，直接读出 bāng。

学习单元九

词语训练

项目一 多认识事物，注意积累表示名称的词语

想一想，练一练

(1) 按要求写出动植物的名称。
① 10 种树的名称：_____
② 10 种花的名称：_____
③ 10 种蔬菜的名称：_____
④ 10 种水果的名称：_____
⑤ 10 种鸟的名称：_____

(2) 你知道多少不同型号的汽车？不同型号的飞机？不同型号的轮船？把它们的名称写出来。
_____

(3) 你家里有哪些电器设备？把它们的名称写下来。
_____

(4) 分别写出下列物体或用品各种部件的名称，不会的请教爸爸妈妈或教师。
① 你的衬衫的部件名称：_____
② 你的长裤的部件名称：_____
③ 你的书包的部件名称：_____
④ 你的文具盒的部件名称：_____
⑤ 你的床的部件名称：_____
⑥ 你冬天盖的被子的部件名称：_____
⑦ 你穿的鞋的部件名称：_____
⑧ 你喜欢的一个玩具的部件名称：_____

(5) 我国有著名的东、南、西、北、中五岳名山，你知道吗？请填在下面的括号里。
它们是：东岳（　　　　）、南岳（　　　　）、西岳（　　　　）、北岳（　　　　）、中岳（　　　　）。

词语训练

读书笔记

语言训练

读书笔记

项目二　多角度观察事物，注意积累描绘事物的词语

分类积词表		
类别	分项	摘抄
写人的	1. 描写人物外貌的	
	2. 描写人物心理的	
	3. 描写人物动作的	
	4. 描写人物神态的	
	5. 描写人物品德的	

想一想，练一练

(1) 我们的祖国是伟大的、可爱的。你能写出 20 个描绘祖国大好山河的词语吗？

(2) 按下列要求分项各写 10 个词语。

①写人物外貌的：_____

②写人物神态的：_____

③写欢乐场面的：_____

④写景物颜色的：_____

(3) 下面景物你会用哪些词语来描写？请分别写在横线上。

太阳：_____

星星：_____

云彩：_____

细雨：_____

(4) 按要求写词语，看谁写得多。

①歌颂学校的词语：_____

②讲市场繁荣的词语：_____

③描写城市风光的词语：_____

(5) 写出下列动物的叫声。

小狗（汪汪）　青蛙（　　）　小猫（　　）　蝉儿（　　）　小羊（　　）

语法训练

214

学习单元十

语言理解能力训练

项目一　语言理解能力训练

在训练儿童学讲话之前,先要进行语言理解能力的训练,可先教会儿童按语言矫治师所说的语义作出相应的反应。例如让儿童欢迎语言矫治师,即会做出鼓掌动作,对儿童说再见,儿童会举手拜拜等。无论儿童对语言矫治师说的话能否作出正确反应,你都要同他交谈,同时儿童发出的声音无论有没有意义,你都要表示高兴。

只要通过反复多次的交谈,儿童就会逐渐地理解语言矫治师发音的意义,就会重复发音,模仿发音,并会逐渐说出有意义的字和词。

项目二　实操训练

(1) 配对物:在相应图片中找出与中间一样的图片。
(2) 正确指出属于某个类型的物品:水果。
(3) 按要求拿出指定颜色的物品:红色的球。
(4) 按要求拿出正确的动物玩具:老虎、企鹅、猴子。
(5) 理解含有不的问句:吃不吃?要不要玩具?
(6) 听从有先后顺序的指令:先洗手再吃水果。
(7) 理解有关物体用途的问题,要求用动作表示出来:牙刷是干什么的?牙刷是刷牙的。筷子是干什么的?筷子是吃饭的。
(8) 理解常用形容词:大与小、大球、小球;长与短、长棍、短棍。
(9) 按口头指示完成两个不相关的动作:搬凳子、关门。
(10) 理解含有方位词的句子:在桌子上、在桌子下。
(11) 听从指令做三个连续动作:拿杯子、倒水、给妈妈。
(12) 理解物品的不同所属:爸爸的帽子、妈妈的裙子。
(13) 按照物体的功能给出图片:水果、生活用品。
(14) 找出两个经常一起使用的物品:从四个图片中找出经常使用的牙膏与牙刷。

语言理解能力训练

读书笔记

学习单元十一

语言表达能力训练

项目一　语言表达能力

语言表达能力是指在口头语言（说话、演讲、作报告）及书面语言的过程中运用字、词、句、段的能力，两者均以语言为基础媒介。

语言表达能力还来自发音，口才是语言表达能力的一种体现，唯美的语言是自身素质的体现，更多来自教育和后天的学习。它包括口头语言和书面语言。

项目二　确定训练主题

特殊儿童存在着诸多问题，对外界事物不感兴趣，不大察觉别人的存在，与人缺乏目光接触，未能主动与人交往、分享或参与活动。在群处方面，特殊儿童模仿力较弱，未能掌握社交技巧，缺乏合作性，想象力较弱，极少通过玩具进行象征性的游戏活动。在交往方面，特殊儿童甚少与别人有目光接触，也不会注意别人的表情和情绪变化，更难从别人的言语、行为推断别人的想法和意图或理解别人的感受。有时候特殊儿童也会有不恰当的情感表现和社会行为，如在别人不开心时大笑，在某些场合说些不恰当的话，或未能与人分享快乐。

开展语言交往技能训练，有助于减少其不合适的行为，提高社会认识和适应能力。利用社会认知和强化等原理，遵循同步反馈、反复强化、循序渐进等训练原则，以故事的形式提供帮助，并将交往技巧融入语言故事中进行语言学习训练，帮助小朋友认识并塑造日常生活情境中良好的行为习惯。

介绍训练内容与主题（共8个）：

（1）你能成为别人的好朋友吗？（行为）

（2）你会正确使用声音吗？（说）

（3）你会使用礼貌用语吗？（语言）

(4) 你知道别人的感受吗？（心理）

(5) 你可以用眼睛倾听吗？（倾听）

(6) 你会轮流玩吗？（等待）

(7) 你讲礼貌吗？（态度）

(8) 你会和别人一起分享吗（互动）？

项目三　主题训练

主题一：你能成为别人的好朋友吗？

好朋友是这样的一个人，你可以与他一起探索奥秘、分享快乐、诉说心事、制造幽默、开心游戏及玩笑逗乐。

当你的好朋友生气时，他不会打你、咬你或踢你。好朋友时刻关心自己的朋友，从不伤害别人。

引言：主要描述"你能成为别人的好朋友吗？"这个主题中好朋友应该具备哪些优良的品质。

故事：呈现"拉头发"是一个不良的、伤害他人的行为，指出这是错误做法，并向小朋友解释这样做是不对的原因，给出小朋友拉这个动作的正确做法，可以用"拉小推车"替换掉"拉头发"。

问题：在听故事的基础上，呈现相应主题的问题，判断小朋友是否真正理解什么是良好的行为品质，在读"你能成为别人的好朋友吗？"时，小朋友可以通过下列活动探索什么是正确的行为，什么是不正确的行为。

（1）作正确的选择。围成一个圈，讨论哪些东西可以打、推、咬、踢和抓，鼓励小朋友尽可能多地列举，然后数数能想出多少种正确的行为。

（2）你有什么感觉？和小朋友一起讨论如果自己被别人推、打、踢、咬，会有什么感觉，让小朋友在角色扮演游戏中体会这些情景下的感觉，和小朋友一起讨论自己有怎样的感觉，以及出现这种感觉的原因。

（3）你的朋友有什么感觉？帮助小朋友理解自己的行为对他人的影响，让他们明白坏的行为会让别人难过，也可以使用玩偶做道具，然后一起讨论，说说玩偶被别人踢打会有什么感觉。

（4）发现小朋友的积极行为。在日常活动中，只要小朋友表现出积极行为，就要给予表扬。当奖励和表扬小朋友的积极行为时，他们就会学着注意自己的积极行为和积极行为带来的良好结果。

（5）通过故事帮助小朋友学会自我控制。给小朋友读他们最喜欢的书，在读的过程中指出里面的人物是怎样对待别人的，询问小朋友这些行为会让别人有怎样的感

读书笔记

语言训练

觉，为什么？

（6）教小朋友如何表达情感。和小朋友讨论，什么情况下自己会有不好的感觉，如伤心、生气或害怕，告诉小朋友有这些感觉很正常，你可以把自己的感觉告诉朋友，但不能用身体来表示不满，帮助小朋友找到各种情况下正确表达感情的方法。

主题二：你会正确使用声音吗？

什么是大声？大声是一种非常响亮的、令人兴奋的、响雷般的、大笑时的声音。什么是小声？小声是一种非常轻柔的、令人高兴的、窃窃私语的、安静时的声音。两种声音各有特色，有时需要用这种声音，有时需要用那种声音。有时需要大声讲话——就像狮子吼一样，有时需要小声讲话——就像老鼠哼一样。必须根据不同的情况使用不同的声音。

在读"你会正确使用声音吗？"时，小朋友可以通过下列活动探索正确使用声音的意义。

（1）在音乐课或活动课上练声。小朋友喜欢音乐和活动，可以寓教于乐，演奏一些音乐，让小朋友仔细听，强调有些声音较大，有些较小，一边演奏一边询问小朋友听到了什么，让小朋友自己创作音乐，要求声音有大有小，让小朋友大声拍手、跺脚、演奏乐器和歌唱，然后小声拍手、演奏乐器和歌唱。

（2）音乐游戏。让小朋友围着教室边走边唱，大声唱一段后再小声唱一段，如此循环。

（3）想想看。让小朋友想想哪些声音很大，哪些声音很小，如闹钟的嘀嗒声、小老鼠的吱吱声、小孩的耳语声等。

（4）头脑风暴。让小朋友想想什么时间、什么地点可以大声说话，什么时间、什么地点应该小声讲话，为什么要使用不同的声音？告诉小朋友正确使用声音是关心、体贴他人的表现，它能让朋友高兴。

（5）鼓励正确使用声音。关注小朋友正确使用声音的行为，让小朋友知道哪种声音是正确的，如"谢谢你在别人打盹时小声讲话，你对人既关心又体贴。"

（6）故事时间。讲有关正确使用声音的故事。

（7）小朋友文学。给小朋友读故事，在适当的时候使用适当的声音，故事结束后与小朋友讨论这些声音。

主题三：你会使用礼貌用语吗？

有些话非常神奇。当你使用它们时，朋友会感到舒心。这些话能展现出你的善良和礼貌。

当你说"你好""请""谢谢""请原谅""对不起"时，你显得很有礼貌。礼貌用语是关心和尊重他人的表现。

在读"你会使用礼貌用语吗？"时，小朋友可以通过下列活动探索正确使用语言的意义。

（1）头脑风暴。围成一圈，和小朋友一起讨论在什么时候、什么地方使用礼貌用语，引导小朋友思考为什么要用礼貌用语，用礼貌用语时别人会有什么感受。

（2）正确和错误的用语。使用玩偶表演对话用语，再用另一个玩偶示范礼貌用语。询问小朋友听到这些木偶讲话会有什么感觉，哪个木偶讲的话让人感觉舒服，提醒小朋友礼貌用语能让人感觉高兴。

（3）奖励礼貌行为。关注小朋友的礼貌行为，一旦发现，告诉小朋友这种行为是值得表扬的，可以给小朋友一个贴纸表示鼓励，以强化小朋友正在习得的礼貌行为。

（4）树立好榜样。如果小朋友有了好榜样，他们就能更快地学会使用礼貌用语。

（5）故事时间。讲有关礼貌的故事。

（6）歌曲。唱有关礼貌的歌曲。

学习单元十二

会话训练

项目一　会话困难

特殊儿童存在会话困难的问题，主要表现为：不知道根据不同的场景给出不同的提问，提出的问题简单且单一，不能理解他人的问题，不知如何回答他人问题，无法形成会话间的互动。精选儿童生活中的场景，每个场景包含与之对应的 10 个问题表格，表格中含有"谁""什么""哪里""什么时候""为什么"5 类问题，通过这 5 类问题的提问和回答，促进会话能力。

项目二　会话训练

通过 PPT 介绍不同主题的训练内容和方法。

主题一：我的家

讲解训练内容（PPT 呈现）：

——在看书？　男子在做——？　灯在——？　——面是亮的？

训练方法：

（谁）在看书？——（哥哥）在看书。哥哥在做（什么）？——哥哥在（看书）。哥哥在（哪里）看书？——哥哥在（书房）看书。哥哥（什么时候）看书？——哥哥（晚上）看书。哥哥（为什么）看书？——哥哥想学习知识。

注意事项：

训练时，先用"谁""什么""哪里"等基本问题帮助儿童熟悉训练内容。"什么时候""为什么"要求儿童有高层次的语言处理技巧，经常作为最后的目标来训练，当儿童掌握所有类别的问题后，可以把所有类别的问题捆绑在一起提问，这要求更多更长的时间练习，儿童才能理解和回答这五类问题。

主题二：游乐场

讲解训练内容（PPT 呈现）：

——开赛车？妈妈的裙子是——颜色的？保龄球瓶在——？

训练方法：

（谁）在玩海洋球？——（佳佳）在玩海洋球。佳佳在做（什么）？——佳佳在（玩海洋球）。佳佳在（哪里）玩海洋球？——佳佳在（游乐场）玩海洋球。佳佳（什么时候）玩海洋球？——佳佳（星期六）玩海洋球。佳佳（为什么）玩海洋球？——海洋球特别有趣。

注意事项：

训练时，先用"谁""什么""哪里"等基本问题帮助儿童熟悉训练内容。"什么时候""为什么"要求儿童有高层次的语言处理技巧，经常作为最后的目标来训练，当儿童掌握所有类别的问题后，可以把所有类别的问题捆绑在一起提问，这要求更多更长时间练习，儿童才能理解和回答这五类问题。

主题三：动物园

讲解训练内容（PPT 呈现）：

——站在黑板前？黑板上写的是——？书架在——？你——上幼儿园？

训练方法：

（谁）在看鸵鸟？——（妈妈）在看鸵鸟。妈妈的上衣是（什么）颜色的？——妈妈的上衣是（黄色的）。妈妈在（哪里）看鸵鸟？——妈妈在（动物园）看鸵鸟。妈妈（什么时候）去动物园？——妈妈（星期六）去动物园。动物园（为什么）有那么多人？——人们喜欢去动物园看动物。

注意事项：

训练时，先用"谁""什么""哪里"等基本问题帮助儿童熟悉训练内容。"什么时候""为什么"要求儿童有高层次的语言处理技巧，经常作为最后的目标来训练，当儿童掌握所有类别的问题后，可以把所有类别的问题捆绑在一起提问，这要求更多更长时间练习，儿童才能理解和回答这五类问题。

学习小结

本模块主要介绍了韵母和声母的发音指导、拼音教学指导、语言理解能力训练、语言表达能力训练等语言系统障碍矫治等问题。学习本模块后能够针对各种语言系统性问题进行针对性的评估与矫治，帮助语言障碍患者减轻痛苦。

语言训练

模块练习

一、选择题

1. 在会话训练的过程中，经常用到"什么时候""为什么"等，这要求儿童有高层次的语言处理技巧，经常作为最后的目标来训练，当儿童掌握所有类别的问题后，可以把所有类别的问题捆绑在一起（　　），这要求更多更长时间练习，儿童才能理解和回答这些问题。

A. 提问　　　　B. 表达　　　　C. 理解　　　　D. 互动

2. 开展（　　）训练，有助于减少儿童不合适的行为，提高社会认识和适应能力。

A. 语言交往技能　　B. 语言理解　　C. 语言表达

二、简答题

语言表达能力训练的基本方法有哪些？

模块九

孤独症语言障碍及其矫治

> **学习目标**

知识目标：

1. 了解孤独症语言障碍的基本表现。
2. 学习孤独症语言障碍评估的方法。
3. 学习孤独症语言障碍矫治的方法。

能力目标：

1. 掌握孤独症语言障碍的基本表现。
2. 掌握孤独症语言障碍评估的方法。
3. 掌握孤独症语言障碍矫治的方法。

素质目标：

1. 了解和热爱孤独症儿童。
2. 研究最新的训练理论与技术，帮助孤独症儿童提高交往能力。

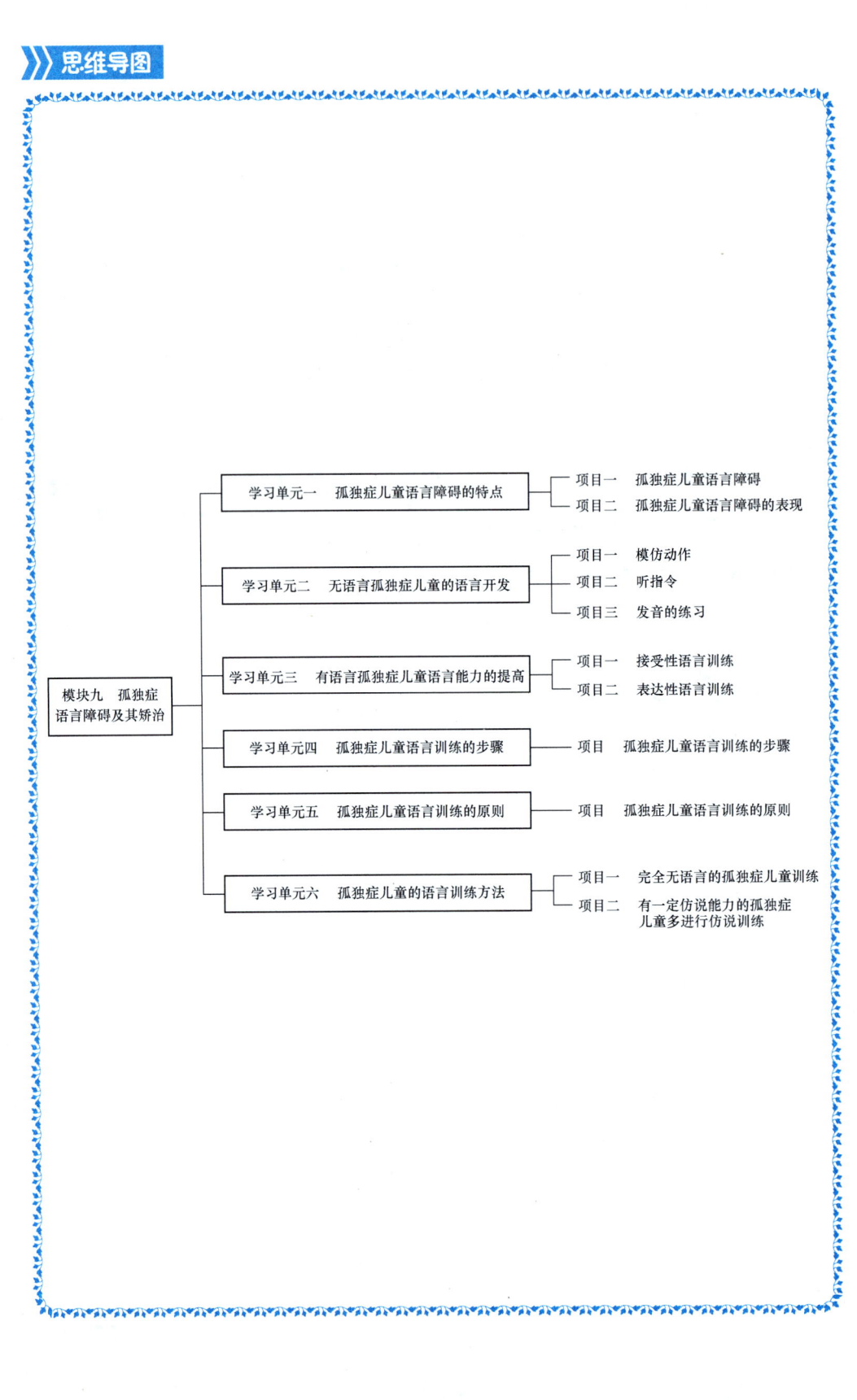

思维导图

```
模块九 孤独症语言障碍及其矫治
├── 学习单元一 孤独症儿童语言障碍的特点
│   ├── 项目一 孤独症儿童语言障碍
│   └── 项目二 孤独症儿童语言障碍的表现
├── 学习单元二 无语言孤独症儿童的语言开发
│   ├── 项目一 模仿动作
│   ├── 项目二 听指令
│   └── 项目三 发音的练习
├── 学习单元三 有语言孤独症儿童语言能力的提高
│   ├── 项目一 接受性语言训练
│   └── 项目二 表达性语言训练
├── 学习单元四 孤独症儿童语言训练的步骤
│   └── 项目 孤独症儿童语言训练的步骤
├── 学习单元五 孤独症儿童语言训练的原则
│   └── 项目 孤独症儿童语言训练的原则
└── 学习单元六 孤独症儿童的语言训练方法
    ├── 项目一 完全无语言的孤独症儿童训练
    └── 项目二 有一定仿说能力的孤独症儿童多进行仿说训练
```

学习单元一

孤独症儿童语言障碍的特点

项目一　孤独症儿童语言障碍

孤独症儿童都有明显的语言发育障碍，这种障碍可能会发生在语言的各个环节上，从发声困难、异常，到语言学习障碍，有的家长甚至会感到自己的儿童好像什么都会说，就是该说的不说，不该说的都说；该说话的时候不说，不该说话的时候总说。

项目二　孤独症儿童语言障碍的表现

孤独症儿童的语言障碍可能发生在各种语言层面上，但共同的特点是不能自如地使用语言进行人与人之间的交往与沟通，主要表现在以下方面。

（1）婴儿时不会用喃喃语作为表达的尝试，即使婴儿期出现这样的阶段，在成长中也会逐渐退化。

（2）言语有明显的异常，如在音量、语速、节奏及音调上。

（3）说话形式异常，最大的特点是鹦鹉学舌式语言，重复别人说过的话，重复别人的问题，刻板地回答问题。

（4）人称代词混用。最明显的是"我"与"你"的概念混淆不清。

（5）对词语混乱运用。最大的特点是说出与当时情景不相关的话。

（6）与人交谈时主题混淆。例如，当别人都在谈及有关体育的话题时，孤独症患者会忽然说起火车时刻表。

（7）尽管能说许多话，但与他人交往或进行对话的能力明显受到障碍。如长时间地自言自语谈一个话题，或固执地要求他人与自己谈一个话题，而不关注他人的反应或意见。

让孤独症儿童流畅地说

读书笔记

学习单元二

无语言孤独症儿童的语言开发

项目一　模仿动作

　　任何人从不会说话到开始说话，要经过大脑、身体器官、精神心理的一系列发育准备。家长一看到儿童3岁了还不会说话，就着急教儿童学说完整的句子，却忽视了其能力发育落后于生理年龄的客观事实。模仿就是学习和发展的基础，没有模仿，儿童就不能学习适应其文化所必需的语言和其他的行为方式。声音模仿是动作模仿的高级阶段，所以训练孤独症儿童的语言，一般都从测试儿童在何种程度上具有模仿能力开始。语言基础弱的儿童在语言训练开始之前，都要进行动作模仿的训练，切忌不加分辨地要求儿童张嘴模仿语言。

　　模仿从简单的粗大动作开始：拍手、叉腰、拍腿等，儿童用眼可以看到，容易掌握。

　　操作性动作：敲打物品，仿搭积木，用杯子喝水，推动玩具小汽车等。

　　精细动作模仿：手指操，用手指捏东西。

　　嘴部动作的模仿：嘟嘴u口型，吹气，伸缩舌头。

项目二　听指令

　　要建立儿童良好的听指令的能力，配合是训练的前提，应从简单的一步指令开始，例如：拍拍手、跺跺脚、过来、坐下、起立等；然后再泛化到生活中，可以生活化一点的指令：扔垃圾去，穿鞋子，把杯子拿给我等。

　　儿童可以理解成人的话，即使不会表达，但是能够听懂，在儿童发音能力还没达到的时候，一样可以教儿童用手势，如成人对儿童说："跟老师拜拜。"没有语言的儿童如果听懂，就会挥手，成人替儿童说："拜拜。"久而久之，儿童就会理解，为后来语言符号的学习奠定基础。

项目三　发音的练习

1. 无意识音的强化

儿童有时会蹦出一些自己的音，或是不经意的时候会模仿说出一些字，这时成人也可以及时地模仿儿童的音反馈给他们，吸引他们的注意力，然后成人再及时发音，儿童也会随之模仿，如儿童说"en，heng"，成人模仿"en，heng"后儿童看了过来，成人就可以模仿更多的音，刺激儿童更多音的发出。

当儿童还没有语言的时候，要儿童说话是不可能的，从最简单的 a、ba、ma 开始训练，因为这些音口型好做好发音，成功率高，我们的语言都是由拼音组成的，所以开始声母、韵母的练习是一个很好的铺垫，例如：海鸥，h—ai 海，o—鸥。

唱歌、儿歌、朗读接字也是一个有效的方法，找一些好发音的手指操，或是儿童常听到的歌曲等，儿童感兴趣的时候，仿发音的概率就会高出许多。

2. 无意识音的转化

试着将儿童的发音与实际意义联系在一起，在这时，激发儿童的说话欲望，将儿童经常玩的玩具或想要的需求延迟满足，鼓励其发音，建立发音与事物之间的关系。

3. 不必矫正发音

儿童即使说不好，有表达意思的姿态即可，若刻意矫正发音，说不定反而会抹杀好不容易培养的说话动机。只要儿童肯说话，发音不正确的缺陷久而久之会得到改善，家长只要自己提供正确的说话模板即可，千万不要学儿童说娃娃语。

4. 不必重复练习太多次

强迫的最终结果就是反抗，在语言训练前期，借助强化物可以一个词要求儿童说 2~3 遍，观察儿童情绪，当儿童有点不耐烦时需赶紧转移，可降低要求做些儿童可以完成的事，然后给予奖励。

5. 循序渐进，由易到难

例如：单音——双音——单词——短语——句子；a——an——安静——保持安静——上课请保持安静；名词——形容词——动词。学习句子应由易到难，由短到长。

学习单元三

有语言孤独症儿童语言能力的提高

项目一　接受性语言训练

在日常生活中，各种场所为成人给儿童积累词汇提供了丰富的资源。例如，带儿童去超市认一认超市里的各种物品，去菜市场认一认各种蔬菜，去家电城认一认各种家用电器，去家具城认一认各种家具，去游乐城认一认各种玩具，去公园认一认各种花草树木等。只要努力去思考挖掘，到处都是我们教儿童的资源。

1. 对儿童多讲、多说，抓住机会、随时随地对儿童说话

（1）对着儿童感兴趣的人物或事物说话（告诉儿童"这是什么""这是谁"）。

（2）对着现实的情境说话（告诉儿童看见什么，这里有什么，正在发生什么事）。

（3）对着成人及儿童正在进行的活动说话（告诉儿童在做什么）。

（4）给儿童讲小画册、卡片上的内容（告诉儿童这上面有什么）。

（5）给儿童说儿歌、歌谣，使其对语言感兴趣并记住部分内容。

2. 日常语言的理解

（1）给爸爸送一块糖。

（2）把杯子给妈妈拿来。

（3）去厕所把小手洗一洗。

（4）把遥控器放到电视上。

（5）把衣服扔到洗衣服机里面。

（6）指令可以逐渐变复杂。

项目二　表达性语言训练

表达性语言训练即为儿童可以正确说出符合当时情景的语言，儿童的理解能力得到一步步的提高，最重要的外在表现就是功能性语言的表达。功能性语言大概分为以下八种。

一、表达自我的需求

儿童的自我需求分为物质需求和精神需求两种。物质需求包括吃的、喝的、玩的；精神需求包括语言的和非语言的，如夸奖、拥抱、亲吻等。儿童一般能够表达物质需求，而对精神需求的表达很少。

二、表达自我的状态

自我状态包括内脏觉、皮肤觉、情绪觉等，如饥饿、渴、疼、痒、尿意、高兴、伤心、生气……此类语言的表达可在真实情景下教儿童表达，一般儿童学会就能正确使用。

三、使用一般的礼貌用语

孤独症儿童可以说很多礼貌用语，就是难以恰当地运用，总是一股脑把自己和别人的话全部说完。所以抽象的礼貌用语对他们来说像是无意义语言，只有当儿童具备深层次的社交能力时（能体验交往带来的欢乐和喜悦），才能真正地理解、使用。

四、描述一般的事物

描述事物包括直观性描述、内在性描述、扩展性描述。例如，西瓜是绿色的、圆圆的水果（直观性描述）；西瓜是吃起来又沙又甜的水果（内在性描述）；西瓜是夏天经常吃的水果（扩展性描述）。孤独症儿童表达此类句式从简单的直观性的描述开始，逐渐随着理解能力的提高和词汇的积累过渡到内在性描述、扩展性描述。

五、对动词的正确使用

进行这项表达训练时要注意"一词多用"和"相似动作不同词"，如打电话、打雨伞、推车、拉车。

六、回答社交性的问题

回答社交性的问题是孤独症儿童家庭训练的重点，也是最有用的一项表达。社交性问题内容包括孤独症儿童对自我的认识、对家庭的认识及对周边社区的认识和使用。例如，你叫什么名字？今年几岁了？爸爸是谁？家在哪里？去哪里买东西？等等。

七、对不知道的事物回答不知道

做此项训练要先了解儿童的基础，让儿童体验动脑思考的过程，根据思考后的反应引导其表达"不知道"。

八、呼其名征求他人的意见，寻求他人的帮助

进行此项表达训练时需注意儿童是否有眼神接触，是否等待他人应答。

交流性语言提高是一个漫长的过程，并且要更多地在生活中练习，创造让儿童使用语言的情景，多鼓励，多表扬，夸张的表情、很惊讶的语气都可以有效吸引到儿童的注意力，无论儿童的语言能力处于何种水平，与儿童建立良好的互动是前提，所以在对儿童提要求时也要多观察儿童，了解儿童的需求动机，这样才能有效地引导儿童作出正确的表达。

社会实用语言技巧训练

读书笔记

学习单元四

孤独症儿童语言训练的步骤

项目　孤独症儿童语言训练的步骤

一、了解起点行为

先简单测试儿童语言发展的程度，如使用《孤独症儿童基本沟通行为评量表》。简易的听指令能力和大肌肉动作的模仿能力，几乎是一切学习的基础，因为透过这些模仿学习可以促进儿童对外界的认知发展，有助于日后的语言训练。当儿童已有说单字的能力时，训练的重点则可放在说短句、表达需求上。

二、拟定学习目标

了解儿童的起点行为与分析现有能力后，要具体地列出儿童该增进的行为和该减少的行为，并让家长了解，配合共同教导。

三、确定训练内容

孤独症儿童的抽象思考能力有缺陷，不懂得举一反三，要尽量通过实物帮助他们理解并获得有用的沟通技巧。所以在教导孤独症儿童语言训练时要以生活用语为优先。

四、遵循循序渐进

儿童各方面的能力是依循一定的顺序而发展的，孤独症儿童的语言能力也不例外。例如，一个儿童还不会说话，妈妈却拿着果汁要他说出"喝"才给他，结果弄得儿童大发脾气，妈妈沮丧不已。如果这个妈妈能了解儿童的学习重点在于基本学习能力的培养而不是仿说，她就不会缘木求鱼地要儿童去做那些根本做不到的事。所以在教学前必须先进行能力分析，依儿童的个别差异，循序渐进地进行教学。

五、避免一成不变的学习过程

孤独症儿童本来就有固定行为的特性，故在教导时应尽量多变化，不分时地给予机会教育；否则会造成儿童只在特定地方才知道某个东西，离开该处就不知道了。例如，在教儿童认识水时，要让儿童了解在瓶子中的是水，水龙头流出来的也是水，水沟中的水也是水。

六、运用行为改变技术的原理

找出儿童的增强物（零食、饮料等），只要儿童达到该阶段的目标即予以增强。

学习单元五

孤独症儿童语言训练的原则

项目　孤独症儿童语言训练的原则

一、不断地对儿童说话

对孤独症儿童说话，其效果不是立竿见影的，假以时日才会慢慢开花结果。

二、对着儿童的视线说话

跟孤独症儿童一起游戏、拿任何东西给儿童、请儿童做任何事、帮儿童做任何事时，要常常对儿童说简单的话。首先叫儿童的名字"×××"，等儿童注意成人在叫自己时再对其说话。孤独症儿童常常视线不看人，有时不是不看，而是看的时间非常短暂。儿童不注意成人的时候对其说话是没有效果的，但也用不着对较大的儿童，特地把脸靠过去，或把儿童的头转过来向着儿童说话。只要在不太远的地方，很自然地喊儿童的名字，配合当时的情境对儿童说话即可。

三、选择切合情境的话题

以眼前看得见、容易了解的自然话题为佳。尤其是以儿童感到关心或喜欢的事物作为话题，效果更好。成人希望儿童说的话，可以先以儿童的口气说给对方听，让儿童知道这时候应该怎么说或回答才好。

四、不必重复练习太多次

父母为使儿童学会说话，同样的话语叫儿童说五次、十次，有时反而使孤独症儿童拒绝说话。比对一般的儿童多说一两次即可，同样的事在同一个地方不要重复两次以上。但碰到同样的事情或同样的情况发生时，要再次提醒。不必刻意教学，只要在适当的环境下，不断地、自然地对儿童说话，让儿童了解语言的意义，便可期待儿童逐渐会说出话来。

五、不必矫正发音

儿童即使说不好，有表达意思的姿态即可，若刻意矫正发音，说不定反而会抹杀

让孤独症儿童学会倾听

好不容易培养的说话动机。只要儿童肯说话，发音不正确的缺陷久而久之会得到改善。成人只要提供正确的说话模板即可，千万不要学儿童说娃娃语。

六、及时给予鼓励

只发语头或语尾音时，不必特地加以矫正，下次碰到这种场合时，成人实时发出两次左右的正确语音即可。即使只发语首或语尾音，也表示儿童有表达意思的动机，要及时给予鼓励。

七、不要禁止孩子的模仿言语行为

当孩子模仿电视广告时，家长或周围的人会以为孤独症儿童语言能力不坏，若禁止儿童看电视、唱广告歌，就可以学习说有用的话。事实上禁止儿童说广告中的话也没有用，不如让儿童继续说，伺机配合情境说些别的话题，提高其理解能力，以期慢慢说出有意义的话语。

八、不刻意矫正鹦鹉式语言

有的孤独症儿童语言像广告一样，想矫正也矫正不了。暂时可以不刻意矫正，在日常生活中配合当时的情境，多制造对儿童说话的机会。

九、有耐心地听他说话

孤独症儿童虽然表达能力差，但想说话时成人要有耐心地听他说话。反复地问同样的问题时，成人也要认真地回答。如此，对孤独症儿童说话时，儿童也比较愿意以语言或非语言的姿势、表情、手势等方式来回答成人。

学习单元六

孤独症儿童的语言训练方法

项目一 完全无语言的孤独症儿童训练

一、压声法

让儿童平躺在床上,双手交叉压在腹腔上,微用力下压,迫使其发声。

二、搔痒法

用手或轻软物体搔儿童的手心、脚心、颈部、腋下等部位,使其发出"咯咯"的笑声,并同时说"好痒"。

三、言语机转训练

言语机转主要是指上下唇内敛动作、抿嘴的动作、亲吻的动作、借助吸管训练儿童的嘴唇动作能力,还有用嘴唇抿吸管、用嘴唇包住吸管喝水等。同时,还利用吸管、纸、乒乓球等物体练习儿童的呼吸功能。例如,用吸管吸水、乒乓球;用力吹纸,用吸管吹乒乓球等。

姚某是一个无语言的孤独症儿童,6 岁,有说的愿望,发音器官正常,无任何器质性问题。对他进行言语机转测试,发现其言语机转方面存在较大问题。于是,针对他的具体情况,用上述的 3 种方法对其进行语言训练。经过 3 个月的训练,该生能说简单的字、词,现在能说一些电报句,偶尔会有一些简单句子。

四、语言训练操

语言训练操是为语言障碍儿童编制的语言康复训练操。此操分为三部分。

第一部分:构音器官运动操。

(1)口部活动:共 4 节。使儿童的口部肌肉、关节共同协调来完成动作。

A. 噘起嘴 B. 咧开嘴 C. 鼓起腮 D. 咂咂唇

(利用游戏训练孤独症儿童社交能力的策略)

（2）舌部运动：共 6 节。充分调动儿童舌部肌肉活动，使舌活动更灵活，能够在发音时找到正确位置。

A. 伸收舌　　　B. 舔嘴唇　　　C. 舔嘴角　　　D. 弹响舌
E. 舔绕唇　　　F. 顶两腮

（3）下颌运动：共 4 节。提高儿童在发音时下颌的控制能力。

A. 张口闭口　　B. 左右移动　　C. 前后移动　　D. 上下扣齿

第二部分：按摩操，共 6 节。通过按、揉、搓、弹、捏等手法，刺激穴位，从而使参与发音的各部分肌肉的运动功能得到提高。

A. 抹口轮　　　B. 捏下颜　　　C. 擦下巴　　　D. 弹颧腮
E. 揉面颊　　　F. 轻拍面部

第三部分：发音儿歌。据发音时舌的位置编成儿歌，儿歌中涉及了舌尖音、舌面音、舌根音及卷舌音，并配上动作，让学生边说儿歌边做动作来辅助发音，提高学生的兴趣。

项目二　有一定仿说能力的孤独症儿童多进行仿说训练

对于立即仿说或延宕仿说的孤独症儿童，可以利用强化物刺激儿童，激发语言模仿的兴趣。例如：陆某，只会仿说简单的音，如妈、门、白、吃等。陆某喜欢吃饼干，教师就用饼干做强化物，让他练习说"吃"、"饼干"等字词。经过三个多月的训练，8 岁多的他终于能说出简单的句子了。

对于其他类型的孤独症儿童，可以采用情境法进行语言训练。因为语言沟通不能离开情境，要发展语言，必须要有情境。例如：许某，8 岁多会仿说，对他进行情境训练，在他要进教室时挡在面前不让他进，教他说"让我进去"。几周后，看到这种情境，他不用提示，完全可以自发性地使用语言来表达自己的这个要求。又如每天吃饭前洗手，教师举着洗手液的瓶子，教他说"老师，我要洗手液"。现在他也能在这个情境下自发地应用了。

▶学习小结

本模块主要介绍了孤独症儿童语言障碍的主要表现、典型语言问题的训练原则与方法，重点针对孤独症儿童语言障碍的训练方法进行了介绍，对于如何结合孤独症儿童的爱好、习惯等特点进行有针对性的训练进行了案例说明。

语言训练

模块练习

一、选择题

1. 对于立即仿说或延宕仿说的孤独症儿童，可以利用强化物刺激儿童，激发（　）的兴趣。

　　A. 语言表达　　　B. 语言理解　　　C. 语言模仿　　　D. 言语行为

2. 对孤独症儿童的语言训练可利用吸管、纸、乒乓球等物体进行练习，这是为了训练儿童的（　　）。

　　A. 呼吸功能　　　B. 构音器官功能　　C. 声带功能　　　D. 舌的功能

二、简答题

孤独症儿童语言训练的原则有哪些？

参考文献

[1] 张显达. 初探特定型语言障碍的分类与发展转变 [J]. 南京师范大学文学院学报, 2018 (03): 1-9.

[2] 曾米岚, 李启娟. 学前发展迟缓儿童语言能力分析研究 [J]. 绥化学院学报, 2019, 39 (01): 145-148.

[3] 刘玉娟. 0-3 岁儿童语言和言语障碍的早期诊断与干预 [J]. 中国特殊教育, 2018 (09): 53-57+71.

[4] 巩广丽. 语言发育迟缓早期干预的个案研究 [J]. 现代特殊教育, 2022 (07): 70-72.

[5] 郑蓉, 徐亚琴, 洪琴, 等. 提升发展迟缓儿童语言前技能的个案报告 [J]. 现代特殊教育, 2015 (05): 59-61.

[6] 章依文, 金星明, 沈晓明, 等. 2～3 岁儿童语言发育迟缓筛查标准的建立 [J]. 中国儿童保健杂志, 2003 (05): 308-310.

[7] 李晓庆. 弱智儿童语言障碍的诊断研究 [J]. 当代教育论坛 (综合研究), 2011 (10): 25-26.

[8] 林红玉, 王丽丹. 感觉统合训练结合口部运动治疗儿童构音障碍对其康复作用评价 [J]. 中国医学文摘 (耳鼻咽喉科学), 2023, 38 (05): 47-49+43.

[9] 李惠, 孟辰. 语音训练治疗儿童功能性构音障碍的疗效分析 [J]. 中国医学文摘 (耳鼻咽喉科学), 2023, 38 (05): 98-100+74.

[10] 金梦轲, 陈傲, 曲春燕. 智力障碍儿童音位/s/构音矫正的个案研究 [J]. 中国听力语言康复科学杂志, 2023, 21 (04): 417-419.

[11] 高雍象, 王佳汝, 谭增迪, 等. 舌系带过短儿童尖前音/s/构音评估及矫治个案分析 [J]. 按摩与康复医学, 2023, 14 (06): 19-22.

[12] 程雅卓. 基于定量声学参数探讨单侧上运动神经元性构音障碍的左侧优势 [D]. 广州: 暨南大学, 2022.

[13] 刘媛媛. 功能性构音障碍儿童口部感觉-运动功能特征及影响因素分析 [D]. 青岛: 青岛大学, 2022.

[14] 刘开宇, 熊才运, 刘烨, 等. 功能性构音障碍儿童口部运动评估 [J]. 听力学及言语疾病杂志, 2022, 30 (06): 623-626.

[15] 周勇, 焦杨, 席家宁, 等. 言语康复构音障碍评定医生助手软件设计与实现 [J]. 中国数字医学, 2021, 16 (09): 56-60.

[16] 秦晋. 感觉统合训练对构音障碍儿童送气音矫正的个案研究 [D]. 淮北: 淮北师范大学, 2020.

［17］徐丽娜，贾志阳，李峰．功能性构音障碍患者异常塞擦音的语音特点及语音训练效果［J］．听力学及言语疾病杂志，2020，28（03）：247-252．

［18］朱嘉睿．口吃者的语音加工缺陷［D］．天津：天津师范大学，2023．

［19］于亚滨，王建红，许琪，等．儿童发育性口吃影响因素分析［J］．中国儿童保健杂志，2023，31（06）：674-677＋683．

［20］张宗云，Kim Ha Kyung，刘恒鑫．口吃评估研究进展［J］．听力学及言语疾病杂志，2023，31（01）：85-90．

［21］杜敏先．不同类型口吃者语言风格、负性情绪和社交焦虑的差异研究［D］．天津：天津师范大学，2021．

［22］王玉芬．孩子口吃矫正教育探究［J］．教育教学论坛，2019（38）：243-244．

［23］邢钰珊．口吃者韵律边界加工的神经机制［D］．大连：辽宁师范大学，2017．

［24］杜丹．孩子说话口吃的成因与矫正［J］．早期教育（家教版），2015（12）：26-27．

［25］刘蕾，黄丽娇．国内口肌训练对语言障碍儿童的干预效果述评［J］．绥化学院学报，2023，43（10）：118-121．

［26］郑禹英，罗滔，黄昭鸣，等．孤独症谱系障碍儿童前语言期沟通性发声干预疗法的有效性研究［J］．中国听力语言康复科学杂志，2023，21（04）：344-347．

［27］张小恒．基于人工智能技术的语言障碍评估初探［J］．科学咨询（科技·管理），2023（13）：98-100．

［28］张宁，刘梅，毛国顺，等．儿童语言发育迟缓并发智力障碍/发育迟缓的影响因素及其预测模型［J］．山东医药，2023，63（16）：85-88．

［29］郭婉莹，杨柳．特殊型语言障碍儿童的接受性语言干预研究进展及启示［J］．现代特殊教育，2023（10）：12-21＋71．

［30］赵蕴楠．孤独症儿童语言发展个案研究［J］．教育教学论坛，2014（20）：278-280．

［31］吴丹丹，赵瑾珠，李锦卉，等．孤独症谱系障碍儿童的语言评估［J］．教育生物学杂志，2023，11（02）：154-158．

［32］殷瞳昕，李敏．情境教学在儿童语言障碍康复教育中的应用［J］．福建教育学院学报，2023，24（01）：27-31＋37．

［33］刘雪曼．语言发育迟缓与语言障碍的临床干预［J］．中国儿童保健杂志，2022，30（08）：813-817＋821．

［34］张芳，梁巍，曲春燕．《言语语言障碍儿童康复服务规范》团体标准解读［J］．中国听力语言康复科学杂志，2022，20（04）：309-310．

［35］张玲，吴浪龙，康怀鑫，等．口部定位疗法联合引导式教育治疗言语语言障碍儿童的疗效观察［J］．听力学及言语疾病杂志，2022，31（01）：26-30．

[36] 张显达，李雪，廖敏.3～6 岁儿童汉语语言发育评估量表-语法篇的信效度研究［J］.中国儿童保健杂志，2022，30（08）：822-827＋850.

[37] 周潇龙.培智学校生活语文课发展智障儿童语言能力的思考［J］.现代特殊教育，2022（05）：51-53.

[38] 黄钟河，朱楠，雷江华.近二十年我国智障儿童语言研究现状分析［J］.现代特殊教育，2016（14）：3-9.

[39] 罗明礼，李素芳，钟雪梅，等.中英智障儿童语言康复训练对比研究［J］.乐山师范学院学报，2019，34（12）：124-134.

[40] 李胜利.语言治疗学［M］.北京：人民卫生出版社，2008.

[41] 高素荣.失语症［M］.2 版.北京：北京大学医学出版社，2006.

[42] 宫晶，史明旭，赵敏，等.语言训练结合游戏训练对听障儿童听觉言语能力的影响［J］.中国听力语言康复科学杂志，2020（06）：446-448＋481.

[43] 王翠.小组语言训练在听障儿童康复中的重要性［J］.中国听力语言康复科学杂志，2017，15（06）：453-455.

[44] [加拿大] 米歇尔·巴哈第.双语失语症的评估［M］.林谷辉，林梅溪，陈卓铭，译.广州：暨南大学出版社，2003.

[45] 慕蝉蝉.听觉口语法促进学前听障儿童语言康复的个案研究［D］.武汉：华中师范大学，2019.

[46] 陈卓铭.特殊儿童的语言康复［M］.北京：人民卫生出版社，2015.

[47] 张庆苏.语言治疗学实训指导［M］.北京：人民卫生出版社，2013.

[48] 李胜利，孙喜斌，张庆苏.言语残疾评定手册［M］.北京：华夏出版社，2013.

[49] 李胜利.言语治疗学［M］.北京：华夏出版社，2014.

[50] 刘慕虞，袁友文，孙正良，等.耳聋诊断治疗学［M］.福州：福建科学技术出版社，2005.

[51] 石冰.唇腭裂修复外科学［M］.成都：四川大学出版社，2004.

[52] 姜泗长，顾瑞.言语语言疾病学［M］.北京：科学出版社，2005.

[53] [日] 佐竹恒夫，小寺富子，仓进成子.（S-S 法）言语发育迟缓训练手册［M］.东京：言语发育迟缓研究会.1991.

[54] 曾进兴.语言病理学基础（第一卷）［M］.台北：心理出版社有限公司，1995.

[55] 窦祖林.吞咽障碍评估与治疗［M］.北京：人民卫生出版社，2009.

[56] 李胜利.促进国内言语治疗发展，尽快与国际接轨［J］.中国康复，2014，（05）：323-324.

[57] 张庆苏，李胜利.我国康复治疗学本科教育中言语治疗学课程的设置与探讨［C］.第七届北京国际康复论坛，2012.

[58] 曹兴泽.言语-语言障碍治疗专业人才培养模式研究［J］.中国听力语言康复科学杂志，2012（06）：460-462.

[59] 张敬，章志芳，肖永涛，等．国内多省份医疗系统和非医疗系统言语治疗从业人员现状调查分析［J］．中国现代医学杂志，2017，27（02）：98-105．

[60] 李胜利，孙喜斌，王荫华，等．第二次全国残疾人抽样调查言语残疾标准研究［J］．中国康复理论与实践，2007，13（09）：801-803．

[61] 何维佳，李胜利．运动性构音障碍言语声学水平客观评价的研究进展［J］．中国康复理论与实践，2010，16（02）：118-120．

[62] 田子遇．基于语谱的聋儿语训辅助手段实验研究［D］．长春：东北师范大学，2014．

[63] 黄昭鸣，籍静媛．实时反馈技术在言语矫治中的应用［J］．中国听力语言康复科学杂志，2004（06）：35-39．

[64] 卢红云，黄昭鸣．口部运动治疗学［M］．上海：华东师范大学出版社，2010．